国家出版基金项目
NATIONAL PUBLICATION FOUNDATION

中国出版家丛书
ZHONGGUO CHUBANJIA CONGSHU

Zhongguo Chubanjia
Zhou Zhenfu

# 周振甫

# 中国出版家

柳斌杰 主编　范 军 曾建辉 著

人民出版社

# 出版说明

出版不仅仅是一个充满竞争的商业领域，同时，它也深深打上了"文化"和"思想"的印记。在这个文化场域中，交织着多种力量的动态关系，通过出版物的呈现和出版活动的开展，描绘了一个时代的文化风貌；而回旋折冲于其间者，则是那些幕后活跃、台前无闻的各类出版人。他们自喻"为他人做嫁衣裳"，事实上，却是国家文化传承和历史记录的主要担当者，有出版发展的参与人和见证者甚至称他们所起的作用为保存民族记忆的千秋大脑。虽然扼据出版要津之地，却少见自家行当的人物传记出版。本丛书是第一次规模化地为这个群体中的杰出者系列立传，从一个人到一群人的出版事功中，折射出近代以降出版业的俯仰变迁，同时也见证着出版参与时代文化思想缔构及其背后深广的社会历史内容。那些曾经彪炳于时的出版人，一方面安身于这个行业，以其敏锐犀利的时代洞察力，在市场、经营与创意中躬行实践，标领乃至规划了这个行业的发展，并使之成为国民经济的一个重要门类；另一方面又在"安身"之外，显现出面向社会的公共性关怀与"立命"的超越性关怀，从职业而志业的追求中，服务于民族解放、思想启蒙与文化进步的社会性经营，书写了出版人生的风采、风骨与风流。

本丛书所传写的 30 余位出版人，均为活跃于 20 世纪并已过世的出版前辈。中国古代也曾涌现了陈起、毛晋等出版大家，只是未纳入本书的传主范围。丛书在体例上，有单人独传与多人合传之分，但这并不必然意味着对传主出版贡献及其历史地位的轻重判别，许多情况下的数人合传，乃因于传主史料的阙如而不得已的选择，某些重要出版人如大东书局总经理沈骏声、儿童书局创办人张一渠等，也囿于同样情形而未能列入本丛书的传主名单，殊觉憾事。虽说隐身不等于泯灭，但这个行业固有的幕后特征多少带来了出版人身份上的隐而不显、显而不彰。本丛书的出版，固然是想通过对前辈出版事迹的阐幽发微、立传入史，能让同样为人做嫁衣者的当今出版人不至于觉得气类太孤，内心获得温暖，并昭示后来者在人生目标上，在家国情怀上，在出版境界上，追步于前贤，自觉立起一面促人警醒自鉴的镜子；同时更希望通过一个个传主微历史的场景呈现，让更多的人认识到出版在产业之外，更是一项薪火相传的社会文化事业，它对时代文化的接引与外度，使其成为一种任何人都不可忽视的"势力"，在百余年来的社会发展进程中，发挥了不可替代的作用。

故此，我们推出这套"中国出版家丛书"，以展示中国文化创造者的风采，弘扬他们的优良传统和崇高的职业精神，发掘出版史史料，丰富出版史研究和编辑史研究。

"中国出版家丛书"编辑委员会

人民出版社编辑部

二〇一六年四月

# 目 录

# 前　言

周振甫（1911—2000），名麟瑞，以字行。浙江平湖人，编辑出版家、中国古典文学专家。

周振甫生于辛亥革命之年，历经民国期间的开明书店、新中国成立后的中国青年出版社、"文革"后期及动乱结束后的中华书局三个不同阶段，其编辑生涯漫长、丰富、精彩，可称之为"为书籍的一生"。

1911年，周振甫出生于浙江省平湖县，6岁入私塾识字，此后辗转于稚川初小、东吴高小等处求学，其间短暂得到诗学大家唐剑花先生的古文教授。15岁进入稚川初中，勤奋刻苦，成绩优异。尤其是作文，多次获得第一，在同侪中表现最为突出。1928年中学毕业后，先后在上海森昌泰营造厂、平湖协康钱庄做了三年的学徒。21岁时考入无锡国学专修学校，跟随著名国学家钱基博先生等学习，并于次年经徐调孚介绍，通过古文测试，进入开明书店担任校对。从此，周振甫进入出版界，开始了职业编辑的人生。

　　最初的几年时间，周振甫主要作古籍书稿的校对，从《辞通》到《二十五史》，从《二十五史人名索引》到《二十五史补编》，在章锡琛、夏丏尊、宋云彬、王伯祥、卢芷芬等师友的指导和帮助下，在开明书店"编校合一"的制度实践中，周振甫受到良好的编辑业务的基本训练，编辑水平稳步提升。凭借扎实厚重的文史功底、踏实好学的工作态度、细致严谨的工作作风，他很快从校对成长为开明书店年轻的骨干编辑。

　　在1937年全面抗战爆发前，周振甫先后协助宋云彬、王伯祥、章锡琛编校了《辞通》、《二十五史》、《二十五史补编》、《文心雕龙注》等大部头古典文史著作，受徐调孚委托删节了《三国演义》，编辑了童书业的《春秋史》，自己独立编写了周予同主持的"中学生读物"系列中的《班超》和《东汉党锢》两本小册子。编校和编著的有机结合，让周振甫的编辑之路颇为通畅。

　　1937年战争烽火的蔓延，使开明书店遭到毁灭性打击，总店和印刷厂都被夷为平地。在此情形下，开明书店决定暂时停业，周振甫留职停薪回到平湖。在战乱的岁月里，周振甫我手写我口，创作了多首律诗，反映了敌人残酷暴虐、人民流离失所及自己和家人被迫四处逃亡的悲惨现实。

　　1939年，周振甫返回上海接替赴昆明任分店经理的卢芷芬的编辑岗位。自此，他和滞留上海的开明同人坚守孤岛，长夜苦待旦。周振甫不畏时局动荡、生活多艰，依然积极利用各种条件，抓紧时间，埋首于编辑桌前，编书出书，以书为武器，抵制日本侵略者的文化渗透。这一时期，周振甫编发了吕思勉的一系列历史著作，与徐调孚合作编注了《人间词话注》，协助夏丏尊先生编写了《夏氏字典》，还撰写出版了《严复思想述评》，这是我国第一部研究严复思想的著作。

抗战胜利后的 1947 年，周振甫与华元龙一起编辑校对了钱锺书的《谈艺录》。周振甫根据原籍，认真细致地一一核对所引用的文字，订正里面的错误。同时还凭借多年编校文史书籍的经验，在编校时注意厘清脉络，调整顺序，给每篇笔记标定题目，编出目录。钱锺书对周振甫这种严谨认真的编辑作风很是赞赏，在序言中写下"周振甫、华元龙二君于失字破体，悉心雠正；周君并为标立目次，以便翻检，底下短书，重劳心力，尤所感愧"。周、钱两人就此相识，这也是两人编著佳话和学术交谊的开始。

新中国成立后，开明书店与青年出版社于 1953 年联合组建为中国青年出版社，周振甫在中国青年出版社领导的挽留下，放弃了赴高校任教的机会，在编辑岗位上继续耕耘。

受张志公邀请，周振甫在《语文学习》杂志担任编辑，在主持某些专栏的同时以"卞慧"为笔名在语言文字的规范、修辞的正确运用和中学语文课文的赏析等方面发表了一系列文章。1955 年《语文学习》杂志被划归人民教育出版社后，周振甫转到中国青年出版社的文学编辑室工作，从杂志编辑再次回归到熟悉的图书编辑队伍里来。

在中国青年出版社，周振甫主要负责编辑古典文学和语言文学知识方面的稿件。在当时不是很受重视的情况下，他还是兢兢业业，毫不懈怠，到 1966 年"文化大革命"发生前陆续编发了《明清传奇选》、《先秦寓言选释》、《神话故事新编》、《唐宋词选》、《古文选读》、《历代文选》、《历代散文选》、《史记选讲》、《古代白话短篇小说》等古典文学读物。其中《唐宋词选》、《古文选读》、《历代文选》等书发行量均在十几万册，都是当时的畅销书。

1969 年，周振甫随中国青年出版社下放到团中央"五七"干校河南潢川黄湖农场，在这里挑水、种菜和放牛。在如此恶劣的环境中，他仍然坚持读书学习。1971 年，中华书局重新启动"二十四史"出版工程，周振甫被借调到中华书局，回京参加《明史》组的点校工作。

1975 年，周振甫正式调入中华书局，满腹的学识和厚实的编辑功力在这里得到了全面的施展。他审阅加工了《李太白全集》、《乐府诗集》、《历代诗话》、《楚辞补注》、《文史通义校注》等一大批学术价值极高的古籍图书。尤其是对钱锺书《管锥编》的编辑更是引人注目。周振甫将此书稿视若珍宝，逐字逐句地仔细阅读，提交的审读报告中附有长达 38 页的修改意见。他个人译注的《文心雕龙》系列，著述的《文章例话》、《文论漫笔》、《诗文浅释》等也陆续出版，逐渐形成了浅近朴实、旁征博引、亲切平易、娓娓道来的文章风格。

1989 年从中华书局编审岗位退休之后，周振甫的编辑活动并没有停止。他校注绣像本《西游记》，耗费心力地增删损益；为台湾版的《古文观止》加注作解，汇集各方评论；主编各种古典文史普及版本。在学术著述方面更是攀上高峰，先后出版有《文学风格例话》、《中国修辞学史》、《小说例话》、《中国文章学史》等。此外，他留心总结编辑工作经验，发表了多篇编辑工作札记；热心提携后学，对上门求助的晚辈编辑悉心指教；他关心中学语文教育，对基层语文教师的来函有信必复，耐心解释；他不走过场，用心评审答辩论文，悉心指导研究生完成学业。

周振甫为编辑的一生，是"学者型编辑"也好，还是"编辑型学者"也好，总之是实现了编辑和学者两个身份的完美融合。当代出版家钟叔河认为，"好编辑是编出来的，也是写出来的"，戏称"编辑要有两支笔"——蓝笔自娱，朱笔编文。① 这确实是行家之言、经验之谈。周振甫无疑是成功地手握"两支笔"的人，以编辑工作作为"主笔"，同时个人研究著述的"副笔"也是收获满满，两方面的成就都令人瞩目。

作为"学者型编辑"，周振甫在编辑的本行之外，还是中国古典文学方面的专家，这让他在编辑生涯中受益匪浅。从校对《辞通》开始，到编注《二十五史》、《二十五史补编》、《先秦史》、《谈艺录》，再到责编《唐宋词选》、《历代文选》、《明史》、《鲁迅全集》、《管锥编》、《中国大百科全书·中国文学卷》，都是堪称大手笔的图书出版工程。同时凭借着深厚的专业知识和学术功底，他能与钱锺书、范文澜、夏丏尊、吕思勉、童书业、夏承焘、袁珂、冯其庸、蒋孔阳等学术大家对话，能察觉到他们著作中一些细微的失误，有针对性地提出一些补充完善的建议。不夸张地说，周振甫的编辑事业一出手就是"高峰"，五十多年一直屹立于编辑出版事业的高原。

作为"编辑型学者"，周振甫由编辑而学者，成为学者圈中的特殊一员。但他的学术研究与学院派的教授、学者有很大的区别，文章也不同于论文的标准格式和话语范式，带着浓重的"编辑风格"。周振甫的著述从来都不是建构自己的理论体系或论证自己的学术观点，更多的是通过浅易、清晰的讲解文字，点评式地指出一部作品好在哪里、不足在何处，应该修正什么、添加什么，运用大量的资料一板一眼地进行阐释，思接千载、视通万里，在识察根本、洞悉全局的文化

---

① 　俞晓群：《这一代的书香：三十年书业的人和事》，浙江大学出版社 2010 年版，第53 页。

引导状态中完成学术表达。《诗词例话》为代表的例话系列、《文心雕龙》译注系列、经典文献译注系列、文章学史、修辞学史等学术论著都是周振甫编辑实践与治学经历两个方面的共同结晶。

基于此,本书以"编辑"身份为基点,立足史料,在侧重叙述周振甫编辑实践的同时,兼顾阐述他的学术活动和成就,以期全面展现这位公认达到博专合一最高境界的编辑的平凡而又绚烂的人生。倘若需要在中国现当代编辑出版史上给周振甫一个"定位"的话,我们不妨概括为:学者型编辑的典型代表、传统文史普及的一代大家、共和国编辑界的"大国工匠"。

全书共分五章,以时间为序论述周振甫的编辑人生。

第一章为"青少年时代",叙述周振甫青少年时期的求学经历,追溯奠定他编辑职业的深厚国学功底的源头。

第二章为"开明二十载",详尽地叙述周振甫在开明书店20年间的编辑经历。既有在开明师友的指导和帮助下,编注校对《辞通》、《二十五史人名索引》、《二十五史补编》等事业高峰,也有抗战期间饱经离乱颠沛的艰苦生活;既有初识钱锺书,编辑《谈艺录》的荣光,也有编写《夏氏字典》无法出版的遗憾。

第三章为"中国青年出版社岁月",叙述周振甫在中国青年出版社时期的编辑实践,主要从任《语文学习》编辑时的《羽林郎》争论、《诗词例话》的创作与出版、为毛泽东诗词改字作注等方面展开,并简述周振甫下放潢川黄湖农场劳动的相关情况。

第四章为"在中华书局",叙述周振甫在中华书局期间责编《管锥编》、编注《文心雕龙》的经历,以及这位老编辑在祝贺自己从事编辑工作50周年座谈会上的谐趣画面。

第五章为"退而不休的晚年"，从与钱锺书的"断交风波"、热心扶携后学、关心语文教育教学等方面全面展现周振甫"桑榆不晚"、老有所为的晚年生活。

最后的结语"周氏风范启后人"，总结了周振甫编辑活动和编辑思想，挖掘其作为学者型编辑和编辑界"大国工匠"所具有的精神、风范。

第 一 章

# 青少年时代

　　美国社会学者泰勒认为，一个完整的职业
准备过程应包括小学、中学、专门学院、职业
学徒等。作为编辑出版业中的翘楚，周振甫从
事这个行业之前的经历恰好涵盖了泰勒所说的
职业准备的四个阶段。在漫长的人生长卷中，
青少年阶段只是最初的那几页，然而也是最
重要的起始部分。青少年时代 16 年中的求学、
学徒经历是周振甫进入编辑出版行业，并终生
耕耘于此的原点和基础。周振甫在世时没有写
过完整的"自传"，好在曾自撰过一篇较为详
细的《年谱》，后来收在他女婿徐名翚编的《周
振甫学术文化随笔》中，为我们了解其早年生
活、受教育情况等提供了宝贵资料，以下多有
引述。

# 一、故土求学

浙江的平湖县（今平湖市，属县级市，隶属于嘉兴市）是周振甫的故乡。平湖地处长江三角洲，位于杭嘉湖平原东北部，南濒杭州湾，东临上海市。这里地势平坦，土地肥沃，交通便利，商业发达，地理位置十分优越。秦朝初设郡县制的时候，平湖属于海盐县的一部分，海盐乃是现代出版巨擘张元济的原籍。大约是在明代宣德年间，平湖从海盐分出独立成县，县治设当湖镇，属嘉兴府。这个建制一直沿袭到新中国成立，后来虽辖区范围有几次小的调整，但基本格局始终未变。到1991年，经国务院批准，撤销平湖县，设立了平湖市。

1911年2月23日（清宣统三年农历正月二十五日），平湖县城关后底分金弄的周家传出了几声婴儿清脆的啼哭声，一个新生命诞生了。春节刚过接踵而至的弄璋之喜让全家人欢欣不已，长辈以"麟凤五灵，王者嘉瑞"，给新生的婴儿取名麟瑞，字振甫。麟瑞者，双重祥福也，表达了家族上下的喜悦。中国古典中又有麟性仁厚，信而应礼，行中规矩的说法，寓含父辈对初生婴儿无尽的祝福和殷切的期望。

周振甫的故乡平湖因其在西汉时陷为当湖，"其后土脉坟起，陷者渐平，故名平湖"，是个历史悠久、风景优美的小县城。自明宣德年间正式设县治以来一直平稳、缓慢地发展着，"民以蚕稼鱼盐为业，野无寇祸，宵无吠惊，饮哺讴歌，嘻嘻如也"①。平湖历史上为人所称

① 陆永祥：《乳舟斋文存续》，华夏文化出版社2011年版，第3页。

道的是乾隆年间围棋国手范西屏、施襄夏在此对弈留下的"当湖十局"。

屡经时代浪潮的冲击，始终不能改变平湖自身弛缓平和的节奏。即使是在新旧时代迭替的 1911 年，平湖的革命举动也是"持以和缓，一切无所扰县民"，所以"虽遭时变"，却"卒无纤介之失"。[①]故乡这种平和安稳的氛围熏染着周振甫，对铸就他安详淡定、温和儒雅的性格潜移默化地发生着影响。

周振甫的父亲周之钧，字季衡，是平湖县田赋征收署征收员，属于普通的小吏，相当于今天的基层公务员，管事不多，收入自是不丰。母亲张氏也是平湖本地人，娘家是开钟表店的，典型的贤妻良母，在家任劳任怨地操持家务，相夫教子。全家上下全靠父亲周之钧微薄的薪水过活，境况相当一般，租住在靠近县府征收署附近的唐家小街屋里。

浙江人文底蕴深厚，自古有尊儒敬孔、耕读传家、崇学尚教的传统，虽家贫而愿子读书。1916 年，6 岁的周振甫进私塾开始识字，由一位姓张的先生发蒙，学些常规的"人之初、性本善"、"天对地、雨对风、大地对长空"等蒙童国文。这所私塾位于县城西大街内，离周氏的一家张姓亲戚家很近。周振甫在《年谱》中回忆说，张家"有一老妇与一子"，"我称老妇为婆婆，她有一女嫁与钟埭周家"。年幼的周振甫中午就在这张姓亲戚家吃午餐，下午放学后回家。

一年后，7 岁的周振甫顺利升至稚川初小读书，正式开启了求学生涯。彼时周家的经济状况大为改观，举家迁往平湖北门大街的一所

---

① 汪林茂主编：《浙江辛亥革命史料集》（第七卷），浙江古籍出版社 2013 年版，第 207 页。

房子里，这处居所比原来租住的房子要宽敞得多，有三间住房，其中"一间为婢女房"，还有会客厅和院子。这个小院子就是年幼的周振甫和小玩伴的自由天地、嬉游之所。课堂之外，他们在这里追逐打闹，飞扬跳脱。小伙伴们爬上被称为"痒痒树"的紫薇，用手去摩擦光滑的树皮，它的枝叶就会自动地摇晃，就像是一个被人挠痒痒的小孩。阳光明媚的天气里，他们拨开草丛，在泥地里找小孔，用细长的草茎伸进小孔里钓出小虫来玩。小小的院子里充满了无拘无束的童趣。

因为新家离周振甫就读的稚川初小太远，稚川初小又缺乏住宿条件，所以周振甫进入稚川初小不久就转至东吴高小就读。人生就是如此奇妙和不可预测，这次被迫的转学使周振甫遇到了古文启蒙的良师。这位良师就是周家新住所的邻居唐剑花先生。唐先生住在仓桥西河沿，在报馆工作，下午闲暇时间常来周家串门，给大家讲《西游记》中的奇趣故事。他见年幼的周振甫对所讲述的古典文化知识感兴趣，就充当起了"老夫子"的角色，主动为周振甫讲解《古文观止》。所以周振甫每天上午去东吴高小上课，下午回家就听唐先生讲解古文。唐先生教授古文颇具老庄"率性飘逸"的本色和气度，只讲自己感兴趣的篇章，而且并无读和背的硬性要求，只让唯一的学生听他按照自己的理解任意发挥和阐述。周振甫后来回忆道："他先教我读柳宗元《驳复雠议》，他只讲，不教读。讲过了这篇，后面的《桐叶封弟辨》，就不讲了。再后面的《箕子碑》，他也没有兴趣，不讲了。他对于《捕蛇者说》，有兴趣，再讲了。"[1] 这显然并不是一种科学而系统的教学方法，但正是这种随性而为、有的放矢式的精讲，能让中国古代文化

---

[1]　徐名翚编：《周振甫学术文化随笔》，中国青年出版社 2000 年版，第 322 页。

博大精深的独特魅力深深地感染到周振甫的内心，引发他强烈的学习兴趣。更难能可贵的是，唐剑花并无业师的架子，与初学作诗的小振甫还有过往来唱和。周振甫曾回忆道：

> 唐剑花先生住在平湖仓桥西河沿，经常到我家来。当时我在学旧诗，写了一首请他指教，他写了一首和诗，今还记得后两句："学佛学仙俱幻诞，何如诗酒学青莲。"有一次，唐先生喝酒吟诗，我记下这样一句"踏天呼龙耕九洲"，别的句子都忘了，这句富有想像力。①

据《年谱》记载："后来有人家请唐剑花去教唐诗，他把写唐诗的讲稿给我看了。他去讲唐诗后，很少来了。"这段时间并不算长的亦师亦友的经历，不仅让周振甫领略了诗词叙事、抒情、言志的独特魅力，对古代诗歌辞赋产生了浓厚的兴趣，也让他在思维逻辑的严谨和写作行文的缜密两方面获益匪浅。当然最直接的效果就是让周振甫顺利地度过了严遵传统、古板严厉的初小教育。当时的初小是四年制，学习的主要还是承继私塾的蒙学内容，由《百家姓》、《千字文》进阶到"四书"、《诗经》、《易经》等初等古籍，学生先行背熟，先生然后阐发讲述，教学内容枯燥乏味，教学方式单调呆板，强记硬背那些伦理纲常、经义道理让天性好动爱玩的儿童们着实烦恼和苦闷，将课堂视同"牢狱"，在老师的戒尺教鞭面前噤若寒蝉。但稚弱的小振甫却是个幸运儿，靠着课后唐先生的教诲和自己的聪慧，成绩俱佳，

---

① 周振甫：《唐剑花先生的诗》，载顾国华编：《文坛杂忆初编》，上海书店出版社 1999 年版，第 2 页。

初小四年未尝受老师尺打鞭扑，且句法篇章颇见格局，文名初显。

1925年秋，在经历了又一次的迁居之后，告别了童年时代的周振甫坐在了稚川初中明亮宽敞的教室里，开始了新的中学生活。稚川初中是由热心教育的平湖邑绅葛嗣浵在1902年创立的稚川小学的基础上扩建而成，1924年8月初次招生。这是一所"义塾"性质的学校，学校日常经费由葛氏筹措，对学生收费很低，每人每学期只收四元，平湖县里的适龄子弟大都在这里就读。巧的是，这位葛嗣浵先生还是一代出版大家张元济的亲家。张元济哲嗣张树年回忆说：

> 受父母之命，我10岁即与平湖葛嗣浵（稚威）先生三女昌琳订婚，20岁结婚。婚礼在大东旅馆举行，请蔡元培先生证婚。
>
> 岳丈稚威先生与父亲早年在建设沪杭铁路筹集资金时认识。两位尊长有搜集古籍的同好。葛府祖辈建有传朴堂藏书楼，父亲则为商务印书馆涵芬楼收购古籍，故而交往更密。岳丈在家乡办了稚川学堂，培养了不少优秀青年，他们毕业后继续深造，后来成为各方面的专家，如冶金专家邹元福、留德妇产科名家金问淇、古籍编辑周振甫等。岳母系海盐徐用仪之女。①

看来，周振甫和出版还真有点缘分。后来推荐周振甫去开明书店的徐调孚之父徐敤定也是在葛府藏书楼工作的。

虽然因住宿问题，稚川初中的规模不大，招生人数有限，但葛氏延揽了一批高水平的教员，聘请的教师如教数学的王撰春先生、教英

---

① 张树年：《我的父亲张元济》，百花文艺出版社2006年版，第162—163页。

文的程菊航老师、教地理的马翰如先生都是县城一时之选。国学文史课程的师资更是实力雄厚，许多教师都是当地深孚众望、国学根底深厚的宿儒，如崔梅圃、陈伯叙、张勉成、沈彪初等。教学内容并不拘泥于商务印书馆、中华书局的国文教材，除了课本所选经典之外，通常还选取《左传》、《孟子》、唐宋诗词、《六朝文絜》等书中的重要篇目进行讲授。像陈伯叙老师在教授古文时，就另加了许多自己推崇和欣赏的篇章，如对《左传》的部分名篇进行选读精讲，要求学生熟读背诵，每节课前点名背课文。还要求学生熟悉传统的骈文，教导学生诵读。除了读背之外，陈老师还特别强调诗词赏析与写作的训练，他先把诗词抄在黑板上，在每个字旁注明平仄，还标出古时音韵及读法让学生朗读。如在教授王维的《九月九日忆山东兄弟》时，要求学生朗诵时要分清四声，每句分四拍。"独在"的"在"是仄声，这一拍要读得急促。"异乡"的"乡"是平声，这一拍要读得悠长。在长短抑扬中，让学生体会平仄和音律。经此课程后，学生不但懂得了四六骈文与对偶平仄等基本常识，具备了初步的古汉语常识，而且领略了古文简洁精练、词浅意深、富于表现力的选题剪裁叙事逻辑，对诗词的理解更加深刻，能够写出基本符合音韵格律的绝句、律诗了。此外，陈伯叙老师还在课余教学生们写字、临帖。陈老师特别享受被同学们围在身边，睁大眼睛看他写字的感觉。每次写字，教室外的那间休息室里都围满了学生，陈老师也愿意教授书法的技巧，所以很多学生临的帖都让他点评，陈老师就在写得好的字上画上一个圈，表示赞赏。在这种言传加身教的激励下，学生们学习书法的热情高涨，周振甫也不例外，每天都在家临上一叠纸的大字，这为他后来写得一手漂亮的楷书奠定了基础。

周振甫因为自小受过古诗文的熏陶和开笔训练，自然在同级学生中崭露头角。在陈老师第一次出题让学生作文时，周振甫一气呵成，思路清晰，逻辑严密，文笔极佳，自此之后陈伯叙对这位勤奋好学、聪慧乖巧的学生格外青睐。葛校长有一次带着下属在教室外隔窗听课后，与老师交流，询问起学生的学习情况，陈伯叙答曰："周麟瑞作文第一。"并极力夸赞他古文基础深厚，思维缜密，是可造之才。校长听后大为欣喜，亲自到教室里摸着小振甫的脑袋鼓励他要好好读书，不断努力，为学校争光，为国家出力。校长的话语对年少的周振甫是莫大的鼓舞，童年的他从心底选择了读书这条道路，认定上学可以改变命运，这也奠定了他这一生与书打交道的心理基础。从这个角度来说，故土求学的经历也是周振甫热爱图书、执着读书，以后从事图书出版行业的心灵养成之路。

## 二、学徒生涯

中学的生活美好但短暂，1928年，18岁的周振甫毕业了。他面临着选择，是继续求学还是出来工作。从心底，周振甫非常舍不得学校生活，倾向于继续学业，但孝顺的他不忍心再让父亲拖着病弱的身子承受繁重的工作，于是决定找一份工作，既能养活自己，又能分担家里的开支。

孙中山先生在《建国方略》中所设想的东方大港"最良之位置"，"杭州湾中乍浦正南之地"，就位于平湖。自清末上海成为国内外经济交流的中心和国际化大都市后，平湖堪称是上海的"大后方"，工商业与上海的联系相当紧密，成为上海产业链条中的重要一环，其中尤以木行和钱庄最为突出。大量优质木材从浙西、福建山区通过海道运到平湖，经过加工打磨后再转运到上海，供应市场的需要。而钱庄则是两头取巧，一方面吸收地方上的资金输送到上海的金融界，另一方面向上海的大银行贷款，发放到本地的工商业收取利差，获得利润。

因此，平湖本地的年轻人出来做事，一般都将眼光放在这两个最吃香的行业上。周家也不例外，当得知周振甫决定出来工作时，父亲周之钧即托大哥的女婿潘安石介绍他去上海的一家木行森昌泰营造厂当学徒工。这家木材工厂规模较大，位于当时号称远东第一通衢大道的爱多亚路的久大典当弄内，厂内有三个工厂主：一个是木匠出身，手下都是木匠，主要从事木料加工；一个是水泥匠发家，主要从事拆屋建房的工作；最后一个是"从算"即预算师，看了造房子的图纸，准确评估使用建材的多少，要多少木料，要多少砖瓦，要多少工人，然后估算工程造价。这项工作要求很高，造价算少了，工程要亏本，相当于白做；造价算高了，没客户愿意接受，容易被别的工厂抢走生意。周振甫因为是介绍来的，且又读过书，写得一手好字，三个工厂主就着力培养他当"从算"，不让他去外面跑工地，而是每天留在屋内跟随"从算"人员，学习看工程图纸和施工方案，了解市场的建材价格、工人工资等。

半年过后，周振甫已经对纸面上的"从算"工作比较熟悉了，于是被派到工地上去实际操作。先量地基，用一长尺，两人各执一端，算出长宽米数。如果地基不平整，还需要根据量出的度数算出大致的长度。然后是爬上木匠搭好的脚手架，上去看地基和建筑图纸是否一致，如有差异，需要在图纸和木头架子上标出来，以便以后进行改动。纸面工作还好，在建筑工地上爬上跳下对于一介书生的周振甫而言是相当困难的。别的人都能轻松地爬上十几米高的架子，对照图纸进行查看，到了周振甫这里，他死活都上不去，被人硬拉上去后立刻感觉头昏眼花，身体虚脱，根本无法比照图纸开展工作。工厂主起先不以为然，以为只要多试几次，习惯就好了。但是接下来的十几天里，周振甫始终上不去高处，勉强上去之后，还是大汗淋漓，脸色发白，两股战栗，几欲坠落，根本无法完成任务。这可能就是所谓"恐高症"。这时候工厂主就不高兴了，不能白白养一个不能干活的人，所以时常给周振甫脸色，说话也不甚客气。周振甫是个明白人，知道自己在这里是待不下去了，于是就给在平湖的父亲写了一封长信，在信里详尽地说明了自己不能胜任木行的工作，请求父亲答应自己返回家乡。

周之钧本就担心文弱的儿子在要求体力的森昌泰营造厂难以立足，这封信更让他相信，周振甫并不适合工厂岗位，他决意让儿子改行，目标是当时平湖的另一大行业：钱庄。然而这并不容易。虽然周振甫符合年龄在20周岁以下，具有新制初中毕业文化程度的条件，但钱庄招收学徒多是股东推荐或者钱庄经理的亲友子弟，而且还必须取得在当地有一定地位、名望、财产的人士的书面担保，这对于普通小市民家庭的周家来说可谓是困难重重。周之钧豁下脸面，亲自上门求恳或请人出面说说，不辞辛劳，四处奔走。终于，有一家新开的协康钱庄答应让周振甫去试试。于是，周振甫从上海回到平湖，进入钱庄当了一名学徒。

民国早期浙江的钱庄一般都是实行股份制，股东大会或者股东组建的董事会是最高管理机构，但并不负责钱庄的具体管理经营，而是由股东一致聘请的经理负责钱庄的日常运作，经理下设协理等副职与中层管理人员共同管理，再往下则设业务、会计、出纳、文书四个部门，具体而言这些基层部门主要包括"八把头"，即清账、跑街、钱行、汇划、洋房、银行、信房和客堂。①协康钱庄的经理邹伯康知道周振甫是稚川初中的毕业生，于是就安排他从事文书工作，主要职责是写信。包括给跑街营业员的介绍信、给客户的商业函件、与各营业机构之间的往来信件等。周振甫古文基础极好，但对这类商业信函的文体用语、格式规范并不熟悉，文笔虽好但却无处着力。邹经理为人厚道，见此情形并不过分诘责，而是经常抽空指导周振甫，并嘱咐钱庄的账房先生张屺怀多加留意，多多指导。周振甫在学校时就有自行择书学习的习惯，进了钱庄之后由于工作的需要，学习的热情更加高涨起来。那时他除了在工作时间内熟悉相关业务、观察同事的岗位流程和操作规程之外，还频繁地向邹伯康、张屺怀等人求教，进步很快。何况周振甫本就长于作文，架构清晰，文思缜密，再加之从陈伯叙老师习过书法，翰墨功底不浅，于是他很快就熟谙钱庄信函的写作，进入了正常工作状态，颇得邹经理的赏识与器重。

单纯的周振甫以为这样就能在协康钱庄站稳脚跟，进而转正多些收入补贴家庭，减轻父亲的负担。然树欲静而风不止，他虚心好学，与经理邹伯康、账房张屺怀走得自然近些，却被钱庄的另一领导屈廉泉视作是邹经理在搞小圈子，培植门派。原来协康钱庄是平湖几个绅商合股办的企业，每一股东都会设法将亲信安插进来，增加自己在钱庄的影响力，强化自己对钱庄的控制力。所以协康钱庄虽实行的是新

---

① 陈明光：《钱庄史》，上海文艺出版社 1997 年版，第 57—59 页。

式企业管理制度，但内部关系错综复杂，表面上"一团和气"，背地里"明争暗斗"，周振甫不幸成了这种"内耗"的牺牲品。屈廉泉认定周振甫是邹伯康的人，处处给他难堪。周振甫初进钱庄，屈廉泉就打击嘲讽，说他在上海那个大地方混不下去了，才回到平湖，想来是能力不行的。邹伯康指导周振甫写信，屈廉泉愤愤不平，指责邹氏为什么不教先进钱庄的学徒时鸿逵，而先教周振甫。而且对邹伯康、张屺怀等人一起指导周振甫的事情也是艴然不悦，揶揄挖苦道"师姑养囡，众人服侍"。

环境艰难、心情抑郁。但周振甫为了帮助父亲维持一大家的生计，必须苦熬下去。

## 三、友情、爱情和婚姻

时光易逝，寒暑难留。在周振甫逐渐适应钱庄的工作节奏，工作日趋稳定的时候，家庭却突遭变故。父亲周之钧一天下班后，感觉心慌发热，头晕乏力，就坐在厅堂的躺椅上歇息。母亲忙完手头家务，进屋探视，却发现他牙关紧闭，昏倒在地，不省人事。母亲大惊失色，急唤家人将其送到诊所。经过一番紧张的抢救后，周之钧总算醒过来了，面对病床前的妻儿，努力挤出一丝笑容，想伸出手摇晃晃表示自己不要紧，但发现动弹不得，想说话宽慰家人，却发觉嘴巴舌头不听使唤，发声困难。曾经生龙活虎、精神奕奕的父亲被诊断为脑脉痹阻、血溢于脑的中风，需要长期卧床休养，慢慢地治疗康复，征收员的工作是不能再做了。家里的顶梁柱塌了，周家上下愁云密布，不知未来的生活该如何继续。二伯父周仲萼也是从事田赋征收工作的，见弟弟病重无法干活就把弟弟的征收工作代做了，让周振甫家不至于丧失主要经济来源。周振甫在钱庄也从学徒转正，收入相应地增加了一些，既能养活自己，也能贴补家用，周家的日子勉强可以支撑。面对如此现实，周振甫第一次对未来的道路感到无力和迷茫。

在这段晦暗的日子里，好友沈传曾给周振甫带来了友谊和温暖。沈传曾，平湖人，是周振甫在稚川初中的同学，爱好诗词，对国学颇为痴迷。两人在学校时就因共同的爱好而成为无话不谈的朋友，走得很近。毕业后，周振甫去上海营造厂当学徒，而沈传曾却留在稚川学校工作，主要从事教学辅助的事务，两人渐渐少了联系。周振甫回到家乡在协康钱庄当学徒，两位朋友又能经常见面，畅谈共同感兴趣的诗书文史了。同时两人所从事的职业都与自身兴趣相距甚远，各自职场生涯也较为失意，这又使得两人颇有同是天涯沦落人的心理共鸣。因此，周振甫和沈传曾越走越近，从朋友之谊升华到了彼此一生中都极为珍视的兄弟之情。

周之钧的病越来越严重，甚至到了生活难以自理的地步。周振甫见母亲太过辛苦，就主动要求由他晚上来照顾父亲。于是，周振甫的时间被分为了齐整的两大块：白天在钱庄上班，晚上在家照料父亲，顺便指导年幼的弟妹学习。好在钱庄写信的工作并不繁重，时间比较机动，而且随着业务的日益熟练，周振甫经常提前完工，所以他还可以经常在白天忙完工作抽空去沈家坐坐，有时候待上半个小时，两人闲聊些昔日学校时光，交流些近时读书心得。得了大空时就待上一个下午，两个人或是畅谈国学，或是在书房里各执一书默默翻阅。去得频繁，沈家上下对周振甫也相当熟悉，有时看书不记得时间，沈家就会留他一块吃饭。沈传曾的母亲是个淳朴热情的人，只要周振甫进家门，她都会嘴里喊着让沈传曾出来，然后端着茶水放在两人读书的桌子上，有时还会端上一些自制的小点心。有一次沈母看见周振甫的衣服被钉子刮了，有一个小破洞，连忙让他把衣服脱下来，找来颜色相近的织线小心翼翼地缝补好，给周振甫穿上后还再三叮嘱要注意不要再弄破了，简直把他当成了自己的亲儿子一样。周振甫是个极重感情的人，久而久之就把这里当成了自己的第二个家。

在收获友情的同时，周振甫的生活中又发生了一件重大的事情，那就是找到了陪伴一生的伴侣，他和张韫玉女士订婚了。张韫玉比周振甫小四岁，是周母一位亲戚家的女儿，虽都在平湖，且周张两家来往不少，但在男女授受不亲的时代，周振甫和张韫玉却并不相识，两人的结合颇具戏剧性。在周振甫到协康钱庄当学徒的时候，母亲家那边遭遇了大变故，外祖父与原配所生的一个儿子和继配所生的五个儿子（另有一女）为了争夺家产矛盾日益激化，由原来的"暗斗"演变为"明争"，到后来竟当着老人的面厮打得不可开交，年老体衰的外祖父经受不住这样三番五次的刺激，病情恶化，在目睹了又一次升级的家庭闹剧后遽然离世。家中的顶梁柱倒了，留下的钟表修理铺也无人打理，撑了两个月后关门了。周振甫的舅舅都没能真正掌握其家传的钟表修理技术，只学得些许皮毛，店铺倒闭后，几个人走街串巷，靠着一张能说的嘴和半桶水的修理功夫勉强维持生计。一天，舅舅张宝铺来到世亲张家，名为修表，实则想骗些钱财。张韫玉正好在家被他看见了。见其端庄得体，张宝铺立即想到了周振甫尚未婚配，就向张父言及此意，说可与自己的外甥议婚。张父碍于亲戚情面，就答应了。经由两人交换庚帖后，各项皆合，约定周振甫和张韫玉在东湖边见面。初次见面，周振甫有点手足无措，张韫玉也很难为情。在克服羞涩短暂交谈之后，两人颇为投缘，彼此都很满意。有趣的是订婚之前还经历了一段小插曲，有位邻居听说周张两人是由不靠谱的张宝镛撮合的，出于好心就找到张韫玉的爷爷告知此事，说张宝镛为媒必不善。张爷爷就多了个心眼，得知周振甫毕业于稚川初中，于是找到校长葛嗣涤打听周振甫的情况。葛校长微微一笑，告诉他周振甫品行端正，且极善作文，日后必有出息。张韫玉的爷爷这才放心。周张两人的这桩婚事就算定下来了。

一见钟情的自由恋爱未见得都能白头偕老，而通过媒人介绍的包办、半包办婚姻也未见得就不幸福美满。周振甫与张韫玉虽是经人撮合走到一起的，但一人埋头书卷，一人打理家务，彼此相知相爱一生，这也是现代史上许多文人标准的家庭样式。周振甫夫妇经历了抗战、内战、三年自然灾害、"文革"等社会动荡，无论顺境还是逆境，都能相敬如宾，相濡以沫，共同走过了近七十年的风雨历程。

周振甫自撰《年谱》中写道："这一年（1932），内人张韫玉因父母双亡，在叔父张处生活。我母即请她来家中。这年过年，我回到家中，即看到内人。当时实行（当为"时兴"——引者注）短袖旗袍，韫玉穿了新制的短袖旗袍，和我一起回家拜见他的叔父。"其实，这个时候严格来说张韫玉还不是周振甫的"内人"，只是"未婚妻"。《想念周振甫》一书前面的若干照片中有一张 30 年代周振甫、张韫玉和女儿的合影，年轻、丰腴而不失匀称的张韫玉穿的正是一件短袖暗花旗袍，不知是否就是那件。这段青春岁月对于周振甫来说，无疑是十分甜蜜美好的，以至于晚年还对那短袖旗袍记忆犹新。

次年（1933），已在开明书店就职的周振甫 23 岁了。他收到张韫玉来信，告知周父病逝。周振甫赶紧回家，同事兼同窗好友卢沅（字芷芬）闻讯，将不久前与周振甫合作编写小学生课外读物的稿费悉数相赠。周振甫说："仲荸伯父看我有钱带回，他才不说什么。丧事办好后，有亲戚过议我与韫玉结婚，即由亲属证婚。"民国二十三年（1934）八月二十六日，两人的婚礼在平湖饭店举行。"婚后，内人即与我同往上海，内人有妹红玉因父母双亡，由内人带往上海。家母命满弟（指周振甫胞弟周麟书——引者注）亦同往。家母又买一小婢来凤由内人同去。这样去上海的共有五人。而当时我的薪水仅为五十元，租一间房为十元，余四十元，仅够五人费用。"好在青春是用来奋斗的。周振甫用来奋斗的就是一支笔，勤奋耕耘，终生不辍，直到晚年。①

周振甫努力"奋斗"的情形及夫妻恩爱，他在中华书局的同事冀勤有过生动的描述：

> 一次我问师母，周先生不是三头六臂，怎么能做那么多事？师母说，他每天晚上九点睡觉，夜里两点起床，开盏灯，不是看书就是写呀，做到早上五点多，我起床做早饭，他稍眯一下，吃过就上班去，振甫辛苦唉。周先生在一旁笑盈盈地说，弗辛苦，弗辛苦。

同样当过周振甫同事后来出任中国出版集团首任总裁的杨牧之引述这段文字后写道："那'笑盈盈地说，弗辛苦，弗辛苦'，活画出周

---

① 徐名翚编：《周振甫学术文化随笔》，中国青年出版社 2000 年版，第 325—326 页。

先生的神态，仿佛周先生就在眼前。这句话既是周先生的一种谦逊，又是对老伴的一种安慰，让人感受到周先生和老伴那相敬如宾的温馨感情。"①

不夸张地说，一代名编、著名学者周振甫"军功章"里有夫人的"一半"。老同事黄伊在一篇文章里，就曾专门谈到周振甫的"四好"——"好身体，好习惯，好脾气，好夫人"。关于"好夫人"，他是这样写的："振甫有一位好夫人，他的退休金、稿费、版税，全部上交给夫人。买菜呀，做饭呀，取牛奶呀，打扫卫生呀，交水电费呀，保险丝烧了要换呀，电话出了毛病通知障碍台呀，等等，他都不用操心，有夫人挡着呢！他只管安心写他的稿子就是了。"② 看来，一个成功的男人后面有一位能真心欣赏他、充分理解他，并默默无闻支持他的女人是多么重要。当然，周振甫也十分关心体贴夫人，懂得为夫、为父之道。1946 年创办的《伉俪月刊》，从创刊号到 1948 年终刊，周振甫在上面写了十几篇谈爱情、婚姻、家庭的文章，从中可以看出他具有深厚的现代文明素养，又对中国传统文化中的精华有所吸纳。我想，他写那些文章，是融汇了自己人生体验和生活经验的。此乃后话先说，关于周振甫与《伉俪月刊》，后面我们还会专门细说。

## 四、在无锡国专潜心修学

事业和婚姻都安定下来的周振甫，按照常人的想法就应该安安

---

① 张世林主编：《想念周振甫》，新世界出版社 2011 年版，第 115 页。

② 黄伊：《卬须我友——记一代名编辑周振甫》，《中国出版》1997 年第 1 期。

稳稳地在家乡过日子，但平稳的几乎没有浪花的工作让年轻的周振甫在心底还是有些抵触，他渴望着走出平湖小城，去经历外面世界的广阔与绚烂。所以，当沈传曾鼓动他辞掉工作去考无锡国学专修学校的时候，周振甫想到在钱庄写信薪水少，地位低，没有多大前途，如能考上无锡国专，不但符合自己兴趣，而且毕业后还能写书赚稿费，就业选择余地也更大，远比在钱庄抄抄写写好多了，立刻爽快地应承下来，决定和好友一起到无锡去试一下运气。

事遂人愿，经过严格的笔试和口试之后，周振甫和沈传曾成为了无锡国专 1931 年 8 月第 10 班总共 74 名新生中的两员，翻开了人生一段新篇章。但不幸的是，本来应该大有作为的沈传曾英年早逝。周振甫回忆说："在我决定去开明前，沈传曾忽咯血。即电告其父。其父即来校接沈君去，住居乡下养病。沈君即来信，问我借百元养病，我初至开明，开明酬三十元，我须自谋膳宿，何能以百元供沈君。因向叶圣陶先生借百元，供沈君之用。沈君住北门乡下。当时肺病尚无药治，在乡下终于不治。"①

无锡国学专修学校，简称无锡国专，原名无锡国学专修馆，于1920 年冬创建于惠山之麓，1928 年改名无锡国学专门学院，1929 年定名为无锡国学专修学校，著名教育家、经学家唐文治任校长。它是一所致力于研究传统文化，培养国学人才的专科学校。无锡国专一方面积极顺应世界潮流，努力与现代教育体制接轨；另一方面又在很大程度上继承了中国传统书院的精神和血脉。钱基博、陆景周、朱东润、冯振、陈柱、顾实、张世禄、郭绍虞、周谷城、章太炎、吕思勉

---

① 徐名翚编：《周振甫学术文化随笔》，中国青年出版社 2000 年版，第 325 页。

等国学大家和教育名家都曾先后在这里任教，可谓一时俊彦，咸集于此。作为高等学府，第一要务和最大贡献就是培养人才。对此，刘桂秋在《无锡国专编年事辑》（引言）中，有过分析和概说：

> 与现在国内许多高校动辄拥有数千名教职员工、几万名学生相比，无锡国专的办学规模实在是小得"可怜"。据粗略统计，无锡国专办学二十余年来，一共才只招了约两千余名学生，其中因时局动荡、辗转流徙等原因，正常毕业者不到一千人。但是，就是在这一两千名学生中，却涌现了一大批国学研究、文史教育和其他方面的高质量的人才。
>
> 在无锡国专前三届的毕业生中，曾经出过王蘧常、唐兰、吴其昌、侯堮、蒋天枢、钱仲联等学术成就卓著的文史学者。据说王蘧常、蒋天枢和钱仲联当年被唐文治先生称为本门弟子中的"三鼎甲"……
>
> 上述诸人而外，在抗战前就读于无锡国专的学生中，还有王绍曾、魏守谟（建猷）、吴天石、徐兴业、郭影秋、周振甫、吴孟复、马茂元、姚奠中等人。①

这里提到了本书传主周振甫。无锡国专虽为私立学校，但其国学的教学和研究都很有特色，取得的成就令人刮目相看，在国学领域曾被誉为"北有清华，南有国专"。而国专的毕业生吴其昌、侯堮、蒋天枢、吴宝凌先后考取了清华国学研究院（该院办学仅四年，一共

---

① 刘桂秋：《无锡国专编年事辑》，中国大百科全书出版社2011年版，"引言"第20—22页。

招收了七十余名学生）继续深造，其中吴其昌和蒋天枢，与姜亮夫、姚名达、王力、王静如、徐中舒、周传儒、陆侃如、杨鸿烈、卫聚贤、谢国桢等人一起，成为清华国学研究院全部四届学生中之成就最卓著者。总的来说，无锡国专在教学内容上以国学为本，"课程的设置，分必修和选修两类。必修课有：国学概论、散文选、韵文选、文字学、音韵学、目录学、修辞学、国史、文学史、哲学史、史学史、文化史等。选修课除外文、世界史、西洋文学史、西洋哲学史等之外，分为三类：义理、辞章、考据。内容极为繁复"。"义理包涵了儒经、先秦诸子、宋明理学、史学等原作，如《论语》、《孟子》、《墨子》、《荀子》、《左传》、《国语》，关、闽、濂、洛诸人著作，以及《宋元学案》、《明儒学案》等。辞章既有先秦、两汉、六朝、唐、宋等不同时期的诗词、散、骈等文选，也有通贯古今或断代的各体文选，李白、杜甫、柳宗元、陆游等诗文专集以及《诗品》、《文心雕龙》等诗文理论。考据有综合的如清代考据或称汉学，也有如阎若璩、戴震、王念孙和王引之父子、钱大昕等考据专著，以及校勘、笺注、辑佚、辨伪等专门。"①

在教学方式上注意基本功的培养，注重"读"和"写"。读即读原著，"《文字学》就以《说文》作为教材。历史课也不另编讲义，就讲《史记》、《汉书》。再如诗歌，则讲授《唐宋诗醇》、《十八家诗钞》之类；古文，则讲授姚鼐《古文辞类纂》和王先谦所选《续编》之类"②。

---

① 陆振岳：《无锡国学专修学校述略》，《苏州大学学报（哲学社会科学版）》2000 年第 2 期。

② 钱仲联、涂晓马：《犹有壮心歌伏枥——钱仲联先生访谈录》，《文艺研究》2003 年第 5 期。

教师课堂讲授时对原文做逐字逐句的解读，而并非简单的翻译，重在阐述和引申，举一反三，提出精到而独特的见解。写即锻炼学生写作能力，"每两个星期作文一次，命题作文，用文言写作，用毛笔誊写，三个小时，当堂交卷"①。老师对学生习作也非常重视，精心批改，有眉批，有总批，点评多于修改，批改一篇作文甚至超过了学生写作一篇的时间。唐文治校长还别出心裁，每年的 4 月和 11 月各举办一次"国文大会"，就是全校性的命题作文大赛。每次比赛时，全校学生都集中在礼堂里，选取事先规定的几个题目中的一个，限时写成交卷，经过几轮的评选，评出个人奖和年级奖。成绩揭晓后召开全校大会，当众点评获奖作品，表彰获奖者。后来成为文史研究大家和著名作家的马茂元、姚奠中、徐兴业都是当时的获奖者。

刘桂秋在《无锡时期的钱基博与钱锺书》一书中说："在无锡国专期间，钱基博曾先后讲授过正续《古文辞类纂》、《文史通义》、目录学、《东塾读书记》、《现代中国文学史》、韩昌黎集等课。"② 作为无锡国专教授、教务主任，钱基博还同时在上海的光华大学兼任教职，上海、无锡两地奔波，但他教学极其认真负责，绝不偷懒和马虎。弟子王绍曾后来回忆说：

先生讲课有一个共同的特点，要求学生每人备两个笔记本，一个是课堂笔记，另一个是读书笔记。讲课时重要的论点，先生

---

① 钱仲联：《无锡国专的教学特点》，载中国人民政治协商会议江苏省委员会文史资料研究委员会编：《江苏文史资料选辑》（第 19 辑），江苏古籍出版社 1987 年版，第 83 页。

② 刘桂秋：《无锡时期的钱基博与钱锺书》，上海社会科学院出版社 2004 年版，第 118 页。

都要端端正正地板书。每堂课都要布置问答题，开列书目，让学生自己去阅读，对问题作出解答。回答的问题，写在读书笔记上，要求字迹清楚端正，潦草的发还返工。读书笔记照例由班长收齐汇送，先生在课后认真评阅。评定成绩优劣，一般都在笔记的第一道题上以加圈多寡来表示。从一个圈到四个圈，代表甲乙丙丁等次。圈越多成绩越好。特别优异的可以画到五个圈。下一堂课，先生先作简短的讲评，然后讲新课。讲评时成绩优异的一一指名表扬。如此循环往复，先生从来没有误过期。我们班有三十多人，读书笔记最多有长达二三千言的，简直是一篇论文。一本本评阅，不知要耗费先生多少时间和精力。我班同学大体上都能写论文，以得力于先生的指导培养为多。先生读书治学最重视方法，并以此指导学生。先后写过《周易解题及其读法》《四书解题及其读法》(以上商务印书馆出版)、《文史通义解题及其读法》、《古文辞类纂解题及其读法》(以上中山书局出版)、《老子解题及其读法》(大华书局出版)。先生给我们讲《古文辞类纂》、《文史通义》，就是用他的解题及其读法来指导我们学习的。①

钱基博往返于上海和无锡，一般每周五下午回无锡，当晚到国专讲课两个小时，星期六上午再讲两个小时，星期天一早再赶往沪上，风雨无阻，十分辛苦。在国专讲课时，他正在无锡辅仁中学读书的儿子钱锺书和侄子钱锺韩也跟着来随堂旁听。王绍曾说钱先生讲课别开生面，自有特点，比如讲授《古文辞类纂》就重点放在文章的源流正

---

① 王绍曾：《钱子泉先生讲学杂忆》，《华中师范大学学报（社会科学版）》（纪念钱基博先生诞生百周年专辑），1987年，第127页。

变和各家异同得失上面。其实，国专师资力量雄厚，教授古文的几个老师都是大学者、高水平，各擅胜场，比如王绍曾谈及的朱文熊和唐文治就是。王绍曾这样写道："朱先生讲《唐宋文醇》，按文章的体裁有选择地从用字造句上分析讲解，并结合文体，由朱先生命题让我们练习写文言文。这是属于基本功的训练。另一位是唐校长自己。唐先生是讲究读文法的，他继承刘勰'披文入情'和桐城派'因声求气'的理论，用他自编的《国文经纬贯通大义》做课本，要求我们读文一定要读出文章的音节美，要在往复涵咏中，在抑扬顿挫、高下徐急中去领会文章的阴阳刚柔之美和作者的思想感情。"[1]

在这样的学校里，有这样好的学习环境和条件，再加上这样优秀而敬业的授业老师，周振甫如同游鱼归海，心中有说不出的喜悦。所有的课程他几乎都充满兴趣，所有的内容他都想最快地化为己有。周振甫抓紧一切时间阅读，无论课间和晚上。他宿舍的案头上总是堆着厚厚的一摞线装典籍，整个身心沉浸在经史文献的海洋里，他的思想一直在和古代圣人与文豪进行对话和交流。一言以蔽之，外人看来严格的无锡国专的阅读、写作与考核，在周振甫这里更像是在享受，学校浓厚的学习氛围、众多国学耆旧的谆谆教诲、意气风发的同学间的切磋讨论都在滋养着他。苦读背后是古代典籍的博洽多闻和文字功底的潜滋暗长，并且随时间的流逝逐渐积淀为扎实的国学功底和求实创新的治学精神。

在此期间，周振甫接触到了几份国专自办的刊物，包括《国专学生会自治季刊》、《无锡国专年刊》、《私立无锡国学专修学校学生丛

---

[1] 王绍曾：《钱子泉先生讲学杂忆》，《华中师范大学学报（社会科学版）》（纪念钱基博先生诞生百周年专辑），1987年，第127页。

刊》、《国专校友会集刊》等。这些刊物多是因为学术研究和辅助教学的目的而创办，内容以学生优秀作业、研究论文、学术札记、编刊日记、学校宣传介绍为主，间或有考古、文苑、书评、补白等不同栏目。这些刊物的编辑出版全程都是国专老师和学生完成的，从内容到形式都契合学生的要求，所以很受欢迎，成为国专学生争相阅读的对象。对于周振甫来说，这些刊物既是他学习的对象，促进了他的学业，同时也让他亲身体会到了报刊在信息传播上的巨大威力，这为他以后投身编辑出版业起到了一定的推动作用。

学问之道须有师承，性格铸成必经濡染。在无锡国专，有三位老师对周振甫的学业和思想直接产生了重要的影响。他们是上文提及的钱基博、唐文治，还有一位冯振（字振心）。冯振是著名的古典文学专家、诗人和教育家，在无锡国专任教逾二十年，先后担任过院务主任、教务主任，在艰难困苦的抗战时期曾任代理校长多年，对无锡国专的建设与发展呕心沥血，居功至伟。他的先秦诸子研究既继承了"乾嘉学派"的传统方法，又注重运用现代西方新学的某些科学理论和方法加以新的解释，其《老子通证》、《荀子讲记》、《韩非子论略及提要》及《吕氏春秋高注订补》等，均受到学界关注与好评。其文字训诂学著作则有《说文解字讲记》。诗学论著以《诗词杂话》、《七言律髓》、《七言绝句作法举隅》为代表，影响深远。

下面，我们首先说说钱基博先生对周振甫的影响。钱先生是国学大家，"诂经谭史，旁涉百家"，"集部之学，海内罕对。子部钩稽，亦多匡发"。[①]其广博的知识、深厚的功底、严谨的学风让周振甫惊叹

① 钱基博：《潜庐自传》，载傅宏星编撰：《钱基博年谱》，华中师范大学出版社 2007年版，第 259 页。

之余，倍增羡慕向往之心。特别是《文史通义》的课程，让周振甫深受教益。后来周振甫回忆道：

> 钱师教我们读章学诚的《文史通义》。他的教法，就是从《文史通义》中出题目，包括第一篇主要讲什么，第二篇讲什么，第三篇讲什么，让我们下课后自己去读书，按题目写笔记。他要求学生认真读书，独立思考。讲课时，他用的是一本《〈文史通义〉解题及其读法》，专讲他研究《文史通义》的心得。他把讲课的内容印出来，发给我们，让我们研究。这样学习，既可以多读《文史通义》原文，又可以加深对原文的理解，所以有很多收获。①
>
> 梁启超在清华大学国学研究院教授时，著有《四书解题及其读法》。钱师也在清华大学教授，对梁著意有不同。因另著《四书解题及其读法》，得到梁启超的赞赏。钱师后来在上海圣约翰大学、光华大学、无锡国学专修学校、国立师范学院等校教授，著有《现代中国文学史》、《韩愈志》、《韩愈文读》、《骈文通义》、《版本通义》、《古籍举要》等书。我的一点编辑知识，就是钱师教的。钱师给我们教章学诚的《文史通义》，里面有《校雠通义》，它实际上就是古代的编辑学。②

后来，周振甫继续学习和研究《文史通义》，在在都有钱基博先生的影响。到 20 世纪八九十年代，周振甫还发表了《谈章学诚〈文

---

① 张立生、周振甫：《周振甫先生访谈录》，《史学史研究》1997 年第 1 期。
② 周振甫：《对钱子泉师〈中国文学史〉的审读意见》，《出版工作》1987 年第 1 期。

史通义〉中的文论》、《古代的编辑学——章学诚〈校雠通义〉》、《论史家部次条别之法》、《读〈文史通义校注〉》等文章，既从文学、史学角度深入探讨学理问题，又将《文史通义》与编辑学和编辑工作结合起来，既有历史厚重感又不乏新意。

在无锡国专，钱基博对学生期望值颇高，常告诫学生："汝侪以父兄汗血之金钱，负笈来此，今于学业上，非惟不能沟通中西，以发扬吾国之国粹，而菜根充塞，阿蒙亦依然吴下，清夜自思，方流涕痛苦之不暇，又安可数典忘祖，不知此身为大中华之国民也耶！戒之勉之！"① 正因如此，钱老师对学生要求十分严格。如留课后作业时只给出典籍中的零星语句，让学生作注。学生忌惮钱老师威严，往往下大力气，翻遍古书，寻找原始出处。初时学生叫苦不迭，久而久之，都锻炼出了对古典文献的熟悉感，养成了翻阅书录、文集的习惯。而且经此历练后学生不再轻下判断，从而养成了查阅、研究的习惯。这对周振甫影响极大，在此后数十年的时光里，他在编辑出版和古籍整理的工作中，对待任何有疑问的问题，哪怕很细小的问题，都会认真对待，反复查过多种典籍与工具书后才下结论，实在查不到的就存疑。

其次说说冯振先生对周振甫的影响。冯振在国专主讲《说文解字》和诗赋辞章理论。20世纪30年代，他曾出版《七言绝句作法举隅》，总结古代作诗句式的使用和模式，极为精当和贴切，对于诗歌的赏析和写作都有很好的指导作用。从不计其数的诗歌、诗人中择摘作法类似者以供比较，这显示了冯振对古代诗歌广泛的阅读量以及高屋建瓴的分析概括能力。在讲述这些看似"高深"的诗词时，为了让学生不

---

① 陶存煦：《天放楼文存》，陶维墀编订，未公开出版，藏于绍兴图书馆，转引自孙振田：《钱基博与无锡国专的几则教育资料》，《江苏地方志》2011年第3期。

觉晦涩，冯老师用极为浅易通俗的语言，举些耳熟能详的诗歌例子，将诗歌的"对仗"、"拗救"等作法一一剖解，展示在课堂上。即使没有多少古文、音韵底子的同学也能听懂，并心领神会。周振甫在冯振老师的课堂上受益匪浅，对此作法、教法深以为然，赞叹不已。正如后来他所说的那样，"冯师讲七言绝句的各种作法，有'示人以规矩'的意思"①，列举了不少七言绝句的作法，对每一种作法都列举了很多的范例。所选的诗歌范围广博，不限于一个朝代，而且内容风格都不相同，有的平淡简朴，有的雄劲苍凉，提供了大量可供比较研究的七言绝句。冯振老师的这种写作、教学方式给周振甫很大的启发，后来他从事编辑工作时对作品力求朴实、浅易的选择标准，以及自己创作出版的以《诗词例话》为代表的"例话"系列，还有"题解"系列等著作里面都可见出冯振先生对他影响的印迹。

新中国成立后，冯振远在广西的高校任教，但和周振甫的师生情谊始终保持着。周振甫在《年谱》记有 1972 年陪同来京的冯振访客、游玩的情况：

这年，无锡国学专修学校教务主任冯振心师来京，因陪冯往访梁漱溟先生，并陪冯师出游作《陪冯师记游诗》。

喜逢杖履得追陪，祕殿定陵今又来。耗尽民膏留朽骨，可怜不及马王堆。

潭柘戒潭虽谢客，半途未许便归来。葱茏百转盘旅上，为看山容走一回。

---

① 周振甫：《周振甫讲古代诗词》，江苏教育出版社 2005 年版，第 168 页。

禅塔凄凉阅古今，森森翠柏蔽高岑。徘徊潭柘门前路，旧学商量聆雅音。①

第三个就是校长唐文治先生的影响。如果说钱基博先生和冯振先生主要是在学业上给予了周振甫指导和启发，那么唐先生就用自己的行动为周振甫树立了"师表"的榜样。唐文治除了自己读书、研究之外，每周承担了八课时左右的教学工作，还亲自批改作业、考卷，而且在上面还要加注批语，有时候学生作业上密密麻麻地布满了蝇头小楷的评语。此外作为校长，唐先生每天晚上都准时巡视课室和学生宿舍，即使在不幸双目失明后，他依然保持了这一习惯，由人搀扶着检查和督视学生们的学习和生活。唐校长这种诲人不倦、不辞辛劳的精神，作为学生的周振甫是看在眼里、记在心头的，可以说，周振甫平易近人，对待后学不摆架子，也不懈怠的慈师性格中就有唐校长的影子。

深耕原著、文言写作是无锡国专的标签，但如果据此认为国专学生只是埋首古籍，两耳不闻窗外事，那就完全错了。国专承继了无锡东林书院"国事，家事，天下事，事事关心"，即读书不忘社会责任的精神，强调对学生的爱国教育。1931年九一八事变后，对于蒋介石的不抵抗政策，全国上下群情激愤，无锡国专师生的爱国情绪也非常高涨。唐文治校长在学校食堂上悬挂牌匾，题上"世界龙战，我惧沦亡，卧薪尝胆，每饭不忘"16个大字，借此提醒全校师生勿忘国事，激发以天下为己任的使命感。无锡国专与无锡中学、无锡教育学院等学校联合成立了无锡学生抗日救国会，宣传抗日，要求政府对

① 徐名翚编：《周振甫学术文化随笔》，中国青年出版社2000年版，第341—342页。

日宣战、派兵北上抗日。面对抗日洪流，周振甫虽为读书人，却也有一颗滚烫的爱国心，他毅然将旧学雅趣暂时搁置一旁，放下书本，积极加入游行队伍，并登上上海大学生赴南京请愿经过无锡的火车，随无锡各个学校的三四百人一起去了南京。到了南京，周振甫和请愿的大学生们被拉到中央军官学校安顿下来，时任国民政府主席的蒋介石接见了学生们，并对他们讲话，说政府是怀有抗日决心的，劝学生们回去安心读书，要以抗战大局为重，不要过于激愤扰乱社会秩序，等等。在南京请愿无果，待了两天后，周振甫随队伍回到无锡，又恢复到埋头苦读、笃志文史的日子里去了。九一八事变后学生赴南京请愿运动先后有三次，从周振甫的回忆看，他参加的应是指第二次。三次学生请愿运动，最终导致国民政府主席蒋介石的一度下野。

此外，周振甫与国专早期毕业、留校任教的王蘧常先生当属师生关系，后来一直保持着联系。王蘧常在大约是 1967 年写给冯其庸的信中写道：

> 其庸吾弟：久不得足下书，甚念甚念。贤劳何似？前接唐立庵、周振甫信，皆言及足下。振甫言"独立乱流中"，尤不易得也。闻之喜甚。兄多病，不一一。顺问近祉。小兄蘧状。上已。①

冯其庸是王蘧常最为优秀的学生之一。他 1946 年考入无锡国专时，王蘧常担任学校教务处长，两人相遇相知，建立了长达半个世纪如父如兄的深情厚谊。"文革"爆发不久，王蘧常关心冯其庸的

---

① 刘云鹏：《王蘧常致冯其庸、王运天书札》，《中国书法》2016 年第 15 期。

处境，从学生周振甫处打听冯其庸的消息，得知他除了受批斗外，没有贴过一张"揭发"他人的大字报，也没有参加任何活动，他非常高兴，写信给冯其庸。在"文革"中，王蘧常也未能幸免。在这种自身难保的境况下，王蘧常仍然心系学生的安危，并为冯其庸能"独立乱流中"感到高兴。从这封信中还可以看出，在那种社会环境下，王蘧常不仅关心冯其庸，也与周振甫等保持着紧密的联系，充分说明了他们师生的光明磊落和深情厚谊。周振甫这位无锡国专的肄业生，已得老师真传、国专精髓，那种士林风骨和精神深深根植在他血脉中。当代著名出版家曾彦修有诗云："夜半扪心曾问否，微觉此生未整人。"这在那个运动不断、人性扭曲的特殊年代何其不易。

周振甫不仅是平生未整人的真君子，始终与人为善，而且总是无私帮助同学、同事、朋友，乃至素不相识者。如上海金山（原金山县）的彭鹤濂是晚于周振甫的无锡国专毕业生，后曾任金山中学校长，也是研究旧体诗词的专家。据他回忆，周振甫曾帮他借书，甚至挑灯夜战抄书。彭鹤濂诗集中有一首题为《周振甫为我向钱锺书兄借到〈梦苕庵诗续存〉一巨册抄写达旦赋寄仲联师吴门》的诗，应该是彭鹤濂和钱锺书最早的交往记载。《梦苕庵诗续存》是曾任无锡国专教师的钱仲联的诗稿，1978 年曾自费油印出版。彭鹤濂通过周振甫向钱锺书借阅老师的诗集，而周振甫借来后则代为抄写，通宵达旦，足见两人深厚情谊，钱锺书和彭鹤濂的交往也始于此。

如果按部就班，周振甫当在 1934 年六七月间毕业。这年的 6 月，"举行第十班第十二届学生毕业礼，毕业生计有王桐荪、顾伯榕、吴寿祺、吕蕴华、李步青、周祥龙、俞洛生、姚希曾、张明凯、张尊

五、程雅农、程咏沂、乔伯夷、钱锺元、阎桂藩等十五人"（据《无锡国学专修学校十五周年纪念册·历届毕业生名录》）。[①] 按理，第 10 班有 74 人，可能是进校时按程度不同分了不同的年级，毕业便有先有后。另据唐文治《茹经先生自订年谱·甲戌七十岁》："十二月，放寒假。毕业生郑高崧等十七人。"他这里所记"十二月"是旧历，公历则是一九三五年初了。刘桂秋《无锡国专编年事辑》"一九三五年（民国二十四年乙亥）"记载："一月，举行第十班第十三届学生毕业礼，毕业生计有王见久、卞玉麟、石岩、汪兆成、李灼华、李秾、徐振亚、曹书坤、张逸仙、华元龙、敬云从、闻峻材、臧荫篪、刘幹、樊恭煊、郑高崧、顾增贤等十七人"（据《无锡国学专修学校十五周年纪念册·历届毕业生名录》）。[②] 这两次的毕业生加起来是 32 人，离进校时的 74 人尚有不小差距。周振甫的同学哪些毕业了，哪些因故退学，还有待考证。

周振甫自己说他在无锡国专读到二年级，应该还有一年毕业。从现在查阅的情况看，他读到二年级没多久，就提前退学了，实际在无锡国专的读书时间当在一年多一点。周振甫去世时中华书局发布的逝者生平简介，明确说他是"一九三一年八月考入无锡国学专修学校。翌年十月，从该校肄业，并应邀入上海开明书店编译所工作"。虽然没有读完，但无可否认，无锡国专这短短的一年多时间对周振甫的影响是巨大而深远的。

---

① 刘桂秋：《无锡国专编年事辑》，中国大百科全书出版社 2011 年版，第 174 页。
② 刘桂秋：《无锡国专编年事辑》，中国大百科全书出版社 2011 年版，第 187 页。

# 第二章

## 开明二十载

人生犹如一去不返的火车，向前驶去，没有既定的方向和路径，各种机缘意外让这条路上的风景更加绚烂多姿，神秘而不可预测。当周振甫在无锡国专潜心修学到二年级，为毕业后"写书拿稿费"的职业梦想积极准备的时候，一封来信改变了他的生活节奏与轨迹。自此，他选择了人生航船的前行方向，进入了现代中国有名的文人出版机构——开明书店，从最基层的校对做起，20年里勤于点校、整理、编书，踏踏实实，不务空名，积累了丰富的编辑出版工作经验，并做到编学相长，编研结合，就此迈开了成为学者型编辑和编辑出版界大国工匠的脚步。

# 一、肄业进开明

1932 年 9 月的一天，舍友拿着刚从上海寄来的一封信递给正在书桌旁看书的周振甫。他接过信件，心里直犯嘀咕，四年前在上海当学徒时间很短，还不曾交上什么朋友，有谁会写信给他呢？带着疑惑展开纸笺，内容很简单，意思是听闻周振甫长于文史，国学功底深厚，询问是否有意来开明书店担任古籍校对之职，亟待回复为盼。落款的名字是徐调孚。周振甫直到读完全信，才恍然大悟，明白了事情的来龙去脉，原来是徐调孚的父亲举荐了他这个后生晚辈。周振甫忆及此事时说：

> 我在平湖稚川初中念书的时候，调孚同志早在商务工作。那时我同他不熟，没有讲过话，更没有通过信。我在稚川初小念书时，一下课，就从课堂外的院子里出来，穿过一个秋叶形的洞门，外面是一个小小的园子……当我们在小园子里玩时，时常看到一位先生从小桥上经过园子进入厅堂，到楼上去，他就是调孚同志的父亲敔定先生，去葛家的藏书楼编目。到我在稚川初中念书时，跟敔定先生的接触更多了。……一天，他听调孚同志讲，开明书店要找个古书校对。……敔定先生听了，就说我在无锡国学专修学校念书，是否可以做校对。[1]

---

[1] 徐名翚编：《周振甫学术文化随笔》，中国青年出版社 2000 年版，第 77—78 页。

这样顺理成章有了徐调孚的来信。原来，敩定先生是在平湖乍浦的木行里工作。这家木行是平湖地主兼乡绅兼富商的葛家开办的。葛家还先后开办了稚川小学和稚川初中，并建有藏书楼，珍藏各种古籍和珍本。敩定先生爱好旧学，长于目录版本，因此后来从葛氏木行转到葛氏藏书楼去编目。"抗战初期，日军由金山卫登陆，平湖军政撤退，陷入混乱中，传朴堂藏书书目亦难捡寻了。"①那是后话。

徐敩定的这个兴趣爱好与工作，不仅影响了自己的儿子调孚，也在某种程度上改变了周振甫的人生轨迹。有趣的是，许多年后徐家与周家竟成了儿女亲家，这确实也是难得的缘分。

徐调孚（1901—1982），本名骥，笔名蒲梢，和周振甫同为平湖人，是一位"难得的编辑专家"（章士钊语）。据周振甫回忆，徐调孚的父亲曾告诉他其"字"的由来，《论语·宪问》中，子曰："骥不称其力，称其德也。"朱熹注："德，谓之调良也。"因此字调孚。徐调孚的笔名之一蒲梢，是从《史记·乐书》中得来："后伐大宛，得千里马，马名蒲梢。"作为一名编辑，徐调孚为作者作了很多订补润饰的工作，但他又译述、评论，确是一匹千里马。②

徐调孚比周振甫大 10 岁，当周振甫还在稚川初小的时候，徐调孚已经考入上海商务印书馆，在其附属的英文函授学校工作。后来，徐调孚被郑振铎看中，进入《小说月报》任编辑并参加了文学研究会。在《小说月报》期间，他不但与茅盾、叶圣陶等大家有密切联系，而

---

① 周振甫：《徐敩定先生为葛家藏书编目》，载顾国华编：《文坛杂忆初编》，上海书店出版社 1999 年版，第 2 页。

② 刘心力：《徐调孚与〈小说月报〉》，《文教资料》2008 年第 19 期。

且慧眼识珠，从大量来稿中挖掘了不少文坛新人。最为人称道的是他作为编辑的敬业精神和责任意识。徐调孚视稿如命，在一·二八事变中冒着炮火从印刷厂废墟中将茅盾的《子夜》、端木蕻良的《科尔沁草原》的原稿抢救出来。这事后来在编辑界、文学界传为佳话。在商务印书馆遭日寇炮击、印刷厂被毁后，《小说月报》被迫停刊，徐调孚转而进入开明书店，负责出版部工作同时兼任推广部主任，编辑策划、装帧设计、出版管理乃至市场营销等，样样在行，是难得的出版全才。既是学者、作家，又是编辑家的施蛰存晚年在《怀念开明书店》一文中，有段文字专门写到徐调孚：

> 徐调孚曾协助沈雁冰、郑振铎编辑《小说月报》。这个大型文艺月刊的编辑校对工作，几乎都是调孚做的。他进了开明书店以后，《中学生》月刊和许多书刊，也都是他做了从组稿、审稿、发稿付排到校对、看清样这一系列工作。但是没有一本书上印着他的名字。他是编辑工作者队伍里的无名英雄。但是，文艺界的人，都知道徐调孚的为人。他孜孜矻矻地埋头工作，从来不露才扬己。他整理一部王国维的《人间词话》，也是夜晚灯下，静悄悄地伏案疾书，在成稿以前，没有人知道。
>
> 由于调孚的介绍，我的一本散文《灯下集》交给开明书店出版。在开明书店创业十周年纪念的时候，出了一本小说集《十年》，这里有我的一篇小说《嫡裔》，也是由调孚来组稿的，如果没有他的敦促，这篇小说也许不可能存在。①

---

① 刘凌选编：《施蛰存散文》，浙江文艺出版社 1999 年版，第 411—412 页。

现代知名藏书家、作家姜德明在《想起徐调孚》一文中谈到这样的印象："徐调孚先生我见过的。这位文学研究会的老作家待人谦和寡言，神态间却包含着无限的精力和智慧。他一生献身出版事业，甘为他人作嫁衣裳，而他本人亦是一位学者。""徐先生曾经协助沈雁冰先生编过《小说月报》。抗战期间，他又在孤岛时期的上海编过一种文艺期刊《文学集林》，是一位富有经验的文艺杂志编辑。""我听吴祖光先生讲过，抗战胜利后上海开明书店为他出版多卷本的戏剧集，经理其事的就是徐调孚。那严肃的工作作风，无愧为一个资深的编辑。"姜德明自己喜欢收藏各种新文学书刊，是有影响的版本学家。他说自己就曾在1946年出版的《上海文化》杂志上，见到徐调孚为《风雪夜归人》写的评语，有点类似"软广告"，可谓"极精辟"，从中也可见出这位老编辑家、古典文学专家多方面的才华。全文如下：

> 一个是红极一时的名花衫，一个是供人玩弄的姨太太，却在偶然的机缘中相遇了。他们同是可怜虫，同是被泥沙埋住的珍宝。他们想一同去走一条新路，可是，人是得受罪的，"明天"不是那么容易得到的。
>
> 从这两个可怜虫以及他们周围的人物，作者写出了现实人生中的形形色色。这里有诗情，有智慧，有辛酸，也有丰富的人间味。①

1981年6月，叶圣陶先生撰写了《追怀调孚》一文，回忆从商

---

① 姜德明选编：《姜德明书话》，北京出版社1998年版，第144—145页。

务印书馆到开明书店一起共事多年的老同事、老朋友徐调孚的编辑生涯，谈及新中国成立后徐调孚的际遇与境况有这样一段文字：

> 1949 年初，我离开上海到解放区，从此离开了开明。新中国成立之后，调孚随开明迁到北京。不久，开明和青年出版社合并，调孚调到古籍出版社工作，后来古籍又并入中华书局。我和调孚虽然同在北京，见面的时间却不多了。早晚相处的往时固然值得怀念，可是不常见面正表明彼此都忙着，只要听说身体都安好，就可以互相放心。到了 1966 年，情形就完全不同了，老朋友没有不互相牵挂的，却又无由相见。听说调孚受到的冲击不太大，可是也不得不离开北京，夫妇俩去外地跟孩子住在一起。后来中华书局承印的《柳文指要》重新"上马"，著者章行严先生写信给周总理说：他非常满意原来负责编校的徐先生，一定要请徐先生来完成这项工作。调孚于是又来到北京，住在中华书局的办公楼里。《柳文指要》排校完毕，章先生又写信给周总理，说徐先生是一位难得的编辑，建议把他留在北京工作。可是调孚在北京没有家了，即使把夫人接了来，老夫妇俩跟前没有幼辈照顾，实在难以生活，结果他还是决定离开北京。[①]

上文所说章行严也就是章士钊（字行严），他的《柳文指要》是"文革"后期由毛泽东主席支持出版的，算是一个特例。《柳文指要》是 1971 年 9 月出版的，"全书 120 余万字，线装三函 14 册，共印 3000

---

① 王知伊等编：《编辑记者一百人》，学林出版社 1985 年版，第 324 页。

部。周恩来对出版此书几次给予指示，并说:'如这本书出得还像样，可看出我们对旧的东西不是一笔抹杀。'1972年2月，尼克松来华访问时，周恩来向他介绍了《柳文指要》，说:'这部书完全是在毛泽东主席的关怀下才公开出版的。'并送他一套留作纪念。"① 对于徐调孚的工作，章士钊很满意，对其能力水平也十分赞赏，称他是"出版全才"和"难得的编辑专家"。② 这也算特殊年代的一段出版掌故吧。至于这套《柳文指要》到底如何，后来学术界虽有褒有贬，但总体是批评居多。钱锺书在读书批注中对其有"酷评"，周振甫在给茅盾的书信中也给予该书有理有据的驳斥。后文我们还将提及。

章士钊点名徐调孚编校书稿的佳话，与后来钱锺书点名周振甫当责编可谓异曲同工。作为发现周振甫的"伯乐"，徐调孚也是一位学者型、作家型优秀编辑，叶圣陶先生的《追怀调孚》结尾处这样写道:"调孚早年翻译的意大利童话《木偶奇遇记》，现在还在印行。还有一部《中国文学名著讲话》，是解放前写的，曾在《中学生》上连载，听说他在最后的岁月里作了整理，不久将要出版。署他自己的名字的出版物此外还有两部，一部是《人间词话校注》，一部是《现存元人杂剧书录》。"徐调孚先生这种注重编研结合、热爱学术的精神，忘我工作、乐于助人的品德在周振甫那里得到了传承。物以群分，人以类聚。二人平生风义兼师友，相交相知数十年。对此，周振甫的长文《作者的知音——记徐调孚同志》中有详细、真切而令人感动的描述。

---

① 方厚枢:《中华人民共和国出版五十年大事记》，载宋原放主编、方厚枢辑注:《中国出版史料（现代部分）》第三卷下册，山东教育出版社、湖北教育出版社2001年版，第481页。

② 王久安:《我与开明 我与中青》，中国青年出版社2012年版，第82页。

年纪更轻一点、后来担任过中华书局副总编辑的程毅中（1930—　　）也曾说，在编辑工作乃至为人处世方面，文学编辑室老主任徐调孚先生对他的影响和帮助是最大的。

叶圣陶先生说"调孚为开明出了不少主意"，那开明究竟是怎样一家书店呢？鉴于周振甫后来在这里度过了人生最宝贵的二十多年，故有必要探本求源，弄个清楚。

开明书店是由著名编辑、出版人章锡琛（1889—1969）在1926年牵头创办的出版机构。章锡琛原为商务印书馆编辑，起初翻译一些日本报刊上的文章给《东方杂志》等刊用，到1921年因钱智修的推荐接任了《妇女杂志》主编。这份杂志是商务在1915年创办的，到五四运动之后因为还"专说些叫女子当男子奴隶的话"，受到猛烈抨击，发行量并不好。作为新文化运动中的活跃分子，章锡琛早就参加了文学研究会，同时也是妇女问题研究会的发起人之一。新官上任三把火，章锡琛请来鲁迅的胞弟周建人，革新刊物内容，大力提倡妇女解放和婚姻自由，大量译介国外有关妇女问题的理论知识和活动动态。焕然一新的《妇女杂志》很快得到读者欢迎和市场认可，发行量从原先的每期两千多份一下子攀升到一万多份。这在当时属于畅销杂志了。锐意进取、大胆创新的章锡琛不满足于按部就班地出刊，而是主动出击，加强刊物的选题策划，不断推出新的话题，引发社会关注。《妇女杂志》在章锡琛手上陆续推出了若干导向性明确、问题意识突出的专号或专刊，其中有《离婚问题号》、《产儿限制号》、《妇女运动号》、《家庭革新号》等。这些主题鲜明、话题新颖的专号专刊无不引起社会公众的极大兴趣，反响良好。杂志办得生气勃勃，市场销售一路攀升，但章锡琛却被解职了。章锡琛为什么被解职，继而又离开了商务印书馆呢？他本人在时隔数年后写的《从商人到商人》一文中是这样解释的：

> ……《妇女杂志》的读者，居然由二三千增加到一万多人。我们的兴味，由此竟集中在妇女问题上，常常想夹七夹八地发表一点自己的意见，除了《妇女杂志》之外，又在外面编辑旬刊周刊，如《时事新报》的《现代妇女》及《民国日报》的《妇女周报》之类，趁晚上写一点肆无忌惮的文字，批评社会及个人。但因此写滑了手，在《妇女杂志》也竟发表和当局意见不合的文字来，常常受到警告。到民国十五年，为了一篇文字，受某学者批评，因而发生争辩，遂从当局送来严重的警告。我本来就想辞职，但因了钱智修先生的劝告，只得姑且忍耐。后来当局对于稿件的检查愈加严厉，使我们万难忍耐，不得不提出辞职。这辞职书提出之后，就被核准，但仍然不许我出去。结果把我调在国文部，杂志改由杜就田先生接办。到了年底，经几个友人的怂恿，要我另办一种关于妇女问题的月刊，定名做《新女性》，编辑归我担任，经费由大家帮忙。我被大家一哄，居然答应，但我的将近十五年的饭碗便因此敲破了！①

这篇文章写于1931年，当时周振甫正在无锡国专就读。当事人时隔不久的回忆自然是可信的，或许是有所顾忌，对一些具体的人和事他往往语焉不详。数十年后，人们对那段历史了解得更加清楚，原

---

① 章锡琛：《从商人到商人》，《中学生》1931年第11期。

来章锡琛之"获罪"，主要还是在对"新性道德"的提倡。1925 年 1 月，《妇女杂志》编发了一期"新性道德专号"，比起前述几种"专号"，这个无疑更吸引人，更具有市场威力，当然也可能引发更大的争议。这期刊物上，除了专号名称本身，有两篇文章直接引起争议，一是章锡琛本人的《新性道德是什么》，二是周建人的《性道德之科学的标准》。在 20 世纪 20 年代，对那些谈性色变的卫道士来说，《妇女杂志》出这样的专号，发这一类文章，不管具体内容如何、观点怎样，已经毫无疑问是大逆不道的。《现代评论》杂志在第 14 期发表了陈大齐的批评文章——《一夫多妻的新护符》，挑起论战。章、周二人起而迎战，所写反驳文章投给《现代评论》被拒，又刊载于鲁迅先生主编的《莽原》杂志。《现代评论》也是有影响的大刊，陈大齐也是名人，这样一闹，商务当局特别是编译所所长王云五坐不住了，他加大了对《妇女杂志》编辑内容的把控，也考虑后续的人员更替。章锡琛的主动辞职，可谓正合其意。

对于章锡琛如何离开商务，又是怎样创办开明书店的，周振甫在 1979 年第 1 期《读书》杂志所发文章——《鲁迅和章锡琛》中有所涉及。因为章锡琛当年是和周建人一起编杂志"惹祸"，因此鲁迅对此事也是关注过的。文章说：

> 周、章两位怕《现代评论》不登他们的文章，又另抄一份寄给鲁迅。鲁迅看到《现代评论》那样对待周、章两位的文章，就把两篇全文在五月十五日《莽原》周刊第四期上发表了，还在《编完写起》里说："诚然，《妇女杂志》上再不见这一类文章了，想起来毛骨悚然，悚然于阶级很不同的两类人，在中国竟会联成一气。"

鲁迅又说:"但待到看见印成的《现代评论》的时候,我却又决计将它登出来,因为比那挂在那边的尾巴上的一点详得多。""可是我总觉得陈先生满口'流弊流弊',是论利害,不像论是非,莫明其妙。"(《集外集》)

章锡琛在国文部编《文史通义》选注。到一九二六年一月,用开明书店名义出版《新女性》。商务里有一个规定,商务里的职工不准在外搞有损于商务业务的事。商务要章或者停办《新女性》,或者离开商务。章因此决意离开,去创办开明书店了。

在写《编完写起》的十年以后,鲁迅对《编完写起》又写了案语,说:"《现代评论》是学者们的喉舌,经它一喝,章锡琛先生的确不久就失去《妇女杂志》的编辑的椅子,终于从商务印书馆走出,——但积久却做了开明书店的老板,反而获得予夺别人的椅子的威权,听说现在还在编辑所的大门口也站起了巡警,陈百年先生是经理考试去了。这真教人不胜今昔之感。"(《集外集拾遗》)在这里看到鲁迅的鲜明的爱憎感情。①

显然,鲁迅先生起初是同情、理解和支持章锡琛这位同乡的,但后来也对他有些微词,把开明看作是"太精明的标本"。具体"怂恿"章锡琛新创杂志的其实是胡愈之、郑振铎等。因为当时几个人都还是商务印书馆的编辑,便决定一个叫吴觉农的朋友出面办《新女性》,创刊号发行人署名吴觉农,发行地址也设在他宝山路的家中。精明的王云五还是很快知道了这件事。当时,商务印书馆明确

---

① 振甫:《鲁迅和章锡琛》,《读书》1979 年第 1 期。

规定馆内同人不得经营与商务印书馆相同性质的企业，既然章锡琛违反了规定，要么选择留在商务，停办《新女性》杂志，要么离开商务自谋生路。是章锡琛自己做了抉择——自己创业，离开的时间是1925年底。章锡琛脱离商务，得了一笔退俸金，更重要的是得到了一些同事和朋友的理解与支持，因此才有商务的顾均正、叶圣陶、徐调孚、王伯祥等先后离开商务的"大庙"，投奔到开明书店这座同人性质的"小庙"。章锡琛本人则由"大庙里的小和尚"，一变而为"小庙里的大和尚"。

自立门户后，章锡琛先是办杂志，进而出书，创办了开明书店，书店（出版社）在1926年七八月间开张。起初开明应属于"兄弟书店"，由章锡琛全面负责。到1929年3月改组为股份有限公司，以100银圆为一股，共募集67500元，其中绍兴老乡杜海生认股5000银圆，成了除章氏兄弟外的最大投资者，鉴于章氏兄弟的股份系折算的前期投资，故股份公司成立后，杜海生就担任了首任经理，而章锡琛改任总务主任。到1932年杜海生辞职后，章锡琛才继任经理，一直到1945年12月。[①] 应该说，开明由章锡琛亲自创办，付出的心血最多，担任经理的时间最长，因而感情也特别深。

开明书店以青少年学生读物为出版方向，重点放在教科书领域，相继推出了《活页文选》、《开明英文读本》为代表的教科书和准教科书系列，创办了《中学生》杂志，在市场上大受欢迎，极为畅销。而且开明的出版物注重质量，其内容、编校、装帧设计、纸张及印刷装订等都十分讲究，为当时读书界所赞誉。加之商务印书

---

① 邱雪松：《"太精明的标本"：从鲁迅谈开明书店说起》，《鲁迅研究月刊》2018年第5期。

馆遭遇日军轰炸，短时歇业，一批商务的编辑一时生活无着，纷纷
投奔开明，如王伯祥、徐调孚、贾祖璋等。"对于出版社来说，人
是至关重要的，是命脉"，①"有了人，才会有创意，才会有奇思妙
想，才会有内容和内容深广的开发。在出版专业里，出版专业的人
才总是第一位的"。②才聚方能财聚，在以章锡琛为首的优秀编辑出
版人才的艰苦努力下，开明书店在短短几年间就在竞争激烈的民国
出版市场上站稳了脚跟，"出版发行了很多受读者欢迎的好书，开
明书店也从一粒小小的种子，发芽生长，一帆风顺地成为一家中型
的进步书店"。③曹聚仁在《开明型》一文中对开明书店、开明人有
如下评价：

> 　　只有开明书店是成功的，他们不仅是书生，而且是很精明
> 的市侩——可也不是铜气很重的市侩，他们都懂得文化事业的意
> 义，以及把握读者心理的技术。他们办了《中学生》、《开明少年》
> 这两种很好的刊物，就替他们抓住了青年的心理。市侩加书生，
> 他们是实践的人，并不是马二先生。④

　　曹聚仁这里讲的开明人、开明型，章锡琛可算是代表，注重了
文化与经济的平衡。曹聚仁的这个说法，可说是对章锡琛自述《一
个最平凡的人》中观点的印证。章锡琛说："现在虽然做着十足的商

---

① ［日］清水英夫：《现代出版学》，沈洵澧等译，中国书籍出版社 1991 年版，第 145 页。
② 聂震宁：《出版人断想》，人民出版社 2015 年版，第 206 页。
③ 钱君匋：《我在开明的七年》，载中国出版工作者协会编：《我与开明》，中国青年出版社 1985 年版，第 60 页。
④ 曹雷选编：《曹聚仁书话》，北京出版社 1998 年版，第 203 页。

人，却还承许多文人学士错爱，肯跟我做朋友，并不当做'市侩'看待。"[1] 曹聚仁在另一篇文章《从夏丏尊先生说起》中，比较了20世纪30年代的三家新书店，谈及对章锡琛的评价，也可进一步印证上面的说法："开明书店的事业，可以用'切实'二字来概括之。我曾说：三十年代那三家新起的书店，都带着书店老板的性格：'北新'如李小峰先生之深沉，'生活'如邹韬奋先生之活泼，'开明'如夏丏尊师之持重，再加上章锡琛先生的精明。'生活'以青年为对象，'开明'则以学生为对象；自从开明书店登场，中国出版界，才有认真为学生着想的读物。书店，本来和其它买卖一样，自以营业牟利为第一义。我们却希望书业中人，要'牟利不忘文化'才好。"[2] 在章锡琛、夏丏尊、叶圣陶等人带领下，开明确实较好地履行了文化企业的责任。

开明书店在经历了快速发展的五年后，也遭遇到了"成长的烦恼"。那就是书店的出版物结构比较单一，以教科书和青少年读物等"吃饭书"为主，虽然能够保证一定的利润，但书店要持续发展，还需要调整出版结构，进一步地品牌升级和形象提升。特别是当时其他出版机构如商务、中华、大东、世界等除了教科书之外，还在古籍整理出版、大型工具书出版等方面有大手笔。在"财"与"才"两方面都稍具实力的时候，章锡琛和开明书店都有意出版一些大部头有影响力的书籍，"一是对学术界（尤其是史学界）有所贡献，一是书店创

---

[1]　章锡琛：《一个最平凡的人》，原载《明社消息》第19期（1947年2月出版），收入宋原放主编、陈江辑注：《中国出版史料（现代部分）》补卷上册，山东教育出版社2006年版，第55页。

[2]　曹聚仁：《我与我的世界》，人民文学出版社1983年版，第148页。

牌子"①，按照宋云彬的话就是"配合它的大书店的身份"②。正当此时，机会来了，朱起凤30年心血之作《辞通》的稿样一册被徐调孚带到了书店里。

朱起凤以及他的《辞通》在与开明结缘之前，有着一段堪与卞和献璧般曲折坎坷的经历。朱起凤（1874—1948），字丹九，浙江海宁人。22岁掌教海宁安澜书院那年，因读书疏略，误判"首施两端"为错，引得学生讥笑和学界嘲讽与谩骂。受此刺激，他发愤潜心细读古籍，从经、史、子、集中搜集通假双音之词，进行考订、辨析。日积月累，竟成鸿篇。朱起凤见《汉书》有"以管窥天，以蠡测地"的语句符合自己所做札记之初心，于是将书名定为《蠡测篇》。

经历二十多年不间断的努力，1918年《蠡测篇》初稿12册完成，并改名为《读书通》，又因与明人著述《读书通》雷同，就在前加一新字，为《新读书通》。朱起凤对待此书，并不想敝帚自珍，束之高阁，而是要传之同好，通过印刷出版，造福天下读书人。"而在旧社会中，这样一部大书要找一个出版的书店，却难如登天。"③朱起凤和次子吴文祺四处寻求合适的出版机构接洽出版事宜，然而却不断碰壁，屡屡被拒，正如夏丏尊所言，"富人自文其陋，欲购稿以窜己名。坊贾号为逊心文化，见其卷帙之繁，又不能无踌躇。

---

① 莫志恒：《说说开明书店及其出版物的装潢艺术》，载中国出版工作者协会编：《我与开明》，中国青年出版社1985年版，第238页。

② 宋云彬：《开明旧事——我所知道的开明书店》，载中国人民政治协商会议全国委员会文史资料研究委员会编：《文史资料选辑》（第三十一辑），文史资料出版社1962年版，第14页。

③ 吴文祺：《〈辞通〉重印前言》，载朱起凤：《辞通》（全二册），上海古籍出版社1982年版，第1页。

遂屡加颠播而终且见格；其有惮于一顾即托辞返稿者"①。吴兴著名藏书家刘承干愿出巨资购买书稿，但要求出版时只署上自己的名字。中华书局陆费逵有意将此书影印出版，用晒图纸试印数页，发觉因原稿笔画太细，影印的效果太差，字体模糊勾连，就此作罢。商务印书馆高凤谦因当时《辞源》刚问世不久，无心也无力再出同性质的工具书，也拒绝出版。文明书局经理李子泉愿意购买版权，但出价太低。朱氏父子大失所望，一次又一次黯然携稿离去。1925年，吴文祺再次托郑振铎将书稿介绍给王云五，王云五位高事繁，未暇翻阅，不到一小时即将原稿退还。三年后，吴文祺任商务印书馆馆外编辑，再次托胡适联系商务印书馆，再度被拒。这年冬天，好不容易有一家小的出版机构"群学社"答应出版此书，答应的稿费也还合适，双方签订了出版合同。翌年，群学社因书中古字、异字太多，排印困难，最终宣告解约。

在这段折腾的时间里，朱起凤不断地对书稿进行修改、增补。1930年6月，《新读书通》定稿，字数竟达三百多万。吴文祺选录了书中精华部分，自行油印了15册，托同乡徐志摩带一册到中华书局，朱宇苍带一册到医学书局，徐调孚带一册到开明书店打探出版的可行性。中华书局回复说卷帙浩繁，不能冒险，婉言谢绝。医学书局自觉实力不足，也送还所携书册。开明书店编辑所所长夏丏尊看到徐调孚带回的书稿后，对书稿内容之丰富浩博赞叹有加，为作者毅力之坚韧不渝叹服不已。当即与郑振铎、叶圣陶、刘大白、林语堂、王伯祥、周予同等人商量，众人意见一致，认为此书出版不但在文化上有极大

---

① 夏丏尊：《序》，载朱起凤：《辞通》，开明书店1934年版，第1页。

价值，而且对开明书店文化企业形象的树立也有极大意义。于是开明书店总经理章锡琛出面与朱起凤、吴文祺签订合同，以 6000 元（每千字 2 元）买下版权。开明书店以商务有《辞源》，中华有《辞海》，于是和朱起凤商量将书易名为《辞通》，分上、下两册共 24 卷。夏丏尊任命宋云彬为主编校，全权负责《辞通》校注事宜，各部门通力协助，力争尽快面世。

宋云彬（1897—1979），笔名宋佩韦，浙江海宁人。1928 年冬进入开明书店，负责文史图书的编辑工作。夏丏尊之所以将《辞通》的校注和厘定任务交给宋云彬，除了看重他具备扎实的文史功底和认真负责的工作态度之外，一个很重要的原因，就是朱起凤曾经是宋云彬在家乡米业公会小学堂读书时的国文老师，两人有深厚的师生情谊。宋云彬爽快地接受了这个安排，因为他自身的经历让他知道这部书的出版是多么的有价值："1907 年，我走出私塾，进本地一个高等小学堂读书，朱先生教国文。有一次，我在一篇作文里用了三个叹词，一个写作'呜呼'，还有两个写作'於戏'和'於乎'，朱先生就问我：'你可知道呜呼有几种不同的写法？'这一问问得我面红耳赤，答不上来。他邀请我到他家里去玩，看他的札记本。他那时候已经从古书中摘录了上千条别体异文，分组编排，缮写成书，取名《蠡测编》，但只是薄薄的两本，还在继续摘录。"①

怀着对老师的感激与敬佩、对书籍巨大价值的深刻认知和洞悉，宋云彬全身心地投入到《辞通》的编排、校注中。但当时开明书店在

---

① 宋云彬：《开明旧事——我所知道的开明书店》，载中国人民政治协商会议全国委员会文史资料研究委员会编：《文史资料选辑》（第三十一辑），文史资料出版社 1962 年版，第 15 页。

章锡琛的领导下效仿商务印书馆，实行多元化发展战略，除了出版主业，还办了普及教育的函授学校等。起初，宋云彬很大一部分精力要放在函授学校教材《开明国文讲义》中《文学史话》的编撰上面，同时还要主持开明书店招牌杂志《中学生》的历史小品专栏。一个人的时间和精力毕竟是有限的，宋云彬初时还想将这些工作都一一做好，但很快发现这是不现实的，《辞通》的编校大大落后于预期计划，眼看着印刷出版又要推迟了。火烧眉毛之际，宋云彬找到了出版部负责人徐调孚，大吐苦水，一定要他帮忙再找人来分担《辞通》的校对工作。

这可让徐调孚犯了难，从书店别的部门调人吧，本就人手紧张，若再往外抽人，势必造成部门之间的矛盾。临时招人吧，找到合适的有语言文字和传统文史功底，又很快能上手的人确实也不太容易。一天晚饭后，徐调孚与从故乡平湖来上海小住的父亲徐敩定说起此事。徐老先生沉吟了一会儿，想起了他去葛嗣浵家作古书编目时接触颇多现在无锡国专上学的周振甫，觉得是个合适的人选，就向儿子推荐了这个年轻同乡。徐调孚一听十分高兴，简直如获至宝，立刻致函周振甫，说明开明书店拟招《辞通》校对一人，热心又诚挚地征求周振甫本人的意见。

周振甫读完信辗转反侧，想了一晚上，第二天就做出了接受聘用的决定。他后来回忆说："我想无锡国学专修学校三年毕业，还有一年，向二伯父二次取学费，再说毕业后到何处去，还难定。因此决定接受开明书店邀约。"① 徐调孚不久收到回信，在征得店方同意

---

① 徐名翚编：《周振甫学术文化随笔》，中国青年出版社 2000 年版，第 325 页。

后，立马就寄给周振甫一本《老学庵笔记》让其断句，意在用这种特殊的方式考查周振甫的古文功底和点校能力。《老学庵笔记》是陆游晚年的作品，内容多是俚俗琐闻、轶事杂记等，并不晦涩难读。这种测试对周振甫来说并非难事，他很快就将《老学庵笔记》断好句寄回。于是，周振甫顺利地被开明录用了。周振甫对自己这段人生重要经历记忆深刻，他在自订年谱中写道：收到断句的本子后，"徐先生说，开明已看过，认为虽有可商处，拟决定招用"。"我即启行。由同学卢沅等送行。及上车时，忽所购车票不翼而飞。我有一衣箱在车上。卢沅即代我上车，我即另购车票，于下一班车上车。至沪，知衣箱已为卢沅带走，带至徐家。"① 这个卢沅，就是我们后面要多次提到的卢芷芬。"卢芷芬，名沅，以字行。沅江岸边生长一种芷蓝，其味芬芳，故因名取字。祖籍江苏苏州，生于 1910年 1 月 13 日，逝世于 1960 年 11 月 13 日，在世仅五十年又十个月整。"②

1932 年 10 月，毅然中断学业进开明，告别无锡重回上海，周振甫做出了对他来说极具历史意义的选择，开启了一生事业的新篇章。但无锡国专肄业的经历也成为周振甫一生中的憾事，他因此格外重视女儿、孙辈的教育。同样，在新中国成立后，当一位去世好友的孩子因生活困难打算放弃上北京大学的机会时，他也毫不犹豫地解囊相助。③

---

① 徐名翚编：《周振甫学术文化随笔》，中国青年出版社 2000 年版，第 325 页。
② 卢元锴：《卢芷芬先生的出版生涯》，《出版博物馆》（内刊）2010 年第 3 期。
③ 吴大奇：《忆周伯伯》，载张世林主编：《想念周振甫》，新世界出版社 2011 年版，第 39 页。

# 二、从校对做起

## （一）初试身手校《辞通》

中国古籍文献由于印刷技术、政治查禁、战火频仍等原因，辗转抄刊，衍文、缺文、倒文、误字甚多，如果不加以校正，不可卒读。因此，长久以来，中国文史古籍的校对就是一门独特的学问，"在古代，校书的人，都是很有学识的人。一般说，校书的人，比起写书的人，知道的还要多些"，[①] 不但需要有相当的音韵、训诂、考据、版本的知识功底，还需要认真细致的工作态度和作风。古籍校对有两种方法，第一种是校异同，即"照本改字，不讹不漏"，机械地对照原稿仔细查看校样，同则通过，异则以原稿为准对校样进行订正。第二种是校是非，即"定本子之是非"，校对者凭借自身储备的知识或其他资料来判断原稿中的是非，确认其正确就通过，确认其讹误就提出疑问，查找文献或请教专家权威予以解决。这是一种层次更高、难度更大的校对方式，能弥补作者的疏漏，提高图书质量和水平。

周振甫进入开明书店的工作岗位很明确，就是担任文史古籍出版的校对员。而之所以选择有相当古文功底的他来做校对，很明显，书店就是要求古籍的校对既校异同，又校是非，做出古籍方面的精品和经典。当第一次在开明的办公室里见到周振甫，全权负责《辞通》编辑工作的宋云彬简单地寒暄了几句，就对两人的工作做好了具体分

---

① 孙犁：《谈校对工作》，《编创之友》1982 年第 1 期。

工。宋云彬的主要工作是勘定《辞通》中涉及的古籍版本，选择最合适、最权威、最被学界认同的版本作为底本，交由周振甫去进行校对。周振甫的具体工作就是对书稿原文和引证原文进行核校，检查有无疏漏讹误之处。另外对存疑之处进行追本溯源和参稽翻检，尽量做到辨章学术，考镜源流。所以这并不是修改错别字、填补漏缺字那么简单，而是集"校对"、"校勘"、"校雠"于一身的复杂工作。显然，它不仅是个"技术活"，还是个"学术活"。

胡适曾总结出整理国故的三种类别，"一曰索引式之整理，一曰总账式之整理，一曰专史式之整理"。"索引之法，以一定之顺序，部勒紊乱之资料；或依韵目，或依字画"；"总账式者，向来集注集传集说之类……上下二千年，颠倒数万卷，辨各家之同异得失，去其糟粕，拾其精华"。①《辞通》是一部解释古书中异体同义词语的辞典，按韵目分类搜集古籍中两字连用在一起的异形同义的词语，这是索引式整理。在收录的每一组词语之后都有作者按，解释文字异同之间的关系，指明何者为假借字，何者为声近义通字，何者为同声通用，何者为形误，何者为别体，有时还刊正旧注的误解，每一类词语下面的征引都有至少八九种书籍，可谓"一字之征，博及万卷"，这又是总账式整理。因此，《辞通》是两种古籍整理方法的集大成之作。

如果要校对此书，难度和工作量有多大呢？就以《辞通》著书缘起的"首鼠"、"首施"两词为例，两词引用的古籍有《左传》、《史记》、《后汉书》、《淮南子》、《魏书》、《晋书》、《陈书》、《三国志》、《唐书》、《旧五代史》等，沿用的旧注有杜预注《左传》、高诱注《淮南子》、

---

① 胡适:《〈淮南鸿烈集解〉序》，载《胡适文存》(2)，华文出版社 2013 年版，第126 页。

李贤注《后汉书》等，涉及的人物传记包括窦融、灌夫、司马睿、邓训、诸葛恪、虞寄、陆机、王思同、康延孝、长孙晟等。一两个词语涉及的古籍文献如此之多，全书共 72 卷，收入词条数量近 4 万，共300 多万字，校对此书的工作量就可想而知了。而且某些字词的来源不明，同通变异，并且掺入方言俚语，解读千变万化，无形中又增加了校对的难度。清代著名学者戴震在校注《尚书·尧典》中"光被四表"时，对其中的"光"字，穷思博讨，遍翻古籍，不见端倪。后经过十余年的时间，五个人的不懈找寻才确凿旁证，最后明确这"光"字其实就是"衡"字，是由于"衡"转写为"桄"，而"桄"脱误于"光"。由此一例，可见校对古籍的难度之大和对人精力消磨之深了。所以当周振甫从宋云彬手上接过《辞通》底稿的时候，粗略翻看了一番，他就知道自己未来的几年时间将和这本书紧紧地绑缚在一起了。

于是，周振甫全身心地投入到《辞通》的校对中去。在三年的时间里，开明书店的门房每天一大早开门、晚上闭门，总是看见同一张熟悉的脸庞。同事们也总能看到一个瘦小孤单，在简陋、狭促的古籍堆里伏案抄录的身影。在古籍编辑部里，周振甫也不大说话，大部分时间都是埋首在桌前的线装书中，手中拿笔时不时地勾画记录。他的生活轨迹也变得简单固定，每天早上 7 点之前到达编辑部，晚上天黑透了再返回住所。由于时间紧任务重，中午的休息时间也被他压缩成半个小时，简单吃罢午餐，喝杯水就又坐到了办公桌前。相对于编辑的其他工作，校对是比较辛苦的，特别是像校对《辞通》这样的大部头辞典，每天十几个小时紧盯书本，琢磨不甚清晰的生僻字词，脑力和身体都有极大的损耗，特别是对眼睛伤害很大。著名文艺理论家林默涵早年曾从事过校对工作，对此深有体会，他说："校对是一项很费眼力的工作，每天在灯光下看校样，没多久，我的眼睛就近视了。"① 像林默涵一样，在校对《辞通》半年之后，周振甫的视力下降严重，看书识字都很吃力，于是他很快地就戴上了眼镜。

平稳有序的校对工作，也会泛起小小的涟漪。1933 年伊始，开明书店老板章锡琛学习商务印书馆的科学管理方法，与丁晓先拟定实施了包括职工上下班签到、旷工缺工照扣薪水等多项规章制度，意在建立有着科学规范管理的现代出版企业。1934 年 9 月，店方正式编印了一本《开明书店股份有限公司章则汇辑》，包括各项规章制度计 28 种。大到公司的"组织大纲"，小到"练习生规则"，应有尽有。经理室、编译所、营业处、总务处各有"办事规程"，人事委员会、审核委员会各有"章程"。至于各种会议、分店管理、财务运行、职工福利、货物处理等各方面、各环节，在在都有章可循。与编校人员密切相关的则有《编译所暂行规程》、《编译所编审委员会组织大纲》、《编译所编审委员会议事规则》等。② 可能当时专门做校对的人并不多，也无专门部门，我们没有看到相应的管理办法。

这项改革对于完善组织结构、搞好分工合作、规范员工管理是有好处的，但章锡琛没有兼顾到开明的"同人书店"、"文化人办出版"的特点和传统，强硬铺开，造成了一些负面影响，"当时开明的大多数同事，对锡琛他们这种搞法是有反感的"，"过去的那种温暖气氛，给一扫而光了"。③ 连叶圣陶对这种严格制度的硬约束也不以为然。据

---

① 林默涵著，陆华整理：《林默涵自述》，《新文学史料》2006 年第 3 期。
② 汪耀华选编：《民国书业经营规章》，上海书店出版社 2006 年版，第 281—335 页。
③ 宋云彬：《开明旧事——我所知道的开明书店》，载中国人民政治协商会议全国委员会文史资料研究委员会编：《文史资料选辑》（第三十一辑），文史资料出版社 1962 年版，第 6 页。

开明老员工王知伊说："开明书店和商务、中华等一样，在名为讲究工作实效的幌子下，把规章制度订得很死很严。例如职工上班，一律必须签到。因事借贷，经理室审批颇严。私人会客，不得超过 15 分钟。类此的事例，叶先生是对之不满的。据宋云彬先生说，在抗日战争前有一时期，叶先生为此就在苏州家中做事，一星期才到上海店中来一次。"①

其实，虽然与商务一样，开明也是股份有限公司，但前者是更加企业化的大公司，后者有着明显的同人色彩。如果说对商务来说，严格的正式规章制度更起作用的话，开明人更喜欢"非正式制度"，习惯软约束，靠的是企业文化，时人和后来的研究者往往把它概括为"开明风"。商务当时推行科学管理法，在编译所受到的抵制最为强烈，而开明的这套严苛的制度，显然也不是很适合开明编译所这些文化人。

书店的此项变动对周振甫没有什么太大影响，一来他是刚参加工作的新人，自由时间并不多，二来在实施科学管理前，他已经习惯了按时上下班，甚至是早到晚退，所以并不觉得新规难以适应，反而感到方便了他的校对工作。以前到古籍室、借书处常因管理员工不按时上下班而吃闭门羹，现在他就不必为此烦恼了。规范管理措施的实行无形中助推了《辞通》校对工作的进展。

时间如白驹过隙，忙碌的一年转眼就过去了。在这初入职场的三百多天里，除了过年回平湖看望父母，与分别许久因为父母双亡而住在周家的未婚妻张韫玉一起回张家省亲之外，周振甫的生活都以

---

① 王知伊：《叶老轶事随记——悼念叶圣陶先生》，原载《古旧书讯》1988 年第 2 期，后收入俞子林主编：《那时文坛》，上海书店出版社 2008 年版。

《辞通》书稿为中心，上古韵、中古韵、增佚、辟旧、脱误占据了他的脑海。尽管如此，宋云彬、周振甫两人在盘点工作成果时，发现重新厘定条目后的 24 卷书稿，校对工作只完成了不到 6 卷。照此速度，在章锡琛和夏丏尊制定的三年期限内完成初校基本不可能，增加人手成为唯一的选择。周振甫"举贤不避亲"，向宋云彬及夏丏尊推荐了无锡国专的同学好友卢芷芬，认为他能够胜任，帮得上忙。在他的穿针引线之下，卢芷芬在这年的冬天进入开明书店，旋即加入了《辞通》的编校队伍。

此后的时间里，这个"三人团"精诚合作，严谨细致，"昕夕点勘，无间寒暑"[1]。为了不耽误进度，他们遇到自己一时难以解决的疑难之处，便记录下来，然后略过，校对下一组语词。待积累一定数量的疑点后，便汇总后交给宋云彬，让他写信给朱起凤、吴文祺两人，商询处理方法，"每遇疑难，辄商之先生，三四年来，往返函牍，亦既盈尺"[2]。

1934 年 4 月 1 日，经过三年的艰苦努力后，《辞通》终于付梓。章太炎、刘大白、林语堂、钱玄同、胡适等语言学、文史学界的泰斗级人物为之作序，肯定其出版的重要价值和意义。章太炎认为"朱公之书，方以类聚，辨物当名，其度越《韵府》，奚翅什佰"；胡适指出此书的出版"不仅仅给了我们一部连语辞典而已，同时又给了我们许多训诂学方法的教材"；钱玄同认为《辞通》，创见之多不亚于诸多前代关于语言文字学的著作，甚至超过了它们。与夏丏尊有诸多交往的

---

① 夏丏尊：《序》，载朱起凤：《辞通》，开明书店 1934 年版，第 2 页。

② 宋云彬：《〈辞通〉跋》，载海宁市档案局（馆）编：《宋云彬文集》（第三卷），中华书局 2015 年版，第 154 页。

弘一大师还为《辞通》题写了书名。这部开明书店"扛鼎三部曲"的首发之作，甫一上市便成为全国知识界和出版界的关注焦点，时人评价很高，赞其"内容繁征博引，曲证旁通，堪称巨著"。[①] 令开明上上下下都觉意外和振奋的是，本来预计亏本的《辞通》，竟然成了赚钱的宝贝。全书 3000 多页，定价 9 元，正式出版前发出的 10000 张预约卷，在两个月内卖光，随后加印数万张，仍然供不应求。

对周振甫来说，此书的出版和畅销带来的最大好处就是自己的工作能力和水平得到认可，这对于尚是出版新人和编辑"菜鸟"的他来说，是最为重要的。宋云彬在《〈辞通〉跋》中特意写道，"周振甫、卢芷芬两先生先后来开明，助余校雠；两先生英年勤学，临事不苟，此书得鲜脱误者皆两先生之功"[②]，足见他对周、卢两位的欣赏。宋云彬所称"两先生"，从年龄来说，实实在在还是两个小伙子呢，那一年周振甫 24 岁，而卢芷芬是 25 岁。

还特别需要提及的是，周振甫略为窘迫的经济状况也得以改善，他的薪水从刚进书店时的每月 30 元增加到了 50 元，这虽然和那时候大学教授、副教授的工资还有较大差距，但已经相当于商务、中华这些大书局一般编辑的薪水了，属于中等偏上一点的收入水平，能够在上海养活一家五口了。由专家研究知道：20 世纪 20 年代至 1937 年抗日战争爆发前这一段时间里，中国物价大致平稳，人民生活相对稳定。1923—1939 年，三分之二以上的中国城市工厂工人家庭平均年收入在 200 元到 400 元之间，年收入在 400 元以上的家庭收支状况良

---

① 杜明甫：《评朱起凤〈辞通〉上册》，《图书季刊》1934 年第 1 卷第 2 期。
② 宋云彬：《〈辞通〉跋》，载海宁市档案局（馆）编：《宋云彬文集》（第三卷），中华书局 2015 年版，第 154—155 页。

好，生活舒适程度较高。①陈明远阐述得更为具体："1928 年以后的十年内，中国的银圆、国币和法币比较坚挺，只在 1937—1938 年间物价水平（受抗日战争影响）有轻微的上涨，但仍保持基本稳定。"那个时期的物价应该是比较便宜的，"例如，以主要食物的价格计算：1930—1936 年大米每石 10 圆左右（当时 1 石 =160 市斤），合每斤 6.2 分钱，猪肉每斤 2 角钱，白糖每斤 1 角钱，食盐每斤 2—5 分钱，植物油每斤 1 角 5 分钱，鸡蛋每斤 2 角钱"。②这时候周振甫也有了一些稿费收入。1933 年，23 岁的周振甫开启了自己编研一体的著述生涯。现在能够查到的他发表的最初两篇文章，一是在开明自己所办的《中学生》杂志 1933 年总第 34 期上的《读诗偶得——情感和真实》（署名"振甫"），至于稿费几何不得而知，另一篇是《爱国诗人陆放翁》（署名"振甫"），发表在 1933 年第 1 卷第 3 期的《读书中学》杂志上。周振甫在《年谱》中写道："卢沅在去年冬天，即进入开明书店，他认为开明小学教本，除了小学教科书外的其他读品他也会写，即与我合作，写了一本，得稿费若干元。"③周振甫没有具体说到合写了什么书，得了多少稿酬。笔者查询《开明书店图书目录（1926—1952）》，没有找到二人合作的作品。这个书目上，周振甫个人著述的正式刊行始于 1934 年，包括收入"开明中学生丛书"的《东汉党锢》、《班超》两本小册子。

　　和商务印书馆、中华书局这些大书局一样，开明书店的编辑也

---

①　参阅张东刚：《总需求的变动趋势与近代中国经济发展》，高等教育出版社 1997 年版，第 31 页。

②　陈明远：《文化人的经济生活》，文汇出版社 2005 年版，第 126 页。

③　徐名翚编：《周振甫学术文化随笔》，中国青年出版社 2000 年版，第 325 页。

往往是集编辑和作者于一身的，书店鼓励编辑同人既编书又写书、译书。这样的政策和环境，无疑给爱好学习、研究和写作的青年周振甫提供了很好的条件，也为他日后成为文史著述大家、学者型编辑奠定了坚实的基础。翻检开明的书目，我们注意到夏丏尊、章锡琛、叶圣陶、宋云彬、王伯祥、章克标、赵景深、傅彬然、徐调孚、索非、刘薰宇、顾均正、贾祖璋、叶至善、钱君匋等众多开明同人皆是编著不分家，二十多年里开明书店出版的著作出自他们之手的不下数百种。如上举 1934 年推出的部分"开明中学生丛书"中，除了周振甫的两种书，另有开明同人撰写的《鸦片战争》（丁晓先著）、《王安石》（卢芷芬著）、《达尔文》（贾祖璋编）等。就拿周振甫的编辑启蒙老师宋云彬来说，在开明的七八年间他不仅兢兢业业做好编辑工作，还利用书店得天独厚的条件充分展示了自己的国学根底和写作才能。除了与夏丏尊、叶圣陶等合编《开明国文讲义》，与王伯祥合编《开明历史讲义》等教科书，还独自为"开明中学生丛书"撰写了《陶渊明》、《玄奘》、《王阳明》等小册子，编写了《水浒传》洁本。他在《新少年》半月刊上陆续发表《朝仪》、《刘太公》等十多篇"故事新编"式的作品，后来结集为《玄武门之变》，由开明书店于 1937 年出版。而在开明就职之前，宋云彬曾担任过商务印书馆的馆外编辑，用笔名宋佩韦编著出版了《东汉之宗教》、《王守仁与明理学》、《明文学史》以及《资治通鉴选注》等书籍，在 1931 年至 1934 年间先后出版。与这样一位勤勉敬业，又满腹经纶、勤于著述的老师朝夕相处，亲炙其教诲，周振甫无论是在本职工作上，还是个人学养积累与著书立说上，都进步十分明显。两人自此结下的友情一直延续下去，在《宋云彬日记》中我们看到，两人在 20 世纪五六十年代仍然相互交往。

### （二）小露锋芒注"史编"

《辞通》的出版让开明书店名利双收，这次意料之外的成功让章锡琛、夏丏尊、叶圣陶等书店的高管层发现了新的出版方向，意识到古籍整理或善本书重印也能像教科书、青少年读物一样，文化和利润兼容，用今天的话说就是可以经济效益与社会效益双丰收。于是，王伯祥策划主持的《二十五史》系列得到高度重视，迅速地排进了出版日程之中。

王伯祥（1890—1975），名钟麒，字伯祥，别号碧庄、容叟、巽斋、容安、容堂、苏亭、不翔等。他是江苏苏州人，文史研究专家，著名的编辑出版家。王伯祥和顾颉刚、叶圣陶后来被称为"苏州三老"。王伯祥青年时期在苏州中西学堂、苏州公立中学求学，并先后在甪直五小、厦门集美学校和北京大学预科学校任教。1923年受邀进入商务印书馆任编译所史地部编辑，编写了大量的历史教科书。同时潜心研究中国历史，出版有《我国三千年来地方制度的演变》、《太平天国革命史》、《三国史略》等专著，并有《四库全书述略》、《古史辨与经今古文学》、《清史稿述臆》等史学论文。

1932年，王伯祥加入开明书店，任编译所秘书。尽管杂事缠身，但他仍然坚持自己的史学研究，并大有进境。基于学术研究者的判断和推进学术进步的愿望，加之多年从事编辑出版工作的敏锐眼光，王伯祥多次在开明的业务讨论中提出历史典籍出版的设想和计划。如将原有的《通典》、《通志》、《文献通考》等《九通》加上刘锦藻编集的《清续文献通考》变成《十通》；重印《图书集成》、《太平御览》；在原《二十四史》基础上增加民国时柯劭忞编的《新元史》，变为《二十五史》等等。这些宏大计划由于政治、经济和市场的多重因素，大多化为泡影，但《二十五史》在全体开明同人的共同努力下，于1935年9月得以印刷出版。

因为影印出版，校对的工作相对简单，所以王伯祥的主要精力放在了《二十五史》整理和加工上面。第一，原来"二十四史"在每部史书的每卷之后都附有考证，唯独《明史》没有，这是个缺憾，也影响整体上的体例一致。王伯祥将1916年刊行的王颂蔚《明史考证捃逸》分割开来，按照内容将这些考证插入《明史》每卷之后，这样除了新增加的《新元史》没有考证资料之外，其他的都补全了。第二，为每一部史书都编了一个详备的参考书目，包括不同版本、注释训诂、考证质疑、增补整理、赏析评论等几大类的文献目录索引。以《明史》为例，参考书目就达到五页，所列图书种类上千。《二十五史》经王伯祥整理加工后，更加完善，也更加实用。另外，开明书店为减少成本，降低售价考虑，采取缩印方式，九页并为一面，字体缩为新五号大小。最后成书仅仅九册，比之前的商务印书馆的"百衲本"《二十四史》和中华书局的"聚珍本"《二十四史》动辄百册以上的规模轻便实用多了，书价也仅为44元，为治史者提供了一套可置诸案头随时翻检的常用工具书，诚如其广告所言，"为文化界谋购买、翻阅、保存、携带的便利，开辟刊行要籍的新途径"①。当年开明书店编译所撰写的《二十五史》的"刊行缘起"、"补编刊行缘起"、"补编凡例"，对相关情况有更加详细清楚的介绍。②

---

① 《〈二十五史〉广告》，《申报》1934年9月1日。

② 开明书店：《二十五史刊行缘起》，载宋原放主编：《中国出版史料（现代部分）》第一卷（下），山东教育出版社、湖北教育出版社2001年版，第491—501页。

这个开明版《二十五史》直到新中国成立后还广为流传，影响不小。据曾任胡耀邦同志秘书的曹治雄回忆："他（即胡耀邦——引者注）爱读文史古籍，买不到二十四史，就托人从中国青年出版社借来一套开明书店影印出版的《二十五史》，放在手头抽空就读。"①

周振甫在《辞通》校对工作基本完成后，被调派到《二十五史》大型古籍的出版项目中，充实编校力量。当时《二十五史》的编校已经接近尾声，周振甫只是做了一些扫尾工作。真正介入到后续出版工程里的是和好友卢芷芬一起协助王伯祥编《二十五史人名索引》。这个索引本来不在王伯祥计划之内，但《二十五史》面世后，有一些读者写信给开明，表示字数太多、字号太小，通篇阅读费时费力，建议编目索引，这样"遇有疑似之处，即名而求其篇目，即可得其至是"。王伯祥深受触动，决意推出《二十五史人名索引》，将《二十五史》里提到的人名都囊括进去，这样读者就可以通过索引，快速准确地查阅到自己想要的那部分内容，大大提高书籍的使用价值，对后学是极有裨益的。但这也是一项琐碎艰苦、缜密细致，来不得半点马虎的工作，不能混同古今同姓名者，同时代同姓名者更不能混淆。编辑必须对史书中的纪、传、表查明厘清，根据人物的出生时间、相关事件等将同名者进行标注区分，稍有差池就会张冠李戴、讹误丛生。

周振甫和卢芷芬两人以清代汪辉祖的《史姓韵编》为基础，查漏补缺，将《二十五史》中本纪、世家、列传和其他地方记载里的人物全部收入，没有专载只是附见的也都悉数收括。因此，人名的数量比《史姓韵编》增加了一万二千多，章锡琛先生称其"所收人名数逾

---

① 曹治雄：《我给胡耀邦当秘书》，《人民之声》2004 年第 4 期。

六万"。为方便读者，两人征得王伯祥同意后，对索引的体例做了优化和改进。具体表现在：一个人见于两书以上的，就记载两书以上的名称、卷数以及两个以上总页码和栏数；一个人在一书里有两个以上不同名字的，如《史记》中的武灵王，又叫主父，则取较普通的名字记载史名、卷数、页码，另外的名字则用等号来表明，如武灵王条下，排做"武灵王"，而在"主父"条下，则排做主父＝武灵王；一个人在两书以上有两个以上不同名字的，如《史记》中的袁盎，汉书叫做爰盎，则用等号来互见。另外，"每一人名之下，详注各史卷第及'开明版'页数、栏数，一检即得"①，而且私家备有旧本十七史、二十一史、二十四史和新元史的读者，也可以用这个索引去检查，通用性极强。

　　在王伯祥先生指导下，周振甫与卢芷芬通力合作，《二十五史人名索引》仅在《二十五史》出版一百多天后就编辑完成了。它的出版给尚未冷却的《二十五史》的热销再添一把火，成为文化界热议的话题。"开明人"、"开明书"、"开明风"的开明气象初现端倪，开明书店的影响力与日俱增。书店掌门人章锡琛对此颇感欣喜和得意，亲自为《二十五史人名索引》撰写序文，提及了编辑此书的缘起，对编辑者的努力表示了赞许，称其"通功合作，无间寒暑"，并特意提到"卢芷芬、周振甫两君之力尤多"。②此外，也有王伯祥先生后人考证，这个序言其实是出自王老手笔，借用了章锡琛先生的名义。③可见周、

---

　　① 《〈二十五史人名索引〉广告》，《中学生》1936年第61卷第1期。

　　② 章锡琛：《〈二十五史人名索引〉序》，载《二十五史》刊行委员会编：《二十五史人名索引》，开明书店1935年版，第1页。这个序言还刊登在1936年1月1日的《申报》上，文字有所不同。

　　③ 王湜华：《王伯祥传》，中华书局2008年版，第63页。

卢两位年轻人的敬业精神、工作态度、业务能力是得到书店领导、资深编辑认可的，他们编辑水平上的进步和成长也有目共睹。二人都成为了开明书店年轻编辑中的佼佼者。

章锡琛的这个"序"刊登在了1936年1月1日的《申报》上（与刊于书上的文字有所不同），显然带有广而告之的商业意味，他在结尾处这样推广："林语堂先生尝谓：'我久想集各史传编成一部中国人名列传，现既有了这索引，买一部也就等于有一部最完备的人名大辞典了。'王云五先生亦云：'《二十五史人名索引》□制完善；尤以卷数与全书页数并列，任何版本均可适用，其效益宏。'开明书店为便利历史研究者计，特另册发行。全书五百余页，道林纸印，布而（当为"面"——引者注）精装，定价法币三元，一月底以前，特价二元。"[1]那个年代的大小书局都很重视图书广告，章锡琛借名家之口宣传自家产品，也是常例。前面提及的曾兼任广告部主任的徐调孚，就很擅长营销宣传，40年代的开明编辑欧阳文彬还专门写了一篇《广告中的学问——忆徐调孚》[2]。开明书店的几部关于二十五史的大书，都是请清末民初的大史学家章钰题签。而章钰之子与王伯祥、叶圣陶、顾颉刚、俞平伯交情笃厚，并称为"姑苏五老"，当然那是后话了。

在《二十五史》系列最重要的衍生产品《二十五史补编》的校注中，周振甫的文史功底和编辑能力得到了更充分的展现。众所周知，我国史书的重要部分是"表"和"志"，无论典章制度的沿革与人事兴废的变迁，它们都贯穿其中，不但与纪传相辅并行，而且也自具独立的

---

[1] 章锡琛：《二十五史人名索引序》，《申报》1936年1月1日。

[2] 欧阳文彬：《广告中的学问——忆徐调孚》，载《欧阳文彬文集》（散文卷），上海三联书店2012年版，第137—140页。

位置。但是所谓"正史"，并非都是有表和志的，《二十五史》当中，表志齐备的只有《史记》、《汉书》、《新唐书》等九种，有志无表的有《后汉书》、《晋书》、《宋书》等九种，其余如《三国志》、《梁书》等七种没有一表一志。历代史学家对这些缺失做了弥补，包括补齐、校正、考订等。《二十五史补编》的目的就是搜辑收录历代学者对表谱书志注释、校订和补辑的著作，力求将历代正史变得完整。然而这些著作极为分散，有单行刻本、丛书刻本，还有未曾刊行的稿本，搜集不易。开明书店专门成立了"二十五史补编委员会"，起草了拟采的目录一百七十余种，并将此目录分寄给顾颉刚、吕思勉、顾廷龙、柳诒徵等23位学界权威，请他们提出意见。学者们对此出版计划都很支持，将自己所知、所获的散佚之作毫无保留地一一告知。补编委员会经过两年时间的访求，集思广益，将各史表志的补作、订作、注释一气囊括，总计246种754卷，其中含未刊稿本54种152卷。

古籍搜罗齐备只是第一步，更繁重的校注任务才刚刚开始。《补编》原拟和《二十五史》一样采用影印的方式，既排校省事，又缩短时间，差错也少。但成本超出预算太多，价格必然高昂得让普通读者退避三舍。开明书店遂决定《补编》全部排印，这样一来就大大增加了校对的工作量。极费目力且容不得半点马虎的细致要求，带来的头昏眼花、腰酸背痛和单调重复枯燥，从身体和心理两方面给校对者提出了严峻考验。周振甫却不以为苦，经过了校对《辞通》的锻炼，他已经习惯了这种工作方式，甚至于潜意识中似乎有了"瘾"。那段时间里，周振甫每天一来上班就趴在办公桌上开始琢磨各种表志与文字。白天时间排得满满的还不够，还常常将校样带回家去开夜车，加班加点地干。就连走路也习惯低着头，眼睛透过厚厚的镜片瞧着脚前那块小小的地面，匆匆而过，真可谓是"叩心绝气，忘寝与食，雕肝焦虑，不遑宁息者也"。

过人的细致和认真让周振甫在校对《补编》时发现了不少阙漏违迕之处。通过查找古籍，他对这些地方都做了修补勘正。在校对清代吕调阳《汉地理志详释》时，周振甫发现书中对水道的描述有很多存疑和不妥的地方，就写了一篇跋文，一一指出。文中首先写道，"清吕调阳《汉地理志详释》四卷无序录，释汉书地理疏略殊甚，而淆误实繁，与名不相称"，认为"河道变徙湮没，古今不同，不加考释而曰，不啻身亲见之，未为允也"，"吕氏不知博考旧说而务于向壁虚造，妄矣"。接着逐条指出书中字面曲解、穿凿附会之处。如涿县的桃水，经周振甫考证先前读"桃"为"姚"，"姚"又读为"攸"，最后以"攸"为"涿"，所以桃水和涿水是同一条河流，而并非书中所言"二水"。在跋文的最后，周振甫点明了写此跋文的目的："补编主旨在广罗材料以资博考，此书传刻有自宜不能阙用，特纠其谬而存诸以俟治史者考订焉。"① 这显然已经超越了普通的"校异同"，也不是一般化的"校是非"，而是真正进入了研究性校对，本质上就是一种学术研究。王伯祥看了这篇跋文之后，大为赞叹，认为可以代表编者意见，特意叮嘱出版时定要附在书后。

1937年《二十五史补编》出版后，顾颉刚在序文中对此书的学术价值和文化意义给予了高度评价，"从此无患乎原书之缺漏，亦无惑乎原书之违迕；搜罗之博，远轶《广雅》，凡兹世所能致者几于无不备焉，为之喜而不寐。夫为昔人著作谋尽其用，后来学术广辟其

---

① 周振甫：《〈汉地理志详释〉跋》，载二十五史刊行委员会编：《二十五史补编》（第一册），开明书店1937年版，第57—58页。

门，使材料不集中之苦痛从而解除，此真无量之功德，所当为史林永颂者矣"，称赞开明书店的贡献，"史学界中一绝大快举，使我们眼福可夸耀于前人者，开明书店之力也"。还特意提及校对的杰出贡献，"至于校正之事，为求虽微，其效则显，得是爬梳，书乃可读，是亦有不废之功矣"①。对于周振甫而言，亲身参与《辞通》和《二十五史》这两部巨著的编辑出版，让他体会到校对工作的甘苦，对图书的编辑有了深切的体悟，领会到出版工作要处处为读者着想。同时与宋云彬、王伯祥两位著名学者朝夕相处，耳濡目染，对于如何一边做编辑一边做学问，成为学者型编辑有了初步的实践和想法。

能参与开明版两套大型古籍——《二十五史》和《二十五史补编》的编辑校对，周振甫是感到幸运和自豪的，可谓"与有荣焉"。他晚年在《纪念王伯祥先生》一文中，重点谈的就是王伯祥在这两套大书上所做的工作和贡献。他说："郑振铎先生称开明书店出版《二十五史》是'扛鼎之作'。""王先生更重要的扛鼎之作，是选辑《二十五史补编》，这是对中国史学上的一大贡献，也是王先生在学术上的最大的贡献。"文章最后，周振甫写道："记得茅盾先生说过，叶圣陶先生创作《倪焕之》，是文学界的扛鼎之作，那末顾颉刚先生的编《古史辨》应该可以说是疑古学上的扛鼎之作。王先生的编定《二十五史补编》，是史学界的扛鼎之作。叶先生、顾先生和王先生，都是苏州人，是同学好友，都在学术界做出了扛鼎之作，在纪念王先生诞生百周年的时候，不禁要记起这两位前辈先生。"②有意思的是，周振甫

---

① 顾颉刚：《序》，载二十五史刊行委员会编：《二十五史补编》（第一册），开明书店1937年版，第1—3页。

② 周振甫：《纪念王伯祥先生》，《出版史料》1990年第3期。

说的王伯祥、叶圣陶、顾颉刚三位先生都是集学者和编辑于一身的大家，都堪称现代中国出版史上的名编辑。顾颉刚虽然不像叶、王两位直接服务于开明书店，但他是书店最重要的核心作者之一，早期代表性成果皆由开明书店付梓，包括《古史辨》第一册（1926）、第二册（1930）、第三册（1931）、第五册（1935）（另外的第四册、第六册、第七册分别由罗根泽、吕思勉、童书业等编著）。顾颉刚早年曾在商务印书馆工作过，后来主要在大学和科研机构从事教学与研究，但始终热心编刊物、办出版，在编辑出版事业上也取得了可圈可点的成就。

## 三、开明的师友们

自 1932 年 10 月到 1937 年这五年的时间里，周振甫参与了开明三部扛鼎之作中的两部，从校对做起，迅速成长为融校、编、写为一体，独当一面的出版人。这固然与他广博厚实的知识基础和勤奋踏实的工作态度分不开，但也与开明书店这个独特的文化环境和编辑团体分不开。可以说，周振甫这位编辑能手和出版名家的养成，是个人内在基础、机构外部条件以及大的时代环境相互作用的结果。

20 世纪二三十年代，国故整理思潮和新图书馆运动让古籍出版进入了高峰时期。商务印书馆、中华书局等新出版机构纷纷推出了《四部丛刊》、《四部备要》、《古今图书集成》、《百衲本二十四史》等古籍整理和出版的浩大工程，不仅赢得了社会各界人士的交口称赞，而且在经济效益上也收获颇丰。开明书店以文化为本，对古籍出版也倾注了心力与财力。正是《辞通》的出版工程上马，周振甫才得以进入开明担任校对，也正是后续的《二十五史》系列图书，周振甫的文史才华才得以充分呈现。而开明沿袭已久的"编校合一"的工作制度，则让周振甫的编校能力稳步提升。

在周振甫眼里，开明的"编校合一"，是做编辑工作的不必审查书稿，是在领导上决定采用书稿后，或在书稿排出校样以后，做编辑的才对书稿做编校合一的工作。[①] 即是指编辑和校对的职责既"分"又"合"。"分"是指编辑和校对名称明确，分工也清晰明白。编辑负责审稿、退修、清样等图书出版的全过程，对书稿的内容和质量全权负责；校对则对原稿的文字、标点、疏漏等问题负责。"合"是指编辑不仅要通读清样，还负有一部分校对的责任，当然他所看的校样一般不是他负责编辑的书稿；而校对同样也会分配到一些书稿进行初步审读，提出修改意见。"编校合一"让编辑人员部分承担了校对的工作，校对成为了编辑工作的延续。编辑在审读书稿时，不仅仅对内容把关，对错字、漏字也应立即改正；校对在校阅时，除了保证字句无讹外，还要发现作者和编辑没有觉察到的内容问题。

这种制度安排当然有利有弊，但对于古籍整理和出版来说，"编校合一"是非常合理而有效率的。学者王绍曾依据张元济的《校史随笔》归结出校史十五例，亦即古籍校勘的 15 项工作。分别为重缺疑、补缺脱、订错乱、厘卷第、校衍夺、斠臆改、证遗文、辨误读、勘异同、存古字、正俗字、明体式、决聚讼、揭窜改、匡前修。[②] 这 15 项应该都属于编校的接合，编辑和校对都无法单独完成，必须及

---

① 周振甫：《谈编校合一》，《出版工作》1988 年第 4 期。
② 王绍曾：《张元济校史十五例》，《文献》1990 年第 2 期。

时切磋商量，才能下定论，完成修改，"编校合一"大大节省了来回周转的时间。《辞通》、《二十五史》、《二十五史人名索引》、《二十五史补编》能够在预定的时间内顺利付梓，都是"编校合一"制度保证了效率，缩短了出版周期的结果。而且"编校合一"有利于加强编校人员的责任心，书稿质量有所保证。同时校对人员在长期的参与审稿之后，提高了工作能力，扩展了自己编辑方面的视野，具备了编书的能力。

周振甫在校对《辞通》之后，正好周予同先生在主编"中学生丛书"，向初中生普及历史文化知识，就要他和卢芷芬一人负责一本书。周振甫最初编写的是《班超》，后来又增加了一本《东汉党锢》。为编写好这两本普及性的小书，周振甫还专门将百万字的《后汉书》通读了一遍，确保史实没有一点讹误。通过校对、编书的历练，周振甫的业务能力获得了显著提高，他曾经总结道："现在看来，由年轻的编辑参加编书，是给予锻炼提高的一个好办法。假如编辑只顾审稿，不参加自己编书，对编书的甘苦缺少体会，审稿水平也不容易提高。经过自己编书，自己找资料，考虑对资料的选择剪裁编排改写。在这方面取得经验，再来审稿时，就会注意到审稿怎么核对资料，看稿件对资料的取舍组织有没有问题，会提高审稿的水平。"①周振甫这里讲的"编书"不是作为编辑工作的"编审"图书，而是作为作者的"编写"图书。

在对年轻编辑的培养上，开明是十分着力的。书店要出版《红楼梦》、《水浒传》、《三国演义》的"洁本"，由茅盾、宋云彬、徐调

---

① 振甫：《对编辑工作的老生常谈》，《编创之友》1981 年第 1 期。

孚三人负责。周振甫因为偶然看到商务印书馆有一部赵景深《三国演义》的删节本，就向徐调孚建议以此书为基本，然后进行删改。徐调孚觉得他的意见以及删节的想法很好，就向开明提议让周振甫来主持《三国演义》的删节工作。开明书店并没有顾虑周振甫资历尚浅，年纪不大，与茅盾、宋云彬无法并称，而是放手给年轻人压担子，让他来承担这项工作。1936年3月，周振甫叙订的《洁本三国演义》，作为"洁本小说系列"中的一种，由开明书店正式出版发行。开明书店让年轻人经历编写校多个岗位的做法，对年轻编辑的成长无疑是相当有益的。

如果说"编校合一"的职务分工和岗位责任体现的是机构化和科层制的管理组织特征，表明了编校人员作为"组织人"的特征，那么开明书店"编校合一"在机构设置上的编校人员合室办公的现实，无形中为编校人员作为"社会人"提供了交往的平台和条件。编辑和校对在相对密闭的空间内的人际间信息交换和传播活动，一定程度上摆脱了出版组织的制度性结构压力，本意交流和感情交流的成分居多，含有大量人情味的内容，是两者相互沟通感情的重要纽带，能够保持每个人的良好的精神状态和积极性的发挥，营造一个积极、协调、活跃的工作环境，增加成员的一体感和向心力，对工作目标的实现产生巨大的推动作用。"一些有名望的学者担任编辑，像郭绍虞、王伯祥、吕叔湘、周予同、王勤堉、贾祖璋等老同志，尽管他们学有专长，受到大家的尊敬，但是他们平易近人，大都没有'架子'。在他们的感召下，一些年轻的编辑如周振甫、叶至善、欧阳文彬等更是和校对和睦相处，有说有笑，彼此之间没有什么隔阂。这种作风的养成，也与'编校合一'有关。因为既然在一起处理书稿、校对印件，就能相互理解彼此工作之间的艰辛；所谓'甘苦与共'，对开明书店的编辑、校对来说，是很能心领神会的。"[1] 周振甫就是在这种环境下，结识了很多在编校工作和出版事业上卓有成就的前辈和年轻同侪。共同的追求和抱负，让他们不仅是事业和志向上的同人，更成为生活和情感上的亲人和朋友。在 20 年的时间里，周振甫在开明的师友为数不少，由此结下的友谊和情感贯穿于他编辑出版生涯始终。

开明书店编校部门的核心和灵魂应该是叶圣陶先生。叶圣陶（1894—1988），原名叶绍钧，字圣陶，江苏苏州人，现代著名文学家、教育家和编辑出版家。先后在商务印书馆、开明书店、人民教育出版社从事编辑工作。叶圣陶是 1931 年离开商务加盟开明的，"因为开明老朋友多，共同作事，兴趣好些"。配合"老板"章锡琛，他和好友夏丏尊两人共同打造了开明的编辑方略，形成其选题特色，并持之以恒，用出版的精品书刊占领市场，形成了民国出版界的"开明人"、"开明书"、"开明风"的开明现象。叶圣陶温和、朴实，待人热情诚恳、体贴周到，乐于帮助、提携年轻人。周振甫刚进开明就深深地体会到了这一点。周振甫还在无锡国专的时候，好友沈传曾忽染肺病，卧床不起，且咯血不止。学校电告沈家，沈父即刻把他接回平湖乡下养病。周振甫刚进开明，就接到沈传曾的来信，向他借 100 元钱治病。周振甫当时的薪水是 30 元，还要自谋膳宿，无论如何是拿不出这 100 元钱的。面对病重的好友，周振甫自然没法拒绝，他只好硬着头皮向主持编辑工作的叶圣陶借钱。叶圣陶待明白周振甫的意思，没有丝毫犹豫，马上就借了 100 元现金给他，并告诉他不必着急

---

① 王知伊：《开明书店的"编校合一"》，载中国出版工作者协会编：《我与开明》，中国青年出版社 1985 年版，第 233 页。

还款。这件小事让作为开明新人的周振甫感动不已，好多年后还念念不忘。

　　叶圣陶主持开明书店的编务，日常工作相当繁忙，与周振甫的接触并不频繁，但影响却非常巨大。叶圣陶在《新少年》杂志上主持有《文章展览》专栏，每期选择一篇切近少年意趣的文章如鲁迅的《社戏》、夏衍的《包身工》、朱自清的《背影》等做简单新鲜的点评，说出他们作法的妙处或者精彩的部分。这些文章浅显易懂，鞭辟入里，如同老师在课堂上的讲解一样，对读者的阅读和写作大有裨益。读者看了这些文字，掌握了文学赏析的方法和窍门，再去读其他文章，眼光变得犀利敏锐，文章的好坏一眼就能看穿了。后来这些专栏文字汇编成《文章例话》（共收文章 24 篇）出版发行，很受欢迎，重版了上十次。这种文章的作法和创作的风格深深地影响了周振甫。新中国成立后，周振甫最受欢迎、发行量最大的《诗词例话》就可以明显看出叶圣陶《文章例话》的影子。1983 年 12 月，周振甫在中国青年出版社也出版了一本同名书——《文章例话》。他在"前言"中开门见山就说："《文章例话》这个书名是从叶圣陶先生那里借来的。……我在编《诗词例话》时，称之为'例话'，就是从叶先生的《文章例话》来的。《诗词例话》出版后，有的同志认为，这种结合具体作品或作品中所表现的手法来谈的形式，对读者有启发，要我再用这种形式来写些，因此就想到写《文章例话》。"后来，周振甫再接再厉，又编写出版了《小说例话》、《文学风格例话》，形成"例话体"个人系列。由此可见，叶圣陶先生对周振甫为人、治学、作文的影响是深刻的、持久的。有关周振甫的"例话体"成果，后面还会细谈。

　　在开明书店，叶圣陶很重要的一项工作就是主编《中学生》杂志。

这个杂志也成了周振甫发表作品、提升水平、展示自我的一个重要平台。自 1933 年在刊物上首次发表作品，到抗日战争全面爆发，周振甫在《中学生》上陆续发表的文章就有《责难"卷头言"的平议》、《画面的动态与静态》、《抒情文在写作上的变态》、《从声韵上讨论语句的安排》、《抒情和境界》等。这些文章从写作、修改到正式发表，无疑都得到了主编叶圣陶的支持和帮助。

如果说周振甫是编辑，他自然是"学者型编辑"；若说他是学者，又是一个"编辑型学者"。秉承叶圣陶、夏丏尊等老一辈的传统，周振甫在编研结合基础上主要走的是"学术通俗化"的路子，但是并不限于此。同是开明同人的徐调孚，大体也属于这一类型，《中国文学名著讲话》是其代表之作。

关于徐调孚我们前面已有涉及，这里进一步谈谈他与周振甫的交往。周振甫在怀念徐调孚的长文中用较大篇幅专门谈到"我同调孚同志的接触"，除了前面提及的到开明入职、提议编写《三国演义》洁本等，徐调孚对周振甫还有多方面潜移默化的影响。他写道：

> 我进开明以后，有一段时期就住在他租的屋子里，他住楼上，我住楼下。他一下班，就回到自己房内从事阅读书报和其他工作，我们很少谈话。有一次，我读了旧《学衡杂志》，看到其中胡先骕、梅光迪先生的文章，引证了中外的文学例证来攻击胡适的新文学主张，攻击胡适的《尝试集》。我也看了鲁迅先生批评《学衡》的文章。我就产生疑问，我觉得《学衡》的文章即使观点不正确，但他们的态度是严肃的，论点是鲜明的。要进行反击，也应该针锋相对地进行驳击，指出它的

错误所在。可是鲁迅先生不是这样，只是挑他们文章中的毛病来进行嘲讽。文章论点的是非是一回事，文章有毛病是另一回事。不能因为文章有毛病来证明论点的错误。鲁迅先生为什么那样呢？调孚同志回答道："鲁迅先生认为《学衡》派的论点根本不值得驳，犯不上跟他们针锋相对的辩论，所以进行嘲讽。"他的确是所见者大，确实看到了鲁迅先生的用意。……同时也感到调孚同志看问题的特点就是认定事务的倾向性，不在枝节问题上纠缠。

调孚同志很少同我谈起他的写作，只有一次偶然谈到他写过一篇文章。那时疑古风气很盛，胡怀琛写了篇大概叫墨子是印度人考。认为墨不是姓。墨子名翟，翟通狄，指外国人。他过的是苦行僧的生活等。经过这样牵强附会，居然得出墨子是印度人的荒谬结论。调孚同志看了很反感，就用他的论证方法，写了篇胡怀琛是印度人考来给他开玩笑，说胡是外国人，怀琛是外国人带了宝玉到中国来进贡等，说明这种论证方法的荒谬。①

徐调孚和周振甫都在开明书店工作了二十多年，新中国成立后又一起到了中国青年出版社，两人最后的归属又都在中华书局。介于师友之间且年长一些的徐调孚在奉献精神、工作作风、思维方式等方面对周振甫多有影响。周振甫说："他去世后，开明和中华里的同志都非常怀念他。他把毕生所从事的出版事业当作自己的事业，此外没有自己的打算。他从大量来稿中发现有才华的新作家，给他们发表作

---

① 振甫：《作者的知音——记徐调孚同志》，载《学林漫录》（五集），中华书局1982年版。

品，使他们成名。他自己却只知埋头工作。他替郑振铎同志补充写完《文学大纲》第四册，却不考虑给自己编写一些书。他偶尔翻译了《木偶奇遇记》，那是为了支援新创立的开明而译的；他只写了《中国文学名著讲话》，那是为了支援《中学生》写的。这样把毕生精力放在工作上，直到发病前还在念念不忘工作，这种精神是很感动人的。"①周振甫长期跟徐调孚这样的好编辑一起共事，心意相通，互相帮助，也是令人感动的。徐调孚在现代作家群中有着很好的口碑，确实不愧为"作者的知音"。巴金在《我与开明》一文中，也曾专门回忆起50年代初"老友徐调孚向我组稿"。

王伯祥作为周振甫在开明开启编校生涯的直接领导，给予了他无私的指导和帮助，让他学到了许多编书和做学问的好经验，是周振甫一生尊敬的"伯翁"。王伯祥担任商务印书馆史地编辑十余年，对中国文史研究颇有建树，所以一进入开明便挑起重任，负责编校《二十五史》系列。周振甫和王伯祥在开明共事期间交往密切，在同一间办公室里一起讨论古籍版本、凡例编排、查漏补缺，交流学识见解，臧否历史人物。特别是在王伯祥的鼓励、支持、指导下，周振甫和卢芷芬两位年轻人共编了《二十五史人名索引》，大大便利了《二十五史》这本大部头史籍的使用。随后的《二十五史补编》的出版以及"外编"、"考史汇编"的设想都显示了王伯祥先生的长远眼光，体现了他对编辑出版事业锐敏的洞察力和高度的职业性。而且王伯祥先生谦逊低调，建功不贪功，有功不居功，在《二十五史》系列图书中都不肯单独署名，分别以"二十五史刊行委员会"、"二十五史补编

---

① 振甫：《作者的知音——记徐调孚同志》，载《学林漫录》（五集），中华书局1982年版。

委员会"的集体名义作为署名。周振甫对此十分敬佩,"王先生非常谦虚,认为《补编》的编刊不再是少数人的意见,是许多专家的公意了。但应该说,这是他集思广益,集中全国专家的意见,独立编成的巨著。"① 王伯祥也十分看重和欣赏周振甫的学识、品格,除了工作联系之外,两人在私下也交往甚多,亦师亦友。在王伯祥的日记里,经常载有"振甫来闲谈"、"振甫来访"、"振甫在坐"等内容。有一件事情足以说明两人关系的密切程度。那是抗战结束后不久,王伯祥多年好友王芝九画了一张《风雨同舟图》,既为纪念结婚 20 周年,亦为纪念抗战胜利,想请王伯祥在画上题诗一首。适逢王伯祥事务繁忙,无暇顾及,知道周振甫工于诗赋,就转请他代做一首七律以应之。周振甫闻歌知意,写下一首七律:

> 好咏关雎鼓瑟琴,画眉情共廿年春。
> 既闻梁孟工儒术,又见弦歌满士林。
> 剩有清名标党锢,更留傲骨耐霜侵。
> 神州自昔多风雨,击楫应知天地心。

诗中既祝贺两人瓷婚之喜,更兼有胜利喜悦和未来冀望。王伯祥将私事相托,表现了对周振甫的信任,完全是亲密的朋友关系。而将此事郑重地记在日记里,指明贺诗为周振甫所做,则显示了王伯祥谦逊、真诚、不掠人之美的高尚品格。周振甫在《纪念王伯祥先生》一文中这样写道:"王先生的一生值得纪念的方面很多,我受到王先生

---

① 徐名翚编:《周振甫学术文化随笔》,中国青年出版社 2000 年版,第 87 页。

的教导也很多。王先生的崇高品格很是感人。"①

抗战全面爆发后,留守"孤岛"上海租界的部分开明同事开展出版活动更加困难,个人生活也十分艰难。尤其是太平洋战争爆发后,日军进占租界,一些文化教育机构饱受摧折。这个时期的一些良师益友不仅给予周振甫工作上生活上的帮助,还使其得到不少人生的启示。他在 1946 年 2 月刊行于《明社消息》的《太平洋战时上海同人生活拾零》一文中写道,那时候,开明书店一般书籍的出版障碍重重,店方就决定组织力量编纂字典辞书。"要编纂辞典,便感到内部人才的不够,于是先后聘请王剑三、周予同、郭绍虞、陈乃乾四位先生和一位周晔小姐。这四位先生除了陈乃乾先生是国内有数的目录学专家外,其余三位先生都是国内有名的大学教授和著作家,这几位先生,不论任何一个大学里请到了任何一位,都可以用来做号召的人物,当时本店把他们陆续延聘进来,一时外界人士,对本店都刮目相看。"②

周振甫后来有文章怀旧忆往,专门论及上文提到的郭绍虞(1893—1984)、王统照(字剑三,1897—1957),既有意义也有些意思。他在《辛勤著述的郭绍虞先生》中对其工作生活有这样的描述:

……郭先生来后,先做搜集辞书条目的工作,每天阅读古籍,用铅笔在书上把词条摘出,请人抄录。当时,郭同志是一个人来的。开明总厂在"八一三"战争时,全部被毁。这时,就在福州路开明门市部的弄堂内的货栈里,整理出几间屋子来作办公

---

① 周振甫:《纪念王伯祥先生》,《出版史料》1990 年第 3 期。

② 周振甫:《太平洋战时上海同人生活拾零》,原载 1946 年 2 月《明社消息》(第 17 期),后刊行于《出版史料》2012 年第 2 期。

室和资料室。郭同志就在资料室南面靠窗处搭一张床，睡在那里。有一次下雨后，郭同志床前有许多水在流，那是从南窗对邻屋檐上冲下来的。郭同志风趣地说，他有一联咏这间卧室，叫"炊烟窗下腾腾起，流水床前汩汩来"。把艰苦的生活，说成好象风雅的隐逸生活了。在这样艰苦的环境里，郭同志在业余继续著作，他的《中国文学批评史》两大本就是在这个时期写成的。这两大本是于一九四七年二月在商务出版的。郭同志在书法艺术和书法理论方面也有很高的造诣和成就。当时，王统照先生也在开明工作，王先生会写一手王羲之的字，但郭同志却不跟王先生谈书法理论方面的事，只在有人请他写字时，我们才看到他的书法。①

有一种说法，人分四种，分别是高级而有趣，高级而无趣，低级而有趣，低级而无趣。满腹经纶、才华横溢且风趣幽默的郭绍虞先生显然属于"高级而有趣"一类。周振甫志向远大，热爱工作，潜心学术，同时又喜好诗词创作，擅长书法，同时还有一种含而不露的幽默，这些都或多或少受到郭绍虞先生潜移默化的影响。

在《忆剑三先生》一文中，周振甫对上文所提王统照先生有进一步补充。他说："当时，开明书店张沛霖先生在翻译《桑狄克英语双解辞典》，分量大，一人翻译需要很多年。章（锡琛）先生就请剑三先生进开明与张先生合译。当时开明为了编译辞典，印有纸条，每条约信笺半张大小。剑三先生翻译英语辞典时，到会心处，把译文条

---

① 周振甫：《辛勤著述的郭绍虞先生》，载中国出版工作者协会编：《我与开明》，中国青年出版社 1985 年版，第 109 页。

子粘在壁上，细加体味。中午休息时，常出外到市上，购买雪梨，回到编译所，把雪梨削成好多片，分饷同人。剑三先生写王羲之字，很工。作旧体诗，极见功力。当时郭绍虞先生也在开明，工书法，王郭两位先生的书法都受推崇。"后来，王统照先生要回到青岛，周振甫去看望他，他"出示一首留别诗"。周振甫则写了一首相和，诗云：

> 春回消息遍江南，休道余寒日夜添。
>
> 且乘长风怀钓咏，漫惊夕照耀锋铤。
>
> 赋归好践乡关梦，话别期寻诗酒缘。
>
> 莫道兰成渐憔悴，壮怀未许谢年华。①

王统照离开开明书店回青岛山东大学不久，又去了欧洲，但一直保持着与开明的联系。不当编辑，变成了忠实的作者。1937 年 6 月，他的《王统照短篇小说集》在开明出版。他是 1934 年赴欧洲游历和考察的，到英国剑桥大学研究文学，写有《欧游散记》。该书 1939 年 5 月也在开明刊行，与这本书同时推出的有巴金的译作《我的自传》（克鲁泡特金著）、端木蕻良的长篇小说《科尔沁草原》。

周振甫在开明时期最重要的朋友和同事是卢芷芬。卢芷芬（1910—1960，一说 1961 年去世），苏州人，是周振甫在无锡国专读书时的同学，比他长一岁。卢芷芬为人大方豪爽，直率坦荡，雷厉风行，周振甫的个性则完全不同，说话细声软语，温文尔雅，待人谦恭热忱。

---

① 周振甫：《忆剑三先生》，载山东省政协文史资料委员会、诸城市政协文史资料委员会合编：《王统照先生怀思录》，中国文史出版社 1991 年版。（此处引诗据周振甫遗稿做了文字订正——引者注）

尽管性格迥异，两人却情谊甚笃，成为结拜兄弟。周振甫、卢芷芬先后进入开明书店，共同协助王伯祥编纂《二十五史》系列，并合编了《二十五史人名索引》。后来，卢芷芬成为王伯祥的女婿，娶了王伯祥的六女儿王汉华为妻，并在抗战时期担任了开明书店昆明分店的经理。在此期间，他照料诸多到昆明避难的文化名人，为他们的生活与创作、教学和研究提供便利条件。周称卢为"卢沅哥"，书面则称"芷芬兄"，把王汉华亲切地叫做"六姐"，后来卢芷芬的孩子都是按照苏州人的称谓方式叫周振甫"好叔"。1939 年，卢芷芬主动请缨远赴昆明，周振甫先后作一组《送芷芬哥赴昆明》诗，表达祝福和不舍之情，记录了二人别后的书信往来及所遇所感。

转因患难倍思萦，万种关心逐念生。
乍喜相逢又相别，河梁握手若为情。

海天寥阔启长征，珍重前途万里行。
记取诸公期望切，绸缪牖户费经营。

临别多君再致辞，莫教青鸟递书迟。
好将按日行程记，寄与江南故旧知。

别来屈指数行期，底事书来著意迟。
遥念海天明月夜，南中孤岛共垂思。

一事愁人系念多，遥传水立乱鲸波。

海南吹入鹧鸪雨，阻住行程可奈何。

送君去后无多日，大婆归期不可留。
风雨一天迷别绪，凄情孤岛夏转秋。

劳汝殷勤数寄书，速予下榻作徐孺。
彷徨孤岛浑无计，深恐长安不易居。

寄语平安莫浪思，感君垂念已多时。
飘零风雨重来雁，依旧低徊觅故枝。①

据周振甫晚年回忆，卢芷芬前往昆明任职，也有留出空位帮助周振甫回店的意思。"卢沉到上海，章经理让他进开明编辑所工作，他愿为开明分店经理，他想把他的编辑所的位子让给我。他自己不说，别人也不说，我是这样看的。"②这种患难时候的兄弟情义，真让人终生难忘。

新中国成立前后，卢芷芬曾任开明书店襄理，后出任人民教育出版社总编室主任，协助做教材的组稿、编审、出版和发行工作。后受1957年语文教材改革风波影响被错划为右派，与妻子一同下放到北大荒劳动，于1960年冬去世。周振甫对好友的早逝痛心不已，曾借着巴金在《关于〈龙·虎·狗〉》提到卢芷芬的契机，写

---

① 前四首收入《周振甫年谱》，载徐名翚编：《周振甫学术文化随笔》，中国青年出版社2000年版，第330页。后四首据周振甫遗稿补。

② 徐名翚编：《周振甫学术文化随笔》，中国青年出版社2000年版，第329页。

下了自己的怀念文字，深情地回忆了好友的一生，记录下两人交往的点点滴滴。卢芷芬将编辑出版工作作为自己的终身事业为中国出版事业和文化传播做出了不可磨灭的贡献，但遗憾的是，在中国现代出版史上卢芷芬的名字少为人知，他的事迹更是湮没无闻。为此，我们不惜笔墨，将周振甫这篇未曾公开发表的手稿内容展示如下：

这位卢先生叫卢芷芬，苏州人。一九三一年在无锡国学专修学校念书。一九三三年进上海开明书店编辑所工作。当时我也在开明书店，两人合租一间房。有一天，一个同学来找他，说这学期的学膳等费用还没有着落，他要那个同学等他下班后再来。等那个同学走后，他就找出皮袍等衣服，装满一个皮箱，送到典当去押了一笔钱，再加上手头的钱，够那个同学付学膳等费（用），给了那个同学，但他对人从不曾谈起过这件事。当时开明书店扩大营业，要建立资本主义的企业规章，对从业人员分送聘书和雇用契约两种，他和我都接到了雇用契约。我接受了，他不接受，退了回去准备回国学专修学校去读完最后一年。可是开明书店不放他走，改送了聘书，我也叨光改换了聘书。当时他和我在业余替开明编写小学教科书的教学参考资料，拿到了稿费。那时我接到家里来的电报，说父亲死了，他就把他的稿费都给我回去料理丧事。

开明书店编印《二十五史补编》，他写了不少提要，得到顾颉刚先生的赞扬。他又写了历史小册子《王安石》，在开明书店出版，又编了《先秦人名异同录》，结合《通鉴》胡注（按：即胡三省注《资治通鉴》）来整理典章制度，都因抗战爆发，开明编辑所被毁而中止。当时开明编辑所无形解散，他和我都离沪回乡，但他定要送我回浙江平湖，然后他再回苏州去。后来他回开明复职，当时开明的编辑工作不紧张，正要在昆明开设分店，他就自告奋勇去了。这是由于他的办事能力得到开明总经理章锡琛的赏识，所以同意他去。

......

他们夫妇在昆明，做了不少联系文化人的工作。他们夫妇给巴金同志安排了住处，让他安心创作了《火》的第一部。有空袭警报时，他们帮巴金同志携带稿子，巴金同志有时帮他们抱孩子，一起到城外去避空袭。当时西南联大的老师进城，或从外地回到昆明，往往先到昆明分店或他们的家里。他们夫妇总是殷勤接待，给与种种方便。沈从文先生在写的小幅里提到："回忆及卅六年前抗战时，一家大小四人，同住云南昆明乡下八年种种，才深一层明白社会变化之大，今昔人事之不同，汉华必尚能忆书店柜台前，我带孩子借钱二三元，始能搭车回乡狼狈情形，一一如目前事也。三四十年前所作拙书，经过多少人事风风雨雨，大小变故，在一切散失无余之后，犹将拙书保存在手边，令人思及良好友谊之难得而可贵，不觉眼湿。"可惜当时在昆明的文化人给他们的题字都已散失无余，只留下这一小幅了。再像朱自清先生的爱人陈竹隐带了孩子，来往昆明时，也得到他们的招待，后来开明书店副刊《国文月刊》，他们更向西南联大组稿，送稿费。此外，像闻一多、李公朴、李广田、罗常培、唐兰、余冠英、浦江清等先生都跟他们有经常联系。

……

北平刚好解放。他适应当时解放区的需要，在北平印制了开明中小学教本和书籍。六月中，他放弃开明书店的优厚待遇，参加革命，在华北联合出版社任副经理，每月领小米五百斤，当时，开明书店北京分店设在琉璃厂，那是旧书店的集中地，不过应适应形势发展的需要，芷芬虽已离开开明，还是关心开明之事，协助开明的总经理范洗人创设了八面槽开明书店东城办事处，来发展业务。接着华北联合出版社改组为人民教育出版社，他先任总编室副主任，后任主任，帮助社长抓各编室的工作，由于他在昆明对文化人有广泛联系，这也有利于他为教科书展开组稿工作。像组织刘薰宇同志把数学著作交给人教社出版等。他又经常去东北石岘，跟那里的造纸厂联系教科书的纸张。他又组织上海的印刷厂、排字房、装钉作到北京来，加强排印教科书的力量。那时，教科书要分散在二十几个省印刷，他积极协助工厂建立电镀铜版车间，可以多复制纸型分送到各省去印刷。第一批简化字推行时，他建议新铸简化字铜模来取代繁体字铜模，使活字排版工作，有条不紊，对推行简化字作出贡献。①

对文史古籍的共同爱好让周振甫、卢芷芬两人相识、相熟，而对编辑出版事业的共同志向和热爱，让他们朝夕相处，由相熟而相

---

① 江有汜：《现代出版史上不该被遗忘的卢芷芬》，2016 年 6 月 17 日，见 https://www.douban.com/note/564915895/。

知。在开明的长期合作，两人的友谊提升为彼此一生都极其珍视的兄弟之情。数十年后，卢芷芬之子卢元镇（华南师范大学教授）深情地写下了《为一段尘封七十年的秘密而感恩》一文，深切缅怀父执周振甫先生。卢元镇说，在整理母亲的遗物时，在一本红色封面的、抄有她自传底稿的笔记本里发现周振甫先生写给她的一封信，信的全文如下：

六姐：

您好！在写纪念芷芬兄的文中，想起了一件事。芷芬兄曾和我合编一本小学教本的辅导书。这书的稿费领到时，接到我父亲去世的电报，稿费就由我一人拿走了。但已记不起多少稿费。问唐先生（指唐锡光），他说他也编过这样的书，当时稿费比较低，但他也记不起了。今天收到稿费三百元，只能抵当时的几十元，恐不足以抵当时的稿费，汇给您聊表一点心意。希望您不要退还。这事我没有跟别人讲，包括您的孩子，也不要回信。

祝好！

敬礼。

振甫　上

4.7

卢元镇分析，"信上所提到的第一笔稿费的事情大约发生在'八·一三'事变前"。"可以深信的是周先生在短信所称'稿费就由我一人拿走了'的话，决不是他瞒着我父亲私自吞了这笔钱，而是我父亲为表达手足之情做出的一个决定。这件事发生在我父母结

婚之前，父亲自然没有告诉我母亲。"① 我们翻阅周振甫晚年自撰的
《年谱》，他对这件小事倒是记得很清楚，那一年是 1933 年（民国
二十二年）：

> 卢沅在去年冬天，即进入开明书店，他认为开明小学教本，
> 除了小学教科外的其他读品他也会写，即与我合作，写了一本，
> 得稿费若干元。这时，得内人来信，说我父病逝。卢兄即以稿费
> 给我回家。②

从这个回忆看，当年这笔稿费应该确实不多，好朋友父亲去世，
卢把这笔稿费让其带回，也可算是自己一点心意，大约有馈赠之意。
周振甫属谦谦君子一类，滴水之恩，涌泉相报；兄弟情义，永世不
忘。将近三十年后，他"还"那笔稿费，其用心实在良苦。卢元镇后
来的分析应该是很有道理的：

> 信上提到的第二笔三百元稿费的事情，推断应该发生在上个
> 世纪 60 年代，因为我的父亲病逝于 1961 年，在那时写纪念他的
> 文章比较合乎事情发生的时段。这笔稿费的数额也接近 60 年代
> 书稿稿酬的标准，估计是他在完成鲁迅或毛泽东两本诗词选注后
> 的稿费。而妈妈存放这封信的笔记本是一本非常老旧的册子，其
> 中的手迹也是那个时代的。在"文化大革命"中，妈妈把平生绝

① 卢元镇：《为一段尘封七十年的秘密而感恩》，载张世林主编：《想念周振甫》，新世界出版社 2011 年版，第 181、183 页。
② 徐名翚编：《周振甫学术文化随笔》，中国青年出版社 2000 年版，第 325 页。

大多数信件都销毁了，为什么留下了这封信呢？因为 1957 年我母亲被打成了右派，发配到北大荒。1958 年因人民教育出版社语文教材改革的风波，我父亲做了叶圣陶先生的"替罪羊"，两年后惨死在东北虎林的 850 农场。他去世后，要靠母亲每月 28 元生活费供养我们三个在校读书的大学生，难上加难，靠变卖家产度日，因此这三百元汇款可以说是雪中送炭的救命钱。妈妈虽然承诺了周先生没把这件事在生前告诉我们，但是她希望我们总有一天能知道这件事情，于是她珍藏了这封信。

可以看出，好叔是煞费苦心地用这样一个"借口"，来周济我们全家。他用"还债"的形式，让我的母亲可以平静地接受。在当时肃杀的政治环境里，也避免引来政治上与右派划不清界限的种种麻烦（信上"这事我没有给别人讲"暗指的就是这个）。还有一件不能忘记的事情是在母亲被驱赶到东北北大荒劳动的时候，他闻讯托人送来一件皮大衣给她御寒，那件大衣在上个世纪 50 年代应是十分珍贵的东西。

……他在帮助别人解难的时候不求回报，甚至考虑到不让他人为难，这种精神境界让我们这些凡人汗颜。①

这不仅是周、卢两个至交的患难见真情，同时也是古君子之风的代际传递。1984 年，中国出版工作者协会组织编写《我与开明》一书时，卢芷芬的后人卢元锴、卢元镇、卢元鉴合撰了《快乐的书生、练达的事业家卢芷芬》，写好他们专门呈请周振甫先生斧正。当年 12

① 卢元镇：《为一段尘封七十年的秘密而感恩》，载张世林主编：《想念周振甫》，新世界出版社 2011 年版，第 183—184、186 页。

月 19 日周振甫致欧阳文彬信中有这样的记载："开明纪念册的卢芷芬
一篇，已由卢元镇写好，我做了一些修改……"[1]（后来，卢元锴撰写
了一篇《卢芷芬先生的出版生涯》刊发在上海的内刊《出版博物馆》
2010 年第 3 期上，更加全面地评介了卢芷芬的出版经历及其贡献。）
人们讲好教师是"身正为师，学高为范"，真正一流的编辑家、出版
家何尝不是这样呢！周、卢的友情，"好叔"周振甫的为人不正给我
们多方面的启示么！

在开明书店时期，除了叶圣陶、王伯祥、卢芷芬之外，章锡琛、
夏丏尊、徐调孚、傅彬然、顾均正、宋云彬、王统照等也都是周振
甫联系颇密的师友。这是一个朴实真诚、团结互助的编辑团队，优
良作风的熏陶、渊博知识的传授、敬业精神的传递、团队协作的氛
围都在年轻人的心灵深处扎根。青年周振甫沐浴"开明风"中，工作、
生活皆比较顺意，编辑事业也走上了上升的轨道，一切都是美好幸
福的样子。

在老辈学者兼编辑家们的悉心帮助和指导下，周振甫充分利用
开明出版书籍、发表文章的有利条件，编辑工作和写作学习两不误，
顺利开启了自己的作者之路、学者之路。"开明书店一贯重视青少年
教育，重视语文学习，从夏丏尊、叶圣陶起，素有大专家写小文章
的优良传统。周振甫先生曾写了不少类似的辅导文章，他设身处地，
循循善诱，能把文章写得透彻明白，写到读者的心里去。"[2] 应该说，

---

① 欧阳文彬、钦鸿辑注：《书简情——欧阳文彬藏信选》，上海百家出版社 2009 年版，
第 235 页。

② 熊国祯：《一位无私奉献高自期许的好编辑——追忆周振甫先生》，载张世林主编：
《想念周振甫》，新世界出版社 2011 年版，第 123 页。

周振甫在开明如鱼得水，是得了夏、叶、王等老辈精神及文风之真传的。

这期间，他进一步拓宽投稿的渠道，深化学习和研究的领域，不仅在《中学生》、《中学生文艺季刊》等刊物有新作品问世，还在商务印书馆有重要影响的《东方杂志》（1937 年第 1 期）刊行《严复的中西文化观》，这应该是年轻的周振甫进行严格意义上学术研究的一个良好开端，直接为他几年后编写出版专著《严复思想述评》奠定了基础。

从著作来说，周振甫在短短的三四年间也是收获满满，除了与卢芷芬等合编《二十五史人名索引》，个人叙订《洁本三国演义》（上、下），还为开明的"中学生丛书"独自撰写了两本历史知识的小册子——《班超》和《东汉党锢》，而最值得一提的是 1935 年 6 月在亚细亚书局出版的《中国学术思想演进史》。该书由王伯祥、周振甫合作编写，出版不到一年就被中国文化服务社再版，此后多次重印，直到 2016 年，河南人民出版社还影印了此书。这本小册子用不到五万字的篇幅，提纲挈领地勾勒了从先秦直到新文化运动时期中国学术思想的演进历程，探索中国学术思想的流变，把握不同历史阶段的时代特点。全书具体纲目为"总论"、"先秦学术"、"两汉阴阳学"、"魏晋玄学"、"隋唐佛学"、"宋明理学"、"清代朴学"、"晚近思潮"等，既"用显微镜去考察各个思潮的精神命脉"，又力求"用望远镜去鸟瞰各种思潮的流变情势"[1]，从差异中看出一致，又从近似中辨别出差异，可谓宏观着眼、微观入手，执简驭繁，深入浅出，做到了学术性与通俗

---

[1] 徐名翚编：《周振甫学术文化随笔》，中国青年出版社 2000 年版，第 224 页。

性的有机结合。至于有研究者称此书为"大家小书"①，可说是又对又不对。这本小书价值不小，水平很高，但作者并非都是"大家"，王伯祥时年 45 岁，在文史界确已较有影响和名气，而周振甫大学肄业出道不久，还是一个年仅 25 岁崭露头角的青年编辑。该书的写作我们猜想，应该是王伯祥先生宏观把握，提供指导，周振甫具体执笔，写好后听取修改意见后进一步完善而成。1999 年，徐名翚选编岳丈周振甫先生"学术文化随笔"之时，专门说明"1949 年以前的选了《中国学术思想演进史》，篇幅比较长，又不好删节，所以其他的文章就不选了"②。这里没有说明王、周二人如何合作，故我们上面的推断应是合乎情理的。

王伯祥、徐调孚、宋云彬等开明人对青年编辑周振甫的影响是积极的、深刻的，也是持久的。曾任中华书局副总编辑的熊国祯曾说："周振甫先生深受徐调孚、王伯祥等老开明人优良传统的影响，是一个无私奉献高自期许的好编辑，他私心向往的是做一个见识卓越集研究与著述于一身的第一流学者式的编辑，而不是一个凡庸陋劣的'跑龙套'者。"③有理想、有目标，年轻时期的周振甫便以身边的人为榜样，一步一个脚印地奋力前行。

除却 1934 年头胎孩子的不幸夭折，周振甫一切都算很顺利，明天或许更加美好。然而，日本侵略者的枪炮声毁掉了这一切。周振甫和开明书店一起陷入了长达八年的黑暗期。

---

① 张建安：《中国出版家·王伯祥》，人民出版社 2018 年版，第 153 页。
② 徐名翚编：《周振甫学术文化随笔》，中国青年出版社 2000 年版，第 350 页。
③ 熊国祯：《一位无私奉献高自期许的好编辑——追忆周振甫先生》，载张世林主编：《想念周振甫》，新世界出版社 2011 年版，第 126 页。

# 四、饱经离乱似杜陵

1937 年 8 月 13 日，日军向上海的中国守军发动攻击，淞沪会战爆发，在城市内展开了惨烈的拉锯战。王伯祥在日记里记录了当天的情形，"予适与调孚、索非、芷芬、振甫往访洗人，归途遇之。见街上行人车辆，西奔者如潮涌，纷乱之极……午后，又见我机飞行猛扑，投弹多枚，倭高射炮弹飞溅天空，多多作墨云"①。由于事变猝发，开明书店来不及采取预防措施，在 8 月 16 日遭到了毁灭性的浩劫。当天，开明书店在虹口梧州路的经理室、编译所、仓库和印刷厂都被炮弹击中，房屋以及没有转移的藏书资料、图版纸型、图书存货、印刷器材全部被毁，章锡琛、夏丏尊等人的家也被夷为平地。

为躲避炮火，开明书店同人包括叶圣陶、顾均正、索非等都搬进了法租界里的霞飞坊三号居住。这是一栋三层红砖结构的小楼，前门是铁栅，进门有一个厕所，左右两边是厨房。二三楼有相同的开间和亭子间，三楼外有阳台，可晾晒衣被，若一家人居住，生活空间宽绰，但几家人涌入就将所有的角落都塞满了，仓促逃难的他们显得狼狈不堪。夏丏尊"全家六七口挤在楼下的一间客堂里，除了随身带上的一点衣服，一无所有，家具也是向朋友借凑来的，装饰品更谈不上，真可谓家徒四壁"②。周振甫一家人也搬到了其中一个亭子间里面。1938 年初，从武汉辗转回到上海的总经理章锡琛鉴于战事愈演

---

① 王湜华：《王伯祥传》，中华书局 2008 年版，第 83 页。
② 王利民：《平屋主人——夏丏尊传》，浙江人民出版社 2005 年版，第 262 页。

愈烈，门面被毁、经济周转困难的现实，与董事会商量后决定：开明总厂员工全部留职停薪，即行交代回籍多人，每人每月扣除的存入银行的薪水发还个人，充当路费和生活费用。编辑人员暂时只留下五人，即夏丏尊、章锡琛、王伯祥、徐调孚、顾均正。周振甫从开明领到了一百多元，领着家人回到故乡平湖躲避战祸。

这一年周振甫满 28 岁，按照天增一岁地加一岁的古人计算年龄的惯例，恰逢而立之年。如若时局宁靖，正是家庭和谐稳定、事业大展宏图的黄金时期，但战争却将他和他的家人无情地推入了流离失所、辗转漂泊的凄风苦雨中。身处乱世，周振甫真真切切地感受到战争的残酷、物资的匮乏、生活的艰难和个人命运的颠沛。他自觉地拿起手中的笔，像自己幼时学诗崇拜的杜甫一样，用诗歌来记录战争的血泪苦难，以诗存史，以诗言志，也以诗表达去乡怀友、离别悲欢的家国情怀。

周振甫一家在战乱初期的遭遇，在他创作的千言长诗《鹉湖行》中有充分体现。因为从上海战区归来，拂晓时分回到平湖时，周振甫全家就遭遇到了多名军警的搜查，他们将行李乱翻一通，大声呵斥着追问姓名来历，现场混乱不堪。《鹉湖行》描绘此情形云：

> 曙色苍茫不觉晓，剥啄声声清梦扰。
> 升堂入室施清查，案册征名皆了了。
> 共钦军政尽贤明，孰意奸孽犹潜萌。
> 黑夜争传起信号，照明弹落乱纵横。[①]

---

① 徐名翚编：《周振甫学术文化随笔》，中国青年出版社 2000 年版，第 326 页。

1937 年 11 月 5 日，日军动用了一百五十余艘舰艇在平湖与上海交界的金山嘴、全公亭、白沙湾一带登陆，当时驻守在这里的中国军队奋起抵抗，浴血激战。平湖县长丘远雄命令社会训练总队副总队长李武清集结二百余名武装壮丁，于当晚冒雨开赴太平桥守卫，阻敌进犯。全县民众群情激奋，同仇敌忾：

> 县令传言集壮士，汝曹宁能不畏死，
>
> 大军云集尚未来，可能遏敌使暂止。
>
> 金言奉命孰敢辞，男儿报国此其时。
>
> 戎装重装上前线，慷慨登车泛一卮。
>
> 可怜火器不相敌，裹创沙场犹奋击。
>
> 倭怒军民敌忾深，海疆一炬成砂砾。[1]

次日，多架敌机轰炸平湖，县城大部分房屋被毁，中心城区成为一片火海，民众纷纷逃往周边乡村。周振甫此时正在西门外王家村联系全家老小的临时住所，见日机轰炸赶忙跑回家中，却发现妻子和女儿都不见了。原来飞机轰炸前，妻子张韫玉听见声音，马上用衣服包裹年幼的二女儿，往西门躲避。等到敌机远离，天已黑透，张韫玉母女敲开一农户的门，请求在这里借宿一晚。农户体恤怜悯她们母女，还请两人吃了饭，然后用草铺地留她们夜宿。第二天两人方坐船归家。对妻女这番惊险而苦痛的经历，周振甫在诗中亦有反映：

---

[1] 徐名翚编：《周振甫学术文化随笔》，中国青年出版社 2000 年版，第 327 页。此处据周振甫遗稿订正。

铁鸟盘空忽飞至，巨弹乱落不知次。

爆炸声中血肉飞，火烟光里危楼坠。

百姓仓皇乱出城，夜昏泥滑路难行。

凄凉满野呼亲族，苦雨秋坟相送迎。

望门投止求留宿，淡饭盐荠足果腹。

藉草难禁深夜寒，泪眼模糊不成哭。①

面对空袭过后损毁严重，近成瓦砾的家，周振甫也是充满着眷恋、悲怆、愤恨、绝望交织的情绪：

空城已残寇前去，逃乡人士归来处。

遍地萑苻彻夜惊，炙肤贯乳良堪虑。

彷徨重觅旧时庐，门破户毁岂可居。

入室萧然仅环堵，空挥清泪整残余。②

而更令他伤心的是知己好友沈传曾的死。周振甫回到平湖前去沈家探视，却发现沈家已经搬走，有人告诉他说沈传曾早在几个月前就已病故。得知这一消息，周振甫悲痛不已，生死离别、阴阳相隔的哀伤难以抑制，痛彻心扉。他来到两人经常见面的庭院，环视四周，物是人非，恍惚中竟不知身在何处，儿时家园和旧时伙伴都已不在，忍不住歔欷连声，盈盈蕴泪。在和同学《望海潮》的词中周振甫深情地

---

① 徐名骥编：《周振甫学术文化随笔》，中国青年出版社 2000 年版，第 327 页。

② 徐名骥编：《周振甫学术文化随笔》，中国青年出版社 2000 年版，第 327 页。此处据周振甫遗稿订正。

写道：

> 重来归燕，追寻旧侣，乌衣巷陌垂思，人去院空，巢欹室坏，香泥狼籍残枝。夕照恨迟迟。喜得音书也，未许言归。念切慈乌，谋营新构哺亲时。何期晤天涯，话余生劫后，言念神驰。鹣首赐秦，鸥萌陨越，拊膺家国空欷。暂会又新离。幸寄情青鸟，细诉相知。为诵君诗不寐，依枕和新词。①

这首词开头写沈家迁居，访友不遇，接着言及自己的境遇，在开明工作，没有时间回平湖。父亲也去世了，母亲搬回旧屋居住。后面用典暗指日军侵入浙江，为家国遭受蹂躏痛心难过。

周振甫一家在老家平湖躲避战火，不出一年，就只能靠典当物品度日。一年后，日军占领了上海和浙江的大部分地区，平湖来往上海的轮渡复航。而此时，按夫人张韫玉的回忆，家里已经实在没东西可以卖了。驻扎平湖的日军也给周振甫一家带来了重压。周振甫的胞弟周麟书有一次拿日本军人开玩笑，险遭日军伤害。

山穷水尽之际，周振甫接到卢芷芬的邀请返回上海，重入开明工作。他作诗形容一路上的情形和感想：

> 相庆机轮复通沪，满挤舱中人叠股。
> 胥认桃源可避秦，夜中寒战不言苦。
> 畏途愁煞是洙泾，上岸雁行若待刑。

① 徐名翚编：《周振甫学术文化随笔》，中国青年出版社 2000 年版，第 327—328 页。此处据周振甫遗稿有订正。

按证呼名肆检索，最怜花月貌俜停。

俜停花貌无人色，调笑揶揄逢鬼蜮。

强挽玉臂摄芳姿，留取写真作比翼。

日支亲善尽如斯，虎伥前来事可知。

守望团员多变节，会名受命号维持。[1]

1939 年周振甫重返上海时，已是今非昔比。彼时开明遭遇重创，开支紧缩，经营艰难，留守开明的同人薪水较战前大打折扣，只有 20 元。微薄的收入、寄居漂泊的现实，已很难维持一家人生活在上海。当时，他们在上海的房租一月要 10 元钱。无奈之下，周振甫只能将妻子和次女送回故乡。想起这一年多来妻子带着女儿颠沛逃难的情景，如今又要骨肉分离，周振甫内心苦涩，歉疚惭愧，复杂情感铭诸《送内人返籍》诗中：

劝卿归去能无怨，卿怨真时我欲愁。

为恐我愁黯相语，请君释念我归休。

未能释念转消魂，去住都难不忍论。

回首家山复何似，夕阳撩乱薄黄昏。

警讯频传心暗惊，几多女伴共留卿。

夜来泪渍衾绸湿，夫婿无情尚劝行。

判别鸿沟晓雾迷，万千珍重寄灵犀。

阿爷同去频频唤，乱汝衷怀小女啼。

---

① 徐名翚编：《周振甫学术文化随笔》，中国青年出版社 2000 年版，第 328 页。

归去无端数怨恩，萦回别绪镌离痕。

此中留得温情在，缄取心头好细温。①

以区区 20 元的收入养活在上海的自己已属不易，老家还有祖母、母亲、弟弟和妹妹，周振甫家里的生计日渐窘迫。全家七口人加上一个前来避难的亲戚，每天吃白饭，没有钱买油做菜，有时只好往饭里撒把盐拌拌，生活苦巴巴的。周振甫本来不会做饭做菜，一个人独居上海只好勉为其难，学着亲自下厨。偶尔想改善一下伙食，就是买些新鲜蚕豆，剥了皮和米饭一起煮。饮食上对蚕豆偏爱的习惯一直保持到周振甫的晚年。日据时期，上海的粮食供应不足，常常发生米店前排起长队"挤大米"的情形。但在老家平湖，米、面、菜的供应要好一些，于是妻子张韫玉每隔几个月或是半年，就会从老家赶到上海，给周振甫带来大米和现磨的面粉。

靠着精打细算和省吃俭用，外加周围亲戚及街坊的互帮互助，日子还能勉强维持下去。好在弟弟周麟书已经长大，可以工作赚钱补贴家用了。但战乱时期，找一份稳定的工作并不容易。妻子张韫玉写信给周振甫让他帮弟弟在上海找份工作。周振甫的同事金韵锵闻知此事后，就告诉周振甫说江红蕉在美亚织绸厂，他可以帮忙进厂。而且江先生是叶圣陶先生的亲戚，倘托叶先生写信给江先生，此事必成。周振甫大喜过望，因为他知道叶先生乐于助人，而且当时叶圣陶虽身在四川乐山，但经常写信给开明留守人员，并未失去联系。于是周振甫写了一封信给叶圣陶，请他介绍弟弟给江红蕉先生。同时写了一首

---

① 徐名翚编：《周振甫学术文化随笔》，中国青年出版社 2000 年版，第 330 页。

《呈叶圣陶先生》：

西征万里气如虹，未扫胡尘肯复东。

到处迎逢争欲识，几方罗致竟先容。

文章已擅千秋业，桃李今开一帐风。

天遣杜陵诗笔健，饱经离乱入川中。[1]

不出所料，叶圣陶写来了回信，江红蕉让周麟书去参加美亚织绸厂的考试，顺利通过录取后，解决了工作问题。周家多了一份稳定的收入来源，困顿的局面大为缓解。这时已是 1940 年。

苦难的岁月里有时候也有难得的欢喜，就在这一年的三月十七（农历），好兄弟卢芷芬与王汉华女士在昆明的太华饭店举行婚礼，主婚人和证婚人是西南联大的朱自清、刘薰宇两位教授。对朱自清先生大家都很熟悉，他又是新娘父亲的好朋友；其实刘薰宇教授也非等闲之辈，担任主婚人、证婚人也是很合适的人选。他是著名的数学教授，曾留学法国，在巴黎大学研究数学。20 世纪二三十年代先后在与开明渊源极深的浙江春晖中学、立达学园任教，与开明人有着千丝万缕的联系。不仅如此，他还是开明书店的骨干作者，先后在开明出版过《数学的园地》、《马先生谈数学》以及《南洋游记》、《苦笑》等作品。远在上海的周振甫得知卢、王大婚喜讯，发自内心地为朋友高兴："逊延听佳音，悬万里而如见；追维往事，溯华年而萦情。神若飞驰，足泯时空之界；心原相印，好同金石之固。欲谱深情，愧乏彤管。聊吟

---

① 徐名翚编：《周振甫学术文化随笔》，中国青年出版社 2000 年版，第 331 页。

俚句，用庆百年云尔。"他一气写了八首《卢王嘉礼诗》，追忆自己与
卢芷芬的深厚友情，以及卢、王二人从相恋到结婚的美好历程：

萍踪偶合喜乡音，共事相资臂助深。
自是衷诚怜宿慧，虽疏过往亦关心。

殷勤指点理陈篇，比次分功共擘笺。
异日襄君修记注，好留撰述继前贤。

万里长征暗系思，含情羞作别离辞。
东君为惜秾桃李，着意催开连理枝。

文史风流夙所钦，浮云富贵仰灵襟。
向平宿愿怜才甚，沅芷清芬契素心。

左家娇女玉颜酡，为绾双心叩几过。
得证灵犀赢一笑，含羞暗许缔丝萝。

藕丝作意久相催，为念鸳俦万里来。
得许移栽向南国，好开并蒂待春回。

覆车伤臂断来书，盼断书来学字书。
莫道臂伤难作侣，转因伤臂更须余。

何用明珠夸百斛，即凭情谊逾千珍。

若论伉俪相师友，指顾同侪有几人。[1]

到了1941年的春天，周振甫和张韫玉迎来了他们的第三个孩子。考虑老家平湖医疗条件过于简陋，且占据平湖的日军时有暴行发生，他们决定把孩子生在上海。但困于微薄的收入，孩子最终生在了上海的一家难民医院。

1941年农历三月十三，三女佩兰的出生又给屡经战乱、时年31岁的周振甫带来了些许的安慰，同时也带来了更重的经济压力。妻子张韫玉生下佩兰后，曾与周振甫商量，希望一家人能都留在上海，生死相依、贫病不离，留守老家的老人则通过省下钱汇回去的方法供养。但日据上海时期，这个愿望更像是一个幻想。

家庭需要周振甫坚守编辑岗位。刚过而立之年，处于战火纷纷、山河破碎之中，"立"谈何容易！开明书店的经营状况日渐恶化，大部分的出版业务被禁止，留下排到一半的版，校到一半的校样，不知如何处理，只能半拉子地夭折和淹没在这场战争之中，书店总经理章锡琛有诗作反映当时的情况：

鼙鼓声中岁月移，百无一用是书痴。

风饕雨虐抵门急，坐对残编浑不知。[2]

_____

[1] 全八首存于周振甫遗作，《周振甫年谱》仅录其四、其八，载徐名翚编：《周振甫学术文化随笔》，中国青年出版社2000年版，第330页。

[2] 王湜华：《王伯祥传》，中华书局2008年版，第116页。

长夜漫漫，敌奸环伺的社会环境，再加之经济拮据，亲人分离，让周振甫的心里很是压抑，"彷徨孤岛浑无计，深恐长安不易居"。31岁的周振甫在《三十一年感事二首》中这样写道：

> 几回谷成奏骊歌，一夕东夷忽渡河。
>
> 赵壁乍惊皆赤帜，晋阳已陷尽洪波。
>
> 莫愁闽左征徭急，应喜关东吊伐多。
>
> 苛法宁能久相苦，解悬会有鲁阳戈。
>
>
> 鼎重深知未可移，万家争仰汉旌旗。
>
> 刘齐毕竟成刍狗，商纣何能免覆夷。
>
> 攫噬于今听枭獍，诛求空自竟刀锥。
>
> 倒行无奈长途远，会看虞渊已薄时。①

诗用"征徭"、"吊伐"、"苛法"等形容日据时期人民的苦难，用"争仰汉旌旗"表达渴望光复，用"刍狗"、"商纣"、"倒行"鞭笞侵华日军、汪伪政权，并预言其日薄西山的末路前景。

在这艰难困苦、风雨如晦的岁月，留守"孤岛"的开明同人还有文人朋友，日子还得过下去，有机会他们也会苦中作乐，来个诗词雅集。1943 年是夏丏尊夫妇结婚 40 周年，按照西俗称为"羊毛婚"。人称开明"老板"的章锡琛为此率先给夏丏翁（尊称）写了一首四言诗以示祝贺和纪念。一时间，引发了同事和朋友们的热烈响应，大

---

① 见周振甫遗稿。

家纷纷唱和，写作和诗的有王伯祥、顾均正、王统照、叶圣陶、贺昌群、朱自清、朱光潜、卢冀野、马夷初等，爱好诗词的周振甫写了一首，夏丏尊本人则和诗一首答谢大家。这些诗都刊登在那时有重要影响的《万象》杂志 1943 年第 3 卷第 3 期上。

　　长夜漫漫，期待天明。人们相信，黑暗的日子总会过去，黎明的曙光终将到来。进入 1945 年，周振甫一家和其他的开明同事，常常从收音机里，兴奋地收听国民政府电台发布的日军节节败退的好消息。到 8 月 15 日日本宣布无条件投降，那些乾坤疮痍、庶民号泣、颠沛流离、感时恨别的苦日子总算熬到头了。开明书店立即着手战后恢复工作，羁留重庆、桂林、上饶等地的同事们纷纷准备返回上海。叶圣陶、卢芷芬偕开明同事及眷属五十多人乘两艘木船顺江东下，出川返沪。离别多年的师友即将相见的喜讯让周振甫非常高兴，欢欣的洪流一下子冲开了郁积已久的情感闸门，令他心中涛翻浪涌，诗兴大发，写下一首颇有杜甫当年《闻官军收河南河北》味道的《赠芷芬哥壮游歌》：

壮游快作西南行，肯听胡骑鼙鼓声。

八年天旋复地转，归来把酒谈长征。

行程壮阔复谁数，天风浩荡吹玉京。

驾机翱翔傲御寇，俯视云海迷光晶。

置身恍若在敕勒，万千羊群走且争。

眼前毛毳凝霜雪，高节令人怀子卿。

次言鼓轮破巨浪，成连海上能移情。

水天辽廓复何有，御波激雪鱼龙惊。

疑泻银河溅珠玉，如浮万点白鸥轻。

再言驱车走长路，危途百折长纤縈。

邛崃九折何足数，王尊叱驭垂虚名。

千峰奔走有若怒涛汹涌相追逐，

宛如鲸波海立来将迎。

安得杜陵凌云之健笔，

写此壮观令人眼前突兀长峥嵘。①

胸中波澜，笔底风雷，这首诗大气磅礴，充满飞驰的想象，一气流注，淋漓痛快，而且朴真尽兴，绝无妆点。全诗无一喜字，但喜悦之意充溢字里行间。同时这首畅快的诗作也折射出周振甫一抒蛰居压抑的激情和对未来发展的美好憧憬，这位年轻的编辑对开明的出版事业充满了乐观情绪和奋斗动力。

清人赵翼有诗云："国家不幸诗家幸，赋到沧桑句便工。"

我们注意到，从 1937 年七七事变后到 1945 年日本侵略者投降，作为学者的周振甫是沉寂的，作品与此前此后相比都较少，这期间他仅仅 1940 年在中华书局出版了一本小书《严复思想述评》，在 1941 年第 3 期《学林》杂志上刊发了《严复思想转变之剖析》，在 1942 年（总）第 54 期《中学生》杂志上发表了《写作杂谈》等，文章平均一年也就一篇。但在此期间，周振甫的诗词创作却极为高产，屡有新作，渐趋成熟，迎来了他旧体诗词创作的井喷期、高峰期。但由于其旧体诗公开发表的不多，对于其创作过程、特色及成就，迄今为止还少有人研究，应该说它还是一个有待开拓的新领域。

---

① 徐名翚编：《周振甫学术文化随笔》，中国青年出版社 2000 年版，第 332—333 页。

# 五、走向成熟的青年编辑

## （一）苦熬与成长的八年

个人是历史的人质。战乱期间，作为普通个体的人都会不同程度地卷入其中，浸泡血泪，遍尝苦难。抗战时期，周振甫与留守上海的开明同人都承受着深重的战争苦难，长夜苦待旦，不仅精神上承受"亡国奴"的压抑，而且物资也极度匮乏，甚至到了忍饥挨饿的边缘。"那时上海的四郊有日本人布设的封锁线，在封锁线以内所有的米店都是没有米出卖的，他们唯一的工作就是发售配给的户口米和户口面粉。户口米有时发出来的是糙米，户口面粉有时发出来的是味苦色褐的三号粉，不管它的品质怎样坏，数量怎样不够，可是还是不能按期发，二三期四五期连续地拖下去。"[①] 但开明书店仍旧在苦苦支撑。王伯祥"每日一早步行十余里到福州路开明书店上班，中午由家中带的饭菜在办公室就餐，晚上仍是步行回家"[②]。"夏先生仍每天挤着人流汹涌的公共汽车去书店办公，章先生仍在劲头十足地苦干。"[③] 对于年轻的周振甫来说，这是苦熬中成长的一段年华。为躲避敌人文化围剿的审查制度，开明编辑部除了苦干，还得巧干。很多稍稍敏感一点的选题不能碰，出书动辄得咎，他们就将

---

① 周振甫：《太平洋战时上海同人生活拾零》，《出版史料》2012年第2期。

② 王清华：《王伯祥先生传略》，载中国出版工作者协会编：《我与开明》，中国青年出版社1985年版，第155页。

③ 楼适夷：《难忘的鼓励和帮助》，载中国出版工作者协会编：《我与开明》，中国青年出版社1985年版，第54页。

主要精力放到了古籍校注、工具书编纂、史书刊行等方面。章锡琛开始校注《马氏文通》、《经传释词汇纂》等，王伯祥注《春秋左传》，等等。

周振甫在与徐调孚合作注释了王国维《人间词话》后，陆续编校了吕思勉的《中国通史》、《先秦史》等著作。吕氏《中国通史》是我国第一部白话文的通史，是作者在长期有计划地阅读和撰写札记的基础上，再加以综合研究、融会贯通而成，特别是下编从婚姻、族制、政体、阶级、财产、官制、选举、赋税、兵制、刑法、实业、货币、衣食、住行、教育、语文、学术、宗教等18个专题来论述每个朝代的制度史，学术性特别强，而且语言风格自成一派，旁征博引，言简意赅，微言大义。周振甫需要对书中用于考证与佐证的大堆的古书摘录和古人评价话语查明出处，一一进行比对、核查。这些古籍文献都很繁杂，网络式的知识谱系错综复杂，就像块茎植物一样纵横相交，窜根、匍匐状地四处蔓延，往往一个帝王家谱的核实就要查阅几十本历史文献。通史编校固然不易，作为断代史的《先秦史》也不简单，吕思勉自评这本史书是"论古史材料，古史年代，中国民族起源及西迁，古代疆域，宦学制度"，上古文献涉及不少。于是，在"孤岛"的最初岁月里，周振甫就与中国古代的"治乱兴亡"和"典章制度"缠磨在了一起，既是校对完善，也是对历史文化的又一次学习和精研过程。啃下这几块硬骨头后，五千多年的中国历史在他的脑海中就变得更加清晰而通透，盘根错节、纷繁复杂的古籍文献也就好像变得贝联珠贯、井然有序了。

周振甫在编辑校对过程中也注意将编校所得和自己的研究心得有机结合起来。其时他已经在断断续续地写些关于严复思想的系列文章，其中公开发表的有《严复思想转变之剖析》等。周振甫注意到吕思勉先生渗透于这两部史学大作中的史学观点明显受到了梁启超的进化论历史观影响，于是追根溯源发现梁启超要求推翻旧史学、建立新史学的进化论历史观，是来自严复，来自他翻译的《天演论》的出版及其中国化的传播。这加深了周振甫对严复及其文化思想的认知，他利用余暇阅读了严复几乎所有的文章和著作，包括译作，力求对严复思想变迁有更加准确、完整、客观的评述，形成自己的观点。

他大胆提出"退化论"观点，认为严复一生可以分为"全盘西化时期"、"中西折衷时期"和"反本复古时期"，属于一个早年西化、激进，晚年相对保守、落后的人物。严复的私人生活尤其是晚年时期的表现，确实印证了周振甫的观点。严复一生娶两妻一妾，生五子四女。1892 年，就在他的第一任妻子王氏病故那年，他娶了比他小 25 岁的江氏为妾，江时年为 15 岁。后来严复与江氏关系搞得很僵，到 1913 年正式分开。自称是现代文明人的严复几乎是把江氏扫地出门，表现出地道的传统夫权主义。后来江氏反悔，想恢复与严复的关系，遭到严的严词拒绝。就是对自己的亲生女儿，严复的表现也不近情理。经严复学生熊纯如做媒，熊的侄子洛生拟与严复大女儿严璸缔结秦晋之好，洛生当时在清华学校读书，思想新潮，提出先恋爱后订婚。严复断然拒绝，说这不符合中国国情，"吾俗向凭父母之命媒妁之言"。洛生让步，虽然未见女方一面，仍然换帖订婚。此后，洛生赴美国留学，一晃就是四年，来信接严璸到美国团聚。虽再三请求，严复就是不同意，意思是留学非其女所宜。洛生觉得未来的丈人太固执，来了个最后通牒，说是不同意就毁了婚约。

严复一怒之下，毁就毁，一段好姻缘被活活拆散。这是 1921 年的事了。"严复作为中国最早一批留学生，崇尚独立、自由思想，但临到自己头上，对妾的处理，对女儿的婚事，却如此不近情理。这说明其言行之间的深刻矛盾。""严复业余生活，除了迎来送往、请客吃饭、看戏、看画展之类，抽鸦片、赌博、占卜是很重要内容。""我们看到了一个让人感到丰满、亲切、生动的严复。他善算钱，能挣钱，会花钱，并不一味地重义轻利。他赌博、占卜、抽鸦片、吃花酒，与老婆吵架、开玩笑，并不永远道貌岸然，并不永远科学至上。他专断、固执，有时甚至粗暴，并不永远崇尚自由、独立，并不永远温文儒雅。"[①]周振甫在差不多八十年前就注意到一代思想先驱严复的复杂性、多样性和变化性，是很不容易的。显然，他对严复在公共领域的表现和私人生活都曾给予了关注，研究其思想和品格不限于他的言论、著述，同时还注意到他的多个侧面、多种身份角色以及不同时期的具体表现。

夏丏尊（1886—1946）看过《严复思想述评》初稿后，觉得不错就直接推荐给中华书局，中华书局很快就出版了，这是我国第一部系统研究严复思想的论著。现在看来，这本书在周振甫的编著生涯里是一个"异数"，突破了他的中国旧学人的治学路子，全然不同于之前和之后的传统的注解、笺注、翻译、选注一类。当然这本书也显示了周振甫作为研究者的学术能力，他极具创新性的严复思想三个时期的划分，突破了过往研究只注重严氏翻译成就的窠臼，影响颇大。周振甫总是谦虚地说他除了编辑工作，在学术上只是做些普及的工作。其

---

① 参阅王敏：《严复的私人生活》，《档案与史学》2003 年第 5 期。

实，他也做高深的学问，对严复的研究就属于这一类，借用王力先生的比喻叫"龙虫并雕"。当年，王力先生给自己的书斋取了"龙虫并雕"的斋名。所谓"雕龙"，取义做高深的学问，像《汉语史稿》、《中国现代语法》等；所谓"雕虫"，意谓兼做学术普及工作，如影响很大的《诗词格律》。只是王力先生在二者中，更偏于高深学问一类；而周振甫则对学术普及工作投入了更多时间和精力。关于严复的研究，周振甫不仅有论文，还有专著，后来又编选出版了《严复诗文选》。

夏丏尊非常欣赏这位知识渊博、踏实勤奋的小伙子，很多事情都叫上周振甫。辑印弘一大师遗著和《弘一大师永怀录》，让周振甫校对和编排次序；翻译的《本生经》刊印时，也是周振甫来校对。参与弘一大师遗著整理的周振甫，有挽联存世。

挽 弘一法师

（法师遗偈云："问余何适？廓尔无言。华枝春满，天心月圆"）

花岂长留，春难久驻，净土色香皆是幻。孰意才华绝世仅见工书，想学佛误公，深为艺坛悲寂寞；

月原不缺，天本无心，人间光景总非真。若论戒律兴宗再来乘愿，虽执象如我，亦钦法相最庄严。

夏丏尊还邀请周振甫担任自己编写《夏氏字典》的助手。夏丏尊曾经对周振甫说："我看到许多亲戚朋友，无论是富贵的，贫困的，都默默无闻地死去了。我们活在世上，总要不虚度一世，总要留一点纪念在这个世界上。"① 这本字典就是夏丏尊想要留给世界的纪念，所以是一本完全按照他自己思路来编的工具书，与常规的字典有较大的差异，主要特征是文白结合、义用兼顾。文白结合就是对某个字作了解释之后的例证，有白话的也有文言的，并且后面加一复词，把这个字的意义在白话文里构成的双音节词列出。如"大"字，含体积大的意思，举例为"房子大"，【复】作"宽大""广大"；含年龄大的意思，例如"年纪大"，【复】作"长大"；含重要意思时，【复】作"重大"。这样，有了复词这一项，字的各种意义就更加确定了。义用兼顾就是将字词分为"名""动""形""副"类别，如"风"字，在"风吹"中是名词，在"微雨风人"中是动词，在"风餐露宿"中作"在风中"解，是副词。义用兼顾能帮助使用者从字典里查到每个字的不同用法。《夏氏字典》在给予读者极大方便的同时也就意味着编著者高于常规字典数倍的辛劳付出，犹如一场反反复复的拉锯战，需要较长时期内聚精会神的关注，从产生想法到确定体例再到收集资料进入实际编写，持续了十多年的时间，可谓是劳神费力，穷经皓首。可惜直到夏先生去世，这本字典也只完成了三分之二左右。周振甫出于对师长的敬重和对文化传承的责任感，仍然坚持编下去，并在 1947 年初完稿。但遗憾的是，开明书店因成本及销售等市场因素并没有出版此字典。叶圣陶日记 1947 年 8 月 11 日载："丏翁与振甫合作《夏氏字典》已完稿，大家看来，无多出色，且不便于初学，虽将出版应市，恐未能畅销。"② 字典未能出版还有一个重要的原因是章锡琛对这部字典有不同看法，"经理章雪村先生对编字典

---

① 周振甫：《太平洋战时上海同人生活拾零》，《出版史料》2012 年第 2 期。
② 王利民：《平屋主人——夏丏尊传》，浙江人民出版社 2005 年版，第 266 页。

很有意见，夏先生对编字典的体例不跟众位先生讨论，尤其是不跟雪村先生讨论，是很可惜的。""后来夏先生死了，夏先生编的部分字典稿校样到雪村先生手里，雪村先生补充了许多意义，打破了夏先生的体例。雪村先生经过这一次补充，以下的稿子他也没精力补充下去，这部字典就完了。"①

尽管有始无终，但在编字典的这几年时间里，夏丏尊先生在情、理、事三方面都为周振甫树立了榜样，"抱着满腔热情来从事工作和学习，在生活上也这样，这是情。这样对待工作、学习和生活，就产生了各种想法，有的提到理论高度，这是理。情和理结合，脚踏实地地工作、学习和生活，这是事"②。这些身体力行的无形教导尤胜于有形的知识传授，促使周振甫在编辑岗位上的日益成熟。

### （二）抗战胜利后的波折与磨砺

艰苦卓绝的抗战胜利了，开明书店的同人们终于熬过了漫漫长夜，迎来了黎明。在章锡琛、叶圣陶、范洗人等人的筹划、领导下，开明书店的出版业务迅速恢复，进入正常轨道。

在团圆欢庆胜利的时刻，周振甫却不幸遭遇到一连串的打击。首先是二女儿"宝宝"在故乡平湖忽患脑膜炎猝然离世。懂事乖巧、活泼可爱的稚女转眼间就阴阳两隔，周振甫悲痛至极，本来大女儿就因为难产而胎死腹中，二女儿在战火中出生，在流离转徙中长大，好不

---

① 徐名翚编：《周振甫学术文化随笔》，中国青年出版社2000年版，第332—333页。

② 周振甫：《从编字典看夏丏尊先生的为人》，《辞书研究》1986年第4期。

容易盼来了胜利和安定，却遭此疾疫死劫。妻子张韫玉更是肝肠寸断、痛不欲生，内疚痛悔自己没能照顾好孩子，每天都以泪洗面。周振甫回家安葬了二女儿之后，下决心把夫人和小女儿一块接到了上海，在南市租了一间房屋居住，希望用时间的流逝和家庭的温暖慢慢舒缓丧女之痛。彼时，周振甫的月薪虽然涨回到30元，但扣除房租10元钱，还要给老家老人汇钱，一家三口的日子过得仍然十分拮据。妻子张韫玉后来回忆，抗战胜利后上海物资紧缺的状况大为改观，但他们一家每天饭菜要控制在三角钱以内，除了主食只够买一种菜，肉食只能偶尔为之，如果添了肉菜，一天的菜钱就要涨到五角了。

同事兼好友王统照的离职也让周振甫意外。王统照是被章锡琛辞退的，原来他请王统照审读校正张沛霖翻译的《桑狄克英汉双解辞典》，但王统照在编校审读中偏离了方向，认为原稿译文不够好，就自己翻译起来并且写在纸条上贴在墙上欣赏。这样一来就延误了接下来的编辑工作，打乱了辞典的出版计划。章锡琛本来就对编辞典有保留意见，见此情形，心生不快，当即决定辞退王统照。王统照本就计划回时在青岛的山东大学教书，接此通知后并无留恋，举家返回青岛。周振甫获此消息后，手写了一首送别诗送到王统照的家里。诗中用"赋归好践乡关梦，话别期寻诗酒缘"回忆了两人的友情，用"莫道兰成渐憔悴，壮怀未许谢年华"表达了对好友的劝慰和祝福。

还有，夏丏尊的与世长辞让周振甫倍感哀痛。他和夏先生相交14年，感情深厚，特别是抗战中患难相守，为共同的目标一起奋斗。如今字典未竟，人遽离世，令人感伤不已。周振甫在开明内部刊物上写了一篇长文，记录了夏先生的感人事迹以及自己和夏先生的交往，并于次年写下《夏丏尊先生周年祭》七律三首，诗云：

长闲遥望故渊明，恻怛真诚见性情。
曾为伤时悲豹变，更缘居乱笑鸥争。
名高翻被拘囚累，困极深知操守真。
一自人天杳相隔，低徊惆怅暗愁萦。

哀鸣万玉定庵诗，几度亲书几诵之。
诋为咏陶成绝唱，遂令越世倍钦迟。
奇文欣赏见高识，疑义商量费冥思。
回首尘寰应怅望，字书删定未全施。

弘公去后留余偈，万事原难执象求。
无奈伤时成绝望，复因疾世结深愁。
颠危早识谁搘捂，胜利转空孰怨尤。
今日追思仰先识，接收徒见乱神州。

这几首诗怀念故人，哀思绵绵，情深意切，又借题发挥，感时伤世，抒发情志。诗中除了夏丏尊，还涉及古今人物如陶渊明、龚自珍、弘一法师等，既有历史掌故，又有当时故事，因此作者在后面进行了注释性的说明："日本进占上海后，看见《中华文艺界抗敌协会》发的传单上有夏丏尊的名字，就由日本宪兵到夏先生家里去拘捕。所以称'拘囚累'。夏先生对龚自珍《咏陶》极为称赞。那诗说：'陶潜诗戏说荆轲，想见停云发浩歌。吟到恩仇心事涌，江湖侠骨已无多。'陶潜磊落性情豪，万古浔阳松菊高。不信诗人竟平淡，二分梁父一分骚。'还有他命我编的字典稿，本由他删改。现在他死了，没人删改了。"①

斯人已去，生活还得继续，工作不能停步。人生长河中的这些暗流波折并没有吞没周振甫，反而让他的心智锻炼得更加强大和成熟，编辑之路也走得益发深广。他参与了一系列史学著作的编辑出版工作，陆续编校了《先秦史》、《秦汉史》、《隋唐史》等著作，并为《开明活页文选》做注释，一如傅斯年所说的"上穷碧落下黄泉，动手动脚找东西"，对每一个疑问之处都尽可能地穷尽资料，在纷繁复杂的文献中找到确凿证据，才下定论，做到校订干净，注释到位。在这样的工作过程中，周振甫实现了"编学相长"，一方面编稿改稿水平、语言文字能力都进入了一个新境界，编辑业务朝精专方向发展，与专家作者沟通时语言的拿捏都相当准确，态度不卑不亢；另一方面个人学识素养进一步得到夯实和提升，对于古书体例、考证本事、注释典故等都能做到信手拈来，具备了与文史学者对话的能力，能与高层次的作者进行深层的学术交流与探讨沟通。这一变化在编辑《春秋史》过程中，在给作者、历史学家童书业的信中表现得淋漓尽致。首先在信中，周振甫对作者的专业性与著作的价值表示认可，"大著言必有征，钩稽采获，深入浅出，具见苦心，甚佩！"主动造势，定下了"作品很有价值"的基调，营造出友好交流的气氛和和谐的合作氛围。有了这些基础，接下来探讨的一些内容细节

---

① 徐名翚编：《周振甫学术文化随笔》，中国青年出版社 2000 年版，第 335 页。

问题就会相对容易解决。其次，周振甫对书中的一些专业问题，如孔子的民本思想、迷信问题、对待周礼的态度等提出了自己的不同看法，引用了很多古典文献并做了解读，有理有据，完全是同行学者间切磋请教的姿态。最后指出"惟于孔子之论稍与鄙见相违，敢尽言以求质正，仆亦非敢自信其必当也。惟先生裁之，幸甚"①，从学者角色转回编辑身份，说明尊重作者意见，自己只是在专业问题上提供积极的建议和帮助。这封函件既体现了周振甫熟知史学文献，并对某些问题有自己的研究心得，又表明了他作为一名编辑具有了竭诚为图书服务，对作者负责的可贵的编辑价值意识，还有了维系作者关系，与作者打交道的高超技巧。童书业在收到来函后，立刻复了一封回函，表示"手示拜悉。承教各点，甚佩，甚感"，并对周振甫的意见一一作了解释，还将两人的交流信函附在书后，以示对周振甫意见的肯定和重视。

### （三）初识钱锺书

钱锺书较早就和开明书店有联系。他的一本散文集《写在人生边上》，收录 1939 年 2 月以前写的 10 篇散文，交由上海开明书店于 1941 年 12 月出版。该书 1946 年 10 月再版，列入"开明文学新刊"。

1947 年，开明书店得到了钱锺书另一部珍贵的书稿，就是后来影响很大的《谈艺录》。这部书是钱锺书 1939 年自昆明西南联大

---

① 《周振甫函》，载童书业：《春秋史》"附录"，开明书店 1945 年版。

回沪度假时受友人冒景璠敦促开始写作的，以文言形式，采用古代诗话文体把每位诗家放到时代与文学、中国及世界文化的大视野中进行比较、分析，既征引评述了宋代以来的一百三十多种诗话，历代诗人、作品、流派都包含其中，又引证西方论著五百余种，精神分析、结构主义、接受美学、新批评派等都容纳入彀，共有条贯不同、长短不齐的诗话 91 则，补遗 18 则，真可谓内容丰富，意蕴深邃，古今中外，萃为一书。1942 年完成初稿后，钱锺书并没有急于付梓，而是经常听取同行的意见不断修改删削、补充完善。从钱锺书该书的初版《序》中可知，作者书稿写成后，与商务印书馆李拔可、老同学郑朝宗、版本目录学家顾廷龙（起潜）、作家和翻译家李健吾，包括开明书店徐调孚等都有过交流，"或录文相邮，或发箧而授"，"皆指馈贫之困，不索借书之瓻。并书以志仁人嘉惠云尔"①。

当时有不少出版机构听到风声，纷纷向钱锺书伸来橄榄枝。开明的徐调孚早知有这部书稿，后来叶圣陶、王伯祥得知情况，亲自上门索稿，要来了这本"虽赏析之作实则忧患之书"。但由谁来负责此书稿的编校工作呢？因为《谈艺录》实在太特殊了，其内容涉及范围太广泛了，文坛巨擘、诗论名著、文艺思潮、社会风气无不囊括，语言又都是新奇别致的古语文言，行文多用典故，称引古人时往往称字称号不称名，名号花样变幻，极易张冠李戴，误入歧途。而且在整篇古意盎然的风格中又弥散着西方古典知识和学理，作者用他的渊博和睿智将两者完美糅合，使之变而能通，浑然交融。这并非简单的谈艺之

---

① 钱锺书：《序》，载钱锺书：《谈艺录》，开明书店 1948 年版。

书，而更像一本学术研究的散论。面对如此一本"大书"，叶、王两人在脑海中将当时开明书店的编辑校对过了一遍，对视片刻，几乎同时喊出了一个名字：周振甫。

其实周振甫和钱锺书颇有渊源，但之前两人就像两条平行的铁轨，隔得挺近，却无交集，始终缘悭一面。1931 年，钱锺书的父亲钱基博穿梭于上海和无锡之间，兼职在无锡国专教书，每周从上海赶回来上课。周振甫去过钱基博在无锡的家，但钱锺书当时在清华大学念书，两人并没有见面。1947 年，钱基博回沪休养，住在钱锺书的家里。周振甫登门看望老师，也没有见到钱锺书。而《谈艺录》犹如一根红线，将两人联系在了一起，成就了一段编坛佳话。

周振甫第一次读完《谈艺录》书稿时，深深地被钱锺书渗透于书中的潇洒才气、别致妙论所震惊和折服，意识到这是一本不可多得的学术佳作。他尽可能找出相关原籍，认真细致地一一核对所引用的文字，订正里面的错误。同时周振甫还凭借着多年编校文史书籍的经验，认为这一大堆的读书笔记如果没有目录和标题，读者阅读起来非常不便，就在校对时注意厘清脉络，调整顺序，给每篇笔记标定篇名，编出目录。在书稿校对完成后，周振甫将校样和目录一起退给负责发排的徐调孚。徐调孚对多出来的目录有些惊讶，但还是同校样一起寄给钱锺书过目，请他审核。钱锺书收到后，发现多出一份目录，而且与书稿非常契合，极大地方便了阅读，便问徐调孚编辑目录者是谁，徐先生据实相告。钱锺书对周振甫这种严谨认真的编辑作风很是赞赏，就偕夫人杨绛来到开明书店找到周振甫当面表示谢意，这是两人第一次见面，成为今后几十年真挚友谊的开端。钱锺书回忆道："当时原书（指《谈

艺录》——引者注）付印，君实理董之，余始得与定交。"他还赠
诗一首，并加了一个说明："周振甫和《秋怀》韵，再用韵奉答。
君时为余勘订《谈艺录》。"

> 伏处喓喓语草虫，虚期金翮健摩空。
>
> 班荆欲赋来今雨，扫叶还承订别风。
>
> 臭味同岑真石友，诗篇织锦妙机工。
>
> 只惭多好无成就，贻笑兰陵五技穷。①

1948 年，《谈艺录》作为"开明文史丛刊"之一出版，钱锺书特
意在原序之后补一小序，说明出版事宜：

> 右序之作，去今六载，不复追改，以志一时世事身事耳。初
> 稿既就，余时时笔削之。友好知闻，颇多借阅，且怂恿问世。今
> 承王伯祥、叶圣陶两先生索付开明书店出版，稿祇暂定，见多未
> 熟。周振甫、华元龙二君于失字破体，悉心雠正；周君并为标立
> 目次，以便翻检，底下短书，重劳心力，尤所感愧。余校阅时，
> 见援据未备者数处。而排字已就，未宜逐处补阙。因附益于卷
> 尾。民国三十七年四月十五日又记。②

该书出版后，钱锺书在送给周振甫的一本《谈艺录》上亲笔赠言：
"校书者如观世音之具千手千眼不可。此作蒙振甫兄雠勘，得免于大

---

① 周振甫：《周振甫讲〈管锥编〉〈谈艺录〉》，江苏教育出版社 2005 年版，第 4 页。

② 钱锺书：《序》，载钱锺书：《谈艺录》，开明书店 1948 年版，第 2 页。

舛错，得赐多矣。七月十日翻检一过后，正若干字，申论若干处，未敢谓毫发无憾也。即过录于此册上，以贻振甫匡我之所未逮，幸甚幸甚。"① 以钱锺书颇有些孤傲的才子性格，对周振甫三番五次地表达谢意，并视之为"良朋嘉惠"，可见他对周振甫的编辑工作是极其满意的，对其知识水平和能力是高度认可的，也从正面证明了周振甫作为编辑已经"显示出学识渊博、左右逢源和自成一家的学者特点"② 了。而随着《谈艺录》的出版和再版，钱锺书序文中的"周君振甫"也得以迅速传播，这个之前名不见经传的普通校对员成为了开明书店的"名牌"编辑。

### （四）《伉俪月刊》"特约撰稿人"

抗战胜利后，上海清心堂的四大教友组织——益友会、妇女团契、青年团契、伉俪团契——重新活跃起来。周振甫无锡国专时期的同窗好友吴好好（本名吴德明）是一个信教者，在新闻报馆工作，又热心教会活动，积极张罗创办并主编一种妇女家庭类刊物——《伉俪月刊》。该刊虽与教会息息相关，但其主要内容不是弘法传教，而是家庭生活。首期版权页上的《投稿七件事》有明确昭示："本刊以家庭实际生活为主，举凡家庭问题，婚姻问题，伉俪生活，恋爱生活，家政治理，儿童抚育，医学常识，宗教修养，各国风俗，各国新著，以及游记，小说，诗歌，小品等，均所欢迎。"我们现在可以从民国期刊数据库看到该刊从 1946 年 6 月创刊号，到 1948 年 10 月终刊号

---

① 张世林：《谦虚谨慎编著等身：小记编辑大家周振甫先生》，《人物》1996 年第 6 期。

② 季进：《从校对做起——记周振甫先生》，（台湾）《"中央"日报》1996 年 7 月 22—23 日。

的几乎所有内容，感觉它从内容到形式确实是一份难得的家庭生活类优秀期刊，许多东西值得今天的办刊者学习借鉴。

周振甫一直勤勉敬业，是优秀的编辑；同时好学上进，笔耕不辍，是难得的作者。但全面抗战时期，留守沪上"孤岛"的文化人都是苦撑苦熬。因当时文网甚严，报刊受限，本来创作高产的周振甫在这期间，总计才在《学林》、《东方杂志》、《中学生》、《万象》、《民主》几家杂志发表了七八篇文章，大体是每年才一篇，且中后期没有著作出版。而此前的1936年，他就出版了两本个人著作，发表了五篇文章。

1945年日本侵略者投降后，中国迎来了和平的曙光，人民沉浸在胜利的欢乐中。但国内新的矛盾很快突显出来，内战一触即发。国民党政府的腐败无能，导致社会混乱，物价飞涨，普通百姓生活十分艰难。周振甫接受约稿，有"补贴家用"之意，当是很符合那个时期文化人实际情况的。

1946年，接受了吴好好的约稿，相当于是当了"特约撰稿人"，周振甫自然就认真对待，一丝不苟写好每一篇文章，尽管这些内容是他过去很少涉足的领域。翻检《伉俪月刊》两年多的全部刊物，我们查到周振甫共计发文15篇。创刊号上的《释伉俪》，署名为周振甫，此后其他各篇都署名"振甫"。14篇文章标题依次为：《谈美》（1946年第2期）；《谈父子》（1946年第3期）；《对中秋节的感想》（1946年第4期）；《对双十节的认识》（1946年第5期）；《谈再醮：读木每女士"寄——"》（1946年第6期）；《答木每女士并谈龃龉与决裂》（1946年第7期）；《从"造命的女孩子"说起》（1947年第10期）；《儿童礼赞》（1947年第11期）；《怎样迎接未来》（1947年第3期）；《祝伉俪信箱》

（1947 年第 4 期）；《谈婚姻的结合》（1948 年第 1 期）；《新的企慕》（1948
年第 8 期）；《家庭和社会》（1948 年第 12 期）；《读〈生死恋〉》（1948
年第 12 期）。

《伉俪月刊》创刊号的《发刊词》是吴好好约请著名报人、《新
闻报》同事浩然所写。而接下来排在头篇的文章就是周振甫的《释
伉俪》一文。我估摸此文是命题作文，但周振甫写得很认真、很
到位。编者说它"是一篇略带些考据性的文字，作者搜集关于伉
俪一词的含义和演变迹象，同时附带说明本刊的性质和立场"①。周
振甫从孔夫子说到司马迁，在引经据典基础上阐发了自己的现代
"伉俪观"：

> 伉俪的意义虽同于夫妇，可是伉俪比夫妇更为正确些；因
> 为夫的本义是指男子，妇的本义是指女子服役在做洒扫等工
> 作，没有配偶的意义包括在内，更没有包含平等的意义。可是
> 伉俪就不同了，既有匹配的意义，又有平等的意义，伉俪犹言
> 对等匹敌的配偶，在现在一夫一妻的婚姻制度以及夫妻地位绝
> 对平等的社会里，伉俪的含义，实在最为正确，合于雅正的
> 标准。②

主张男女平等，夫妻间互相尊重，和而不同等等，彰显出周振甫
文明、进步的性别观念和婚姻观念。他在月刊上发表的其他多篇关涉
恋爱、女子再嫁、父子关系、儿童教育等方面的文章，无不体现出现

---

① 《编后散记》，《伉俪月刊》1946 年第 1 期（创刊号）。
② 周振甫：《释伉俪》，《伉俪月刊》1946 年第 1 期（创刊号）。

代性，通达、理性，毫无封建时代的陈腐之气。

这或许算是周振甫漫长编辑生涯和写作生涯中的一段小插曲，但它确实很有意义，不应被人遗忘。这样的个案，其实对于深化中国现代出版生活史研究也极具参考价值。

### （五）"开明人"的归属

1949 年 10 月 1 日，中华人民共和国成立。中央人民政府政务院下设出版总署，到 10 月 19 日中央人民政府正式任命胡愈之为出版总署署长，副署长则是周建人和叶圣陶。新中国确立了以新华书店为基础的国营发行体制，实现了出版、印刷、发行的专业化分工，中国的出版业蜕故孳新，走向了一个新时代。虽然新组建的出版总署几位高层领导，与周振甫有过或直接或间接的联系，尤其是叶圣陶先生还是很熟悉亲近的人，但向无政治抱负、始终潜心编辑业务和文史著述的周振甫，对这些人事上的事情似乎并不关注。

开明书店也经历了新生，从上海迁往北京，以公私合作的形式继续存在，日常工作由王伯祥、顾均正、唐锡光三人主持。1951 年，出版总署建议开明书店与隶属于团中央的青年出版社（1950 年 1 月成立）合并为中国青年出版社。随后经过一年多紧锣密鼓的磋商和筹备，1953 年两家正式联合组建成中国青年出版社。

我们很容易想当然地以为，新生的青年出版社傍上了老牌的开明书店这个"大款"。事实与此有较大出入。青年出版社有点像翻身得解放的贫下中农，日子蒸蒸日上，前途一片光明；开明书店则有点像破落的大户人家，过去的主要经济支柱——教材出版受限，经营每况愈下，企业日渐衰败，内部矛盾凸显，几乎难以为继。对此，邱雪松有过深入的考证："开明书店自上海搬迁到北京后，1950 年 11 月与青年出版社有了正式接触，12 月开始商讨合作。此时两社仅是业务往来，并无过深联系。不过出版总署方面曾私下谋划开明书店与青年出版社的合并事宜。"时任团中央出版委员会秘书的王业康许多年后在回忆文章中说起事情的来龙去脉：提出两家合并优势互补的是胡愈之署长，时任出版总署出版司副司长、原开明书店董事会代表傅彬然一再表示开明的人迫切要求合营。合并之事到了团中央高层，蒋南翔、杨述表示赞同，管钱的荣高棠则有顾虑。"正如王业康的回忆，最初对出版总署的提议，青年出版社方面并不热心。虽然青年出版社 1950 年 1 月 1 日才挂牌成立，但它由团中央出版委员会直接领导，此时所出书籍深受新社会青年读者欢迎。开明书店则包袱沉重，所以出版总署的建议被青年出版社婉拒。不久中宣部副部长胡乔木获悉此事，开明书店与青年出版社合并的计划出现了转机。"① 到了具体合并的时候，开明方面青年人欢欣鼓舞，老职工特别是股东则内心忐忑，还是胡愈之亲自出马做了工作才顺利推进了这项工作的进程。

黄伊是当年团中央出版委员会的工作人员，作为刚刚参加工作不久的年轻大学毕业生，他则有这样的记忆：

> 1951 年 5 月，我离开了广州中山大学文学院，来到了北京，分配在青年团中央出版委员会工作。出版委员会是青年出版社的

---

① 邱雪松：《大势与人事：1949 年后的开明书店》，《中国现代文学研究丛刊》2018 年第 4 期。

领导机关。出版社那时没有编辑部，我们出版委员会编审部编好的稿子，用青年出版社的名义出版。后来出版委员会的建制取消，编审部便成了青年出版社的编辑部。1952年，根据当时中宣部副部长胡乔木同志的建议，青年出版社与开明书店合并，组成了中国青年出版社。①

两家出版机构正式合并应该是1953年4月。亲历者王业康回忆说："成立的当天晚上，在位于北京东长安街中国青年艺术剧院三楼的'青年宫'举行了庆祝大会。那天晚上大家都很高兴，庆祝会也热闹非凡。这也是新中国成立后出版系统第一家公私合营的企业。'开明'的一些同志都说，他们有了'光明的归属'。"②中国现代出版史上赫赫有名的开明书店变成了中国青年出版社的一部分。重新整合组建的中国青年出版社起初还是股份有限公司性质，常务董事是胡耀邦（同时兼任董事长）、邵力子、刘导生。胡耀邦时任团中央书记。16位董事中包括开明老人章锡琛、章锡珊兄弟和王伯祥。中国青年出版社首任社长由团中央书记处候补书记杨述兼任，团中央常委、宣传部长朱语今调任出版社党组书记、副社长，党组副书记、副社长兼总编辑为李庚。周振甫在开明时期的同事和师友顾均正担任副社长兼副总编辑，王伯祥任秘书长。顺便一提的是李庚总编辑，1957年被错划为右派，蹉跎岁月，坎坎坷坷，直到1979年才平反。复出后担任全国文联书记处书记，此后又创建了中国文联出版公司，是一个值得纪

---

① 黄伊：《筚路蓝缕　创业维艰——中国青年出版社早期文学读物出版活动的回忆》，《编辑之友》1986年第4期。

② 王业康：《往事漫忆——中国青年出版社创立前后》，《出版史料》2010年第1期。

念的出版人。① 关于新成立的中国青年出版社的人事安排，王业康曾回忆说：

> 在书记处讨论合营后的人事安排上，顾均正先生担任副社长兼副总编辑，秘书长由开明书店的王伯祥先生担任（当时曾内定为丁立准同志）。这样的安排，有人有意见，反映到了书记处后，胡耀邦同志说，我还曾考虑过由顾均正先生来担任总编辑呢！南翔同志说，王伯祥先生是国内有名的古文献和目录学家，为什么不可以？耀邦同志还说，具体工作我们党员领导同志多做一些嘛，这是个大局的问题！ 1952年耀邦同志调来团中央后，经常关心我们的工作，曾多次对我们表示：我就是尊重那些有知识、有学问、有业务经验、正派的、踏踏实实、勤勤恳恳一辈子干事业的人。我们应该重视这样的人，就是要团结更多人来搞社会主义。要注意教育出版社的党员和团的干部，不能因为开明书店过去是私营企业，就把他们看做是"私方人员"，去片面强调"改造"。②

胡耀邦等老一辈无产阶级革命家的胸怀与境界于此可见一斑。他们开明、正直、包容、大气，是尊重人才、尊重知识的楷模。

从1933年到1953年，整整20个春秋的编校生涯随着开明的落幕而更新，周振甫和开明书店一起进入了新时代，有了一个"光明的归属"，迈入了中国青年出版社时期。可惜的是《周振甫年谱》中，

---

① 参见黄伊：《闪闪的群星》，大众文艺出版社1998年版，第202—206页。
② 王业康：《往事漫忆——中国青年出版社创立前后》，《出版史料》2010年第1期。

他本人没有给"1953年"留下任何文字。一向默默工作、辛勤耕耘的周振甫，这一年中一面认真编辑《语文学习》杂志，一面坚持读书写作。全年在《语文学习》月刊发表文章11篇，几乎是每期一篇。而这一年，周振甫43岁，人生步入盛年，也正是干事业的大好年华。

周振甫（1911—2000）

少年时期的周振甫（左一）

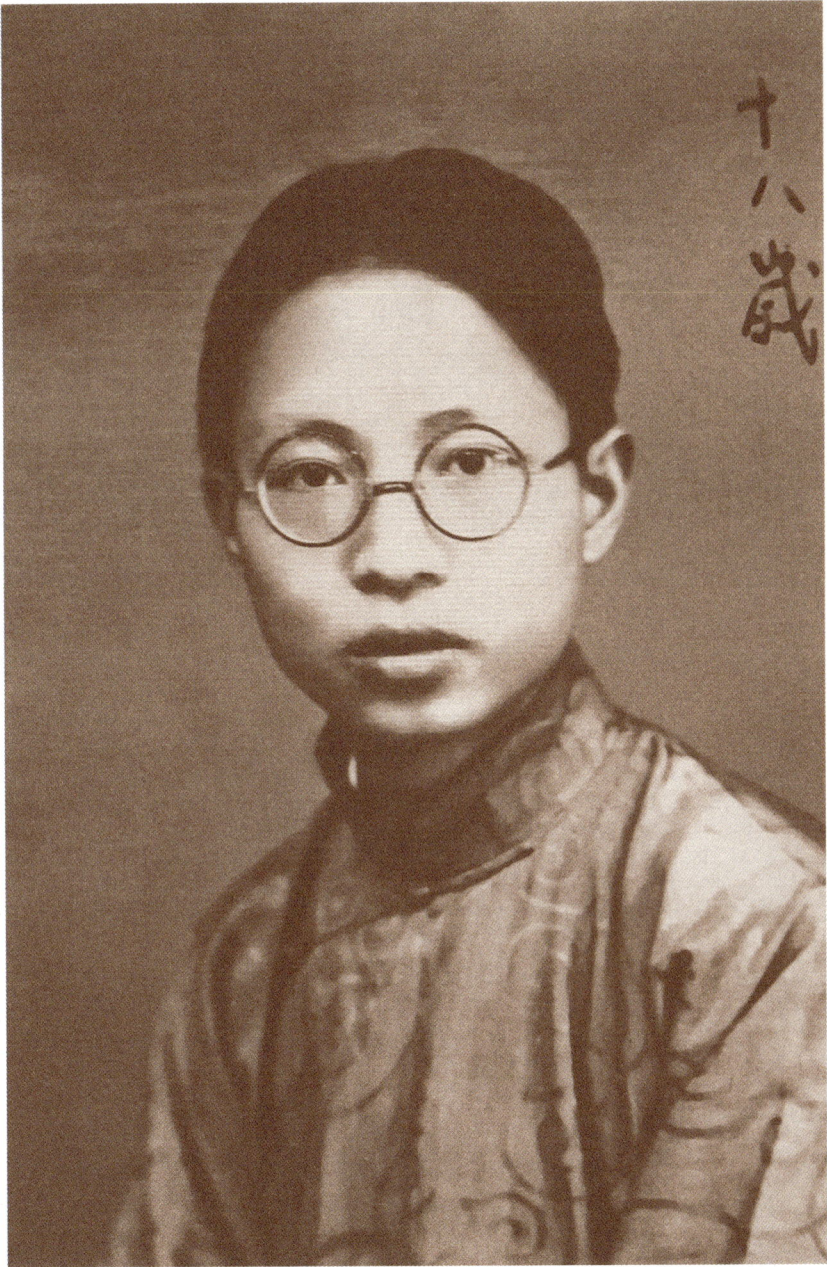

十八岁

18 岁中学毕业的周振甫

民國廿七年四月無錫國專旅滬同學會同旅國無四四國成立會攝大景攝會立成學滬專錫月年七民紀念景

1935年，无锡国专旅沪同学会合影，前排右一为周振甫

开明书店全体同人合影，第二排左四为周振甫

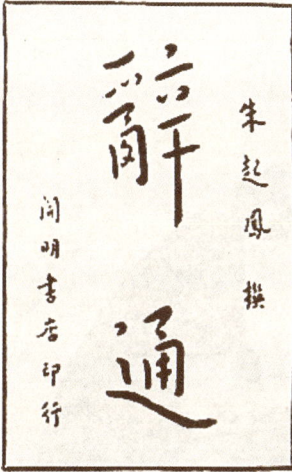

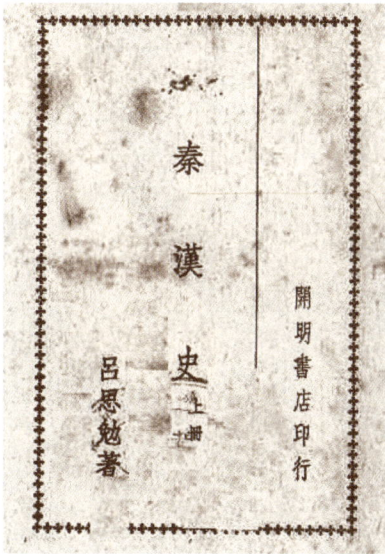

周振甫在开明书店时期
编辑校对的部分书籍

1952 年，初到北京的周振甫

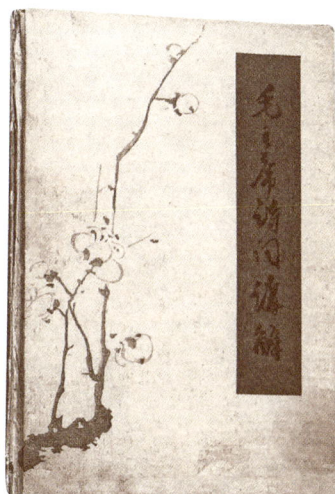

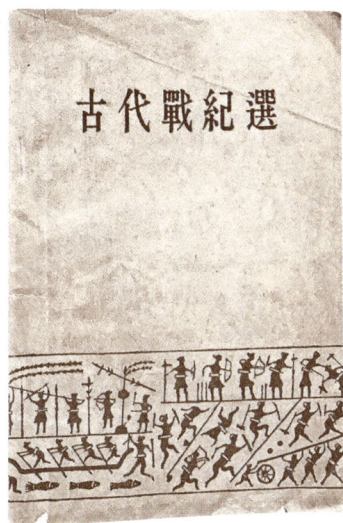

周振甫在中国青年出版社时期的部分著述

干校生活：放牛（右为周振甫）

第三章

# 中国青年出版社岁月

　　1953 年春暖花开的时候，中国青年出版社也迎来了属于自己的大好春天。在团中央直接领导下，"两社联合以后原开明书店的老编辑、老出版和各大区青年出版社的一些同志，都加入到中国青年出版社的队伍中来，编辑出版力量大大加强，中青社成为一家出书门类比较齐全的全国性的青年读物出版社。出书品种迅速增长。1956 年出版新书 447 种，重版书 178 种，总印数达 4455 多万册。除继续出版思想修养、青年工作读物之外，还出版社会科学、文学艺术和自然科学读物"。其中，"科普读物是增长最快的一类"，"哲学社会科学方面，也出版了一些有影响的著作"，"文学读物更是题材广泛，品种繁多"。"这一时期中青社工作的发展不仅表现在出书上，还表现在刊物上。先后出版了《中国青年》、《世界青年》、《新体育》、《中学生》、《语文学习》、《地理知识》、《文艺学习》、《辅导员》、《旅行家》、《农村青年》等 10 种刊物。"显而易见，"到本世纪 50 年代中期，中青社出版的读物已达到相当繁荣的程度"①。而周振甫在中国青年出版社的编辑岗位起初就是办杂志。

历史翻篇，万象更新，周振甫一家生活也发生了很大变化。妻子张韫玉在"妇女解放"的大氛围下一度走出家庭，在上海一家合作社工作，吃苦耐劳的她按劳取酬，为家里带来了额外收入。而当了 20 年校对和编辑的周振甫，也遇到了新的职业选择机会。曾经的开明同事郭绍虞力邀他去复旦大学中文系任教，并允诺讲师职位。已随开明书店北上的周振甫考虑到家庭因素，又想到自己满口吴语乡音，不适合在北方执教，遂决定离京返沪，接受复旦教席。顾均正、王伯祥等留守的开明老同事，李庚、朱语今等新任的中国青年出版社领导，还有《语文学习》杂志主编张志公，深知周振甫的学识、才华和人品，都持坚决挽留的态度，并由团中央出面协调，安排他妻子张韫玉入出版社总务科工作，解决了后顾之忧。于是，周振甫留了下来，安心地在中国青年出版社期刊编辑岗位上辛勤耕耘、倾情奉献。

在中国青年出版社重新团聚的周振甫一家，过上了之前动荡年代没有过的平稳日子。一家人住在出版社分配的位于东西小油房胡同的平房，虽说不上奢华，但足够一家老小居住。妻子张韫玉工作之余，继续承担相夫教女、打理家务的责任，膝下有转到北京上学的小女

① 阙道隆：《为培养"四有"新人服务——中国青年出版社的四十年》，载中国出版工作者协会、中国出版科学研究所编：《中国出版年鉴》（1990—1991 年），中国书籍出版社1993 年版。

儿，家里还来了一只小白猫。他们过上了安然平静的生活，全然不觉窗外涌动起的政治风云。

# 一、《羽林郎》的争论

"1948年底，主持开明书店编辑部和《中学生》杂志的叶圣陶与傅彬然，应中共中央之邀，将秘密离开上海，转道香港到华北解放区去参加新政协召开。吕叔湘和张明养被分别聘到开明来接替叶、傅二人的工作。吕叔湘当了开明编辑部主任，张明养担任《中学生》主编。这两位原是开明的老作者，又都学有所长，叶、傅二位当然放心而去。"[①] 吕叔湘正因有这段经历，被称为开明"最后的一任总编辑"。当然，在"开明"与"青年"合并前，他就应聘到其他地方，告别了出版社。也正因为吕叔湘的专业特长和职业敏锐，才有了周振甫与《语文学习》杂志的一段缘分。该刊创刊号标注时间为1951年10月，封面上的出版单位标明为开明书店。

张明养也算经验丰富、学识渊博的老期刊人，他曾在商务编辑《东方杂志》，主编《学生杂志》，后来又参与生活书店《世界知识》的编务工作。由他来主编《中学生》也是合适人选。他当时与周予同一起在复旦大学任教，而周予同还同时在开明兼职，是周予同介绍张明养来开明兼职办刊的。"1949年10月，中华人民共和国宣告成立，叶老在北京出版的《进步青年》和上海出版的《中学生》合并起来，

---

①　王久安:《我与开明　我与中青》，中国青年出版社2012年版，第111页。

仍在上海出版。用《进步青年》之名，不过在刊名之下加'原名《中学生》'五字，杂志编辑委员会代表人印着张明养的名字。"①

1950 年底，从香港返回祖国大陆的张志公经老师吕叔湘推荐进入了开明书店担任编辑。刚成立的新中国百废待兴，其中也包括语言文字，规范、统一的语言使用环境对于一个初生的人民共和国的安定和有序有着积极的作用。正确地使用文字不但是人民群众生活所必需，而且具有重大的政治意义。《人民日报》发表社论，号召全国人民正确使用祖国语言，为语言的纯洁和健康而斗争。说起这篇社论，也还多亏叶圣陶。"事因出于叶圣陶先生看了一篇报纸记者关于节日大游行的报导，从用词、语法到逻辑，错误百出，引起叶老的重视，随即写了一篇批评文章，《人民日报》为此发表社论。"② 开明书店认为这是一个商机，更是一种责任，一方面抓紧出版吕叔湘、朱德熙合撰的关于语法修辞的图书，另一方面决定创办《语文学习》杂志，并由年轻有为的张志公任主编。

张志公（1918—1997），当代著名语言学家、语文教育家、编辑出版家，20 世纪 40 年代曾在金陵大学、海南大学、华侨大学等多所大学任教。1950 年 10 月，他应邀由香港赴北京任开明书店编辑，分管外语、汉语读物的编写工作，次年负责编辑《语文学习》月刊。开明书店与青年出版社合并为中国青年出版社后，张志公继续主编《语文学习》，仍然主持外语和汉语读物的编辑工作。在编刊过程中，他自己编写了两本著作，一本是《语法概要》，另一本是《修辞概要》。

---

① 戴文葆：《集专家教授编辑于一身——张明养编辑生涯述略》，载戴文葆、张之一编：《张明养同志纪念集》，开明出版社 1993 年版，第 108—109 页。

② 王久安：《我与开明 我与中青》，中国青年出版社 2012 年版，第 112 页。

后来，《语文学习》转到人民教育出版社编辑出版，张志公仍然是主编。张志公以后担任了人民教育出版社副总编辑、国家教委课程教材研究所学术委员会主任等。

张志公原先虽没编过刊物，但对办《语文学习》心中有数，他知道组建专业高效的编辑班子是关键。他把周振甫、叶至善等经验丰富的同事都拉了进来，"每天中午拉两三位同事，去到南小街口上的小酒铺喝酒……大家靠着酒缸盖，借着酒兴，你一言我一语，几个中午下来，《语文学习》的编辑方针就有了；该设哪个讲座，该辟哪个专栏，都有了眉目"①。张志公与叶至善是同年，比周振甫小六七岁，他们几人或位高，或年长，但彼此相互尊重，密切配合，刊物起步很好，大家工作十分愉快。这个时期，刊物还有刘诗圣、钱琴珠等几个助编，也都很得力。

《语文学习》的定位不是学术杂志，而是重在解决一些语言文字的实用问题，正如发刊词上所言，"为了学习正确的使用语文，在语法、逻辑、修辞、写作、标点符号各方面，我们将经常的提供一些资料。为了学习作家们的思想和语文技术，我们将介绍一些好的作品作为范例"②。同时为了加强与读者的联系，杂志还开辟了一些专栏，如《问题解答》、《读者习作》、《建议》等。由于《语文学习》杂志内容实在，生动活泼，办得对人胃口，接地气，创刊号初印就达到了10万册，可谓初战告捷。

周振甫在《语文学习》最初主持"文章保健院"专栏，主要是针对文章写作中容易出现的错误或不足之处提出修改、提高的对策，就

① 叶至善：《大酒缸》，《民主》1998 年第 1 期。
② 《发刊词》，《语文学习》1951 年第 1 期（创刊号）。

像医生体检一样，发现毛病解决问题。后来，主编张志公根据周振甫古典文史的研究特长，安排他长期负责"阅读指导"专栏。在这段时间内，周振甫以"卞慧"为笔名，发表了不少关于修辞和中学语文课文的赏析文章，既有《左传·曹刿论战》、《墨子·公输》等古文经典，又有周立波《郭全海参军》、秦兆阳《王永淮》、马烽《结婚》、丁玲《十万火炬》、李准《不能走那条路》等现代范文，还包括对屈原、辛弃疾等大家妙手文章的介绍，甚至外国的卡西尔《缺席者的故事》、伊林《谈谈科学》等也都有所涉及，更多的则是有关阅读和写作基础知识、基本技能的介绍。据不完全统计，从 1951 年到 1960 年的 10 年间，周振甫除了独立撰写和与人合作出版《怎样使用标点符号》、《标点符号用法例解》、《通俗修辞讲话》、《怎样阅读》、《习作评改》等语文知识性读物以外，还在《语文学习》月刊陆续发表了 40 多篇文章。杂志既是他重要的编辑工作平台，也是他写作和发表文章的重要园地。编辑与创作的结合，工作与研究的结合，在周振甫那里是相互促进、相得益彰的。

《语文学习》杂志的宗旨是以读者为本位，立足于编辑和读者一起办刊，主张一起学习、一起讨论来改进语文教学、促进语言文字的传播。这种编辑方针落实到办刊实践上就是编辑与读者之间的联系非常紧密，杂志上很大的篇幅用来刊登"编读往来"、"通信建议"、"问题解答"等互动内容。杂志在运作上对读者的倚靠，迎合了新中国成立初期全民学习祖国语言文字的高涨热情，发行量节节攀升。在这样的环境中，任何存在瑕疵或争议的文章的发表，都会引起巨石投水般的强烈反响，形成大讨论、大争辩的局面。周振甫一篇文章就曾引起了一场意料之外的大争论。

在 1954 年第 7 期的《语文学习》上，周振甫针对当时高中课本第五册中的一首诗歌《羽林郎》作了解读和赏析，分析了其中的人物形象和艺术特色。《羽林郎》为东汉辛延年根据民歌改编而成，主题是胡姬拒绝霍光家奴利诱，反抗强暴。后人徐陵将它选入《玉台新咏》，传播益广。周振甫对这首诗歌逐句作了诠释，对后来引起众人争议的两句"贻我青铜镜，结我红罗裾。不惜红罗裂，何论轻贱躯"，他是这样解读的：

> "结我红罗裾"是承上句"贻我青铜镜"来的，即"贻我红罗裾，结我红罗裾"的意思。古乐府里原有这种结构，如《木兰辞》"开我东阁门，坐我西阁床"，下句承接上句，即"开我西阁门，坐我西阁床"……红罗裾是豪奴送的，自然要胡姬穿上，要替她结上带子。……豪奴要是再进一步，就要以死抗拒了，即"不惜红罗裂，何论轻贱躯"。这里得说说"不惜……何论"的结构。古代类似这样说法的句子，如《史记·项羽本纪》里樊哙说"臣死不足惧，卮酒安足辞"，古代"安""何"通用，也是并举两事来比较，不过后者有个动词"辞"。这又可见在这样结构里，或者后者自己有个动词，或者即归前者的动词管着。这里后者只有"轻贱躯"三字，没有动词，应该承接前者的"裂"字。"红罗裂"指牺牲红罗，"轻贱躯"承接"红罗裂"而来，应该指不惜牺牲生命。即如进一步相逼，不惜牺牲红罗，更不惜牺牲生命，使豪奴一无所得，以抵抗他的抢掠或侮辱。[1]

---

[1] 卞慧：《辛延年：羽林郎》，《语文学习》1954 年第 7 期。

这篇文章刊登后，编辑部收到了很多读者的来信和来稿，虽然大都同意周振甫对《羽林郎》的解读，但对其中的几处解释，主要是"贻我青铜镜，结我红罗裾。不惜红罗裂，何论轻贱躯"表达了不同意见，各人的解释又都各执一词，差异很大。有的认为"结"字应做"赠"字解，上下句中"贻"、"结"是同一个意思；有的指出"结我红罗裾"解释为"冯子都替胡姬结红罗裾的带子"很牵强，"结"是"缔结"、"结好"的意思，该句解做"赠我红罗裾"才顺当；有的强调将"不惜红罗裂，何论轻贱躯"当成是胡姬的拼命语是毫无道理的，应该是胡姬对豪奴进一步相逼的婉谢；有的则根据本地风俗，认为豪奴是将青铜镜挂在胡姬的红罗裾上面。还有读者引经据典，验证了"结"应解释为"拉拉扯扯"，"裂"的不是身上穿的"裙裾"，而是冯子都赠送的一匹完整的绸锦。此外还有读者针对"连理带"、"合欢襦"以及作者辛延年提供了大量的补充材料。

鉴于《羽林郎》是中学教材上的文章，分歧如此之大会引起教师教学和学生理解上的混乱，《语文学习》编辑部决定对此问题表明自己的态度，同时针对读者的反应邀请俞平伯和周振甫分别撰写了回应文章，对读者的意见或看法一一作了解答和澄清。于是在当年的第10期刊物上，以集纳的专题形式呈现了这场"羽林郎"引发的争论。

俞平伯的文章从篇章大义和语法训诂两个方面进一步延伸扩充了自己三年前在《人民日报》刊登的《说汉乐府诗〈羽林郎〉》中的观点。首先在反抗强暴的篇章主旨上，所有人的意见都是一致的，没有异议，但他认为"以全诗来看，利诱的成分大于威胁，并不会到拉拉扯扯一死相拼的地步，这是很明显的"。其次是语法和训诂要结合起来，"不惜红罗裂"两句可使用增字方法解为"君不惜红罗裂，妾何论轻贱躯"，另外的"结"和"裂"两字则不可硬套增字法，而应结合篇章上下文语境和语法训诂灵活变通地解释。

周振甫则针对读者的质疑，按照他一贯稳重的做法，先多方查找资料以论证真伪。关于镜子结到裙裾的风俗，"曾查过图书集成里的镜部的记事，没有找到这样的记载"。将"轻贱躯"的"轻"字解释为"轻薄"或"轻视"，"我们也没有找到'轻'作'轻薄'的解释"。① 在翻阅大量资料的基础上，周振甫在文中对"结我红罗裙"三句的三种解释逐一进行分析，指出这三种解释都存在合理性，也都存在困难和不通之处。同时他认为对于这类存在争议的解释，正确的态度是先不定对错，而是作进一步的研究，得出合理圆满的解释。

其实，《语文学习》编辑部推出这个专题的目的，重点并不在为《羽林郎》中个别字句的解读盖棺论定，而是重在引导广大读者学会正确对待古典文献中字词句的解释。这个目的在"编者按"里体现得很明显，"经过这番讨论，尽管对这两处的解释还提不出一个最后的、大家一致满意的结论，但问题的性质可以看得更清楚了，看清问题的性质是解决问题的第一步。"这段话表明了刊物的态度，即"我们同意卞慧同志说的'每一位的意见都是可尊重的'这句话。我们也同意他在这篇文章里所持的慎重保留的态度"，并对实际教学提出了指导意见，"我们认为教文学作品，特别是古典文学作品，主要的是让同学们领会作品的主题思想和主要内容，讨论个别词句的解释也是重要的，但不宜胶着在这上面。对于解释有分歧的词句，教师尽可以选择自己认为比较妥当的解释来讲解。"② 俞平伯和周振甫的文章的核心意

---

① 卞慧：《关于〈羽林郎〉的解释》，《语文学习》1954 年第 10 期。

② 《语文学习》编辑部：《关于乐府诗〈羽林郎〉的讨论》，《语文学习》1954 年第 10 期。

见也都在于此。俞文对于应该怎样对待古典文学中的词句解释问题，强调"我只有一句老生常谈：虚心学习。此外更无别的妙法"。虚心应包含"不能有成见"，"比较研究虽然很有用，但类推的方法用来也必须郑重"，在训诂时应注意材料的时间跨度，做到"通会全文"，"必须精确，不能望文生义"，提醒读者在读古书时要防止"过于求深，好为立异"，不要穿凿附会，这样"反而妨碍了正确的理解"。[①] 周振甫坦率地承认了自己的解释存在不妥当之处，表示"每位读者在指出了我的解释不恰当外，还提出了他自己的解释。我觉得，这样讨论是有益处的，因为可以集思广益，共同来解决古典作品中的疑难问题"，并再三申明，对待古典作品词语解释应有的态度是认真，不能性急，"认真的对待作品中的一词一句，不马虎，不苟且"，"对于没有十分把握的东西持保留的态度，不轻下断语"。和俞平伯一样，周振甫也谈到了虚心的好处，"虚心，使我们看得广，想得周到，也使我们能够很好的考虑别人的意见里的可取的或是启发性的部分"。[②]

尽管周振甫和《语文学习》编辑部的同事们将关于《羽林郎》的争论尽量控制在学术讨论的范围内，减少政治性、人民性、斗争性等意识形态话语的出现，但这场争论却无可避免地溢出了学术范畴。紧接着出现的关于《羽林郎》的解读文字中火药味越来越浓，俞平伯对《羽林郎》的解读文章成为了被批判的对象。[③] 幸运的是，周振甫并未牵连其中。

---

① 俞平伯：《再说乐府诗〈羽林郎〉》，《语文学习》1954 年第 10 期。

② 卞慧：《关于〈羽林郎〉的解释》，《语文学习》1954 年第 10 期。

③ 后续的文章主要包括：葛楚英《对于"再说乐府诗〈羽林郎〉的意见"》、柳虞慧《〈羽林郎〉解释中的资产阶级唯心论的"训诂"》（《语文学习》1954 年第 12 期），萧涤非《评俞平伯在汉乐府〈羽林郎〉解说中的错误立场》（《文史哲》1955 年第 3 期）等。

　　在《语文学习》杂志，周振甫很好地发挥了他"两支笔"的作用，既是认真负责的编辑，又是勤奋高产的作者。但无论编刊物，还是写文章，总难免有闪失。一旦出现纰漏，周振甫总是配合主编张志公妥善处理，从善如流。这从他们对一篇文章的处理可以看出来。《语文学习》1954 年第 10 期上刊登了短文《应该严肃地对待编辑工作》，这其实是一封读者来信，文中写道：

　　　　《语文学习》一九五四年一月号登载的《细节的描写》，里面讲张飞的粗中有细那一段有错误。那段里说："他先把桥拆掉，想以此来阻拦曹操兵马前进；人家几十万兵马，岂是拆掉一座桥阻得住的么？这里表现出他的粗。过后折柳枝缚在马尾上往来驰骋，故设玄虚，引起曹操疑惑，又表现出他的细。两下结合起来，便给人以粗中有细的印象。"想以此让读者认识"张飞是个勇猛而又不是毫无计算的人。"

　　　　这样说是跟三国演义不符合的。三国演义里先说张飞斫下树枝拴在马尾上，在树林内往来驰骋，冲起尘土，以为疑兵；后说曹操兵退了张飞把桥拆掉。即设为疑兵在前，拆桥在后。那篇文章里把它说颠倒了。……

　　　　造成上述的错误，固然由于作者的疏忽，但编辑工作的粗枝大叶，没有查对原书，又没有通过内容来分析作者的论点，是造成错误的主要原因。希望编辑部应该以更严肃的态度来进行工作。①

---

　　①　罗树华：《应该严肃地对待编辑工作》，《语文学习》1954 年第 10 期。

来信批评的那篇《细节的描写》，当时正好与周振甫所撰《作品的细节》排在一起，组成栏目。面对读者的批评，张志公、周振甫和编辑部诚恳接受，不仅原封不动刊载了来信，还在文后加了一则《编者按》，写道："罗同志给本刊指出《细节的描写》中的错误，并勉励本刊应该更严肃地对待编辑工作，意见非常宝贵。这里对罗同志表示深切的感谢，并把他的意见刊出代替更正。"这样的坦诚相见，虚怀若谷，对杂志质量的保证、信誉的提升无疑是很重要的。

随着《语文学习》杂志在 1955 年被划归人民教育出版社，周振甫的工作岗位转到了中国青年出版社的文学编辑室，即俗称的第二编辑室，从杂志编辑再次回归到熟悉的图书编辑队伍里来了。

关于《语文学习》划转到人民教育出版社之事，当时主持人教社工作的叶圣陶先生在 1955 年日记中有所反映，兹摘录几段：

一月十八日，星期二

……中间戴、辛、吴三位来，谓拟再与中国青年出版社方面谈接办《语文学习》事。

二月四日，星期五

下午两点，李庚、均正、灿然来，与我社同人会谈《语文学习》转移问题。谈两小时，转移之事至此定局。然编辑人员缺乏（志公须编语法课本，泗原身体不好须休养），社中同志无可为替人，欲此刊维持原有水平，亦甚非易也。

二月六日，星期日

……午后，郑缤来。继而志公来，谈《语文学习》编辑方面事，谓我社既接收过来，宜加快筹划，人力、计划，皆当早作安排。志公谈一时许而去。

二月十二日，星期六

……回家午饭，饭后至部。两点半，伯箫、毕来、王微、志公来余室共谈，讨论如何接办《语文学习》。说来说去，总是人力不够最成问题。诸人心目中有少数人可致，然远水不救近火，在转移过来之初，志公还将多费力于杂志。暂定由志公为主编，王微副之。具体办法，请二位于日内细商。共往看二龙路房子，将作杂志社编辑所用。

二月十八日，星期五

……下午三点，开会欢迎《语文学习》社转来我社之同志，顺便座谈此志今后之做法。至六点散。随即晚餐，凡三席，谈笑甚适。七点半归。

四月十六日，星期六

晨间伯箫、毕来、志公、王微四位来余室，谈《语文学习》之方针问题。大致谓此志旨在帮助中学语文教师，但亦不抛弃一般读者。今后就文学与语法方面多登有关基本知识之文章，教师固相需，一般读者亦复有用。外则酌登有关语文教学之文章。次复谈我社有关语文各编辑室之联系问题，谓此殊重要，须专门商谈一次。殊复结增加人力，总之须设法物色适用之人才。①

经过几个月的联络协商,《语文学习》就正式从中国青年出版社"嫁"到了人民教育出版社,而周振甫则由刊物的编辑,一变而为刊物的作者了。这一年第 10 期上刊登有周振甫的短文,而接下来的三年(1956 年到 1958 年)中,他在《语文学习》发表了 11 篇文章,算是标准的核心作者吧。

## 二、"跑龙套"的老夫子

为人诚朴谦逊,工作敬业勤勉,学问厚实精深,又在编辑岗位历练了二十多年,按理说,这样的优秀人才无论到哪里都应是顶梁柱。但事实上,周振甫在第二编辑室即文学编辑室,乃至在整个中国青年出版社,他都算不上挑大梁、唱主角的人物。这与 20 世纪 50 年代和 60 年代前期中国青年出版社的办社方针与出书特色有很大关系,也与整个时代的大背景息息相关,还直接受到上级管理部门相关政策的制约。1959 年 9 月 5 日,文化部党组在《关于进一步明确出版社的分工,加强协作和调整若干出版社的方针任务给中央宣传部的报告》中,对中国青年出版社有如下明确要求:

中国青年出版社的任务是出版有关青年团工作的书籍以及适

① 叶永和、蒋燕燕整理:《叶圣陶未刊日记(1955 年)》,《出版史料》2011 年第 2 期,2012 年第 1 期、第 2 期、第 3 期,2013 年第 1 期连载。

合广大青年需要的各种读物，包括：关于青年团和青年工作方面的书籍；关于青年修养和马列主义基础知识的读物；以青年为对象的知识性读物；革命回忆录和人物传记；适合广大青年兴趣和水平的文学创作和翻译，以及中外名著选本和改写本。①

从新中国成立到 1966 年，俗称"十七年"。这是中国青年出版社创业时期，出版了一批高扬革命理想主义、英雄主义的文学作品。这些作品塑造的英雄形象，感动了一代又一代的青少年，成为他们人生的路标。这些文学名著被誉为"影响三代青年的红色经典"，长篇小说最有代表性的是所谓"三红一创"，即《红岩》、《红日》、《红旗谱》、《创业史》。另外，《烈火金钢》、《钢铁是怎样炼成的》、《暴风雨所诞生的》、《牛虻》等原创文学作品和翻译作品也都有巨大影响。其他如特写《绞刑架下的报告》、纪实文学《卓娅和舒拉的故事》等，也是传播久远的一代"经典"。"保尔"、"江姐"、"牛虻"、"卓娅"等人物的崇高思想境界给广大读者以启示和激励。这些书一版再版，《红岩》先后印行五六十次，发行上千万册。1963 年还出版了新中国第一部长篇历史小说《李自成》，此书出版后得到毛泽东的肯定。中国青年出版社"老发行"王久安对 20 世纪 50 年代的俄苏文学发行及影响有过如下论述：

据初步统计，中国青年出版社从 1952 年到 1960 年，不到十年功夫，先后出版了 120 部俄苏文学作品，总发行量超过一千万册，仅《卓娅和舒拉的故事》就印行 40 次，总印数为 224 万册，

---

① 中国出版科学研究所、中央档案馆编：《中华人民共和国出版史料》(10)，中国书籍出版社 2005 年版，第 161 页。

《牛虻》为 208 万册，《海鸥》为 87 万册，《拖拉机站站长和总农艺师》为 105 万册，《勇敢》为 20 万册。这些优秀作品的大量出版，对当时我国青年影响极大。①

这一时期，中国青年出版社另一重要选题板块是思想教育读物。这些图书以提倡共产主义人生观、为人民服务的奉献精神和辩证唯物的科学思想方法为特征。思想修养读物代表名作有《平凡的真理》、《人的一生应当怎样度过》、《青年修养通讯》、《青年修养十二讲》，单本书发行都在两百万册以上。英模故事有《毛主席的好战士——雷锋的故事》、《青年英雄故事》、《焦裕禄在兰考》、《伟大的国际主义战士——白求恩》等。革命回忆录与烈士诗文有"红旗飘飘丛书"、《革命烈士诗抄》、《革命烈士书信选》、《在烈火中永生》、《王若飞在狱中》等，影响也都非常大。在各科知识读物中有科普名作《伊林著作选》、《别莱利曼趣味系列》等，并开始翻译世界科幻之父凡尔纳的作品。2010 年 1 月，中国青年出版社举行建社 60 周年庆祝活动，时任国家新闻出版总署署长的柳斌杰到会并讲话，他在讲话中高度肯定的也是上述三类图书——优秀文学作品、励志图书和知识读物。这里的"知识读物"主要也还不是指中国传统文史哲方面的普及性读物。

正所谓一个时代有一个时代之出版。在新中国成立后的"十七年"，与社会主义建设高潮相伴随的，还有一个又一个政治运动，传统的文史经典往往被作为"封资修"中"封建"的东西加以批判，作为"四旧"加以扫除。长于中国古代文史，自己还喜欢写点旧体诗词

---

① 王久安：《红色经典影响了中国几代青年?》，《中国图书商报》2006 年 9 月 5 日。

的周振甫，并不能很好地与时俱进，成为时代的弄潮儿和出版业的中流砥柱。

20 世纪 50 年代，中国青年出版社文学编辑室人数最多时有中外文编辑 20 人，在全社五个编辑室中人数最多、规模最大。文学编辑室的人员主要由原来青年出版社的编辑组成，多是刚大学毕业或团中央系统抽调来的年轻人，章学新 26 岁，黄伊 26 岁，王久安 26 岁，李裕康 23 岁，林君雄 22 岁，都是风华正茂的小伙子。周振甫进入编辑室时 44 岁，比这些年轻后生年长了近 20 岁，研究的又是文史，资望较高，加之长年一身灰色素净的中山装，平时也不苟言笑，神态老成安详，编辑室有些同事私底下就称他为"老夫子"。当有人告诉他这个特殊的称呼时，周振甫并不以为忤，一笑了之。

黄伊刚大学毕业没多久，性格开朗，有着年轻人爱玩喜闹的天性。他听说周振甫博览群书，满腹经纶，还曾担任过钱锺书名著《谈艺录》的编校，于是想证实传言是否真实，探测一下周先生学问的深浅。他想了个鬼点子，故意找了一首深奥晦涩的古诗，自己先查阅了《辞海》、《辞源》等工具书，又看了有关注释，把诗意都弄明白了，然后假装向周振甫请教，只问其中一句出在古时哪位诗人的哪首诗里、什么意思。周先生哪里知道这是个"陷阱"，听后认真地思索了几分钟，然后郑重其事地告诉他，这是哪个朝代哪个诗人的作品，前一句是什么，后一句是什么，还背诵了一遍，不错一字，并拉着他作了详尽的讲解。最后怕他听不懂自己的浙江口音，说要将诗名、作者、出处等写在纸上，让黄伊回去找原始材料。黄伊惊叹不已，近乎"口呿目瞪忘收唇"。经此事后，他对周振甫佩服得五体投地，背地里多次感叹："啊，名不虚传，老夫子真是个大学问家！"黄伊后来这样回忆当年的周振甫：

　　编辑周振甫——文学编辑室专业知识最丰富的编辑之一。他带着两个徒弟（青年编辑），编辑出版了许许多多古典文学读物、选本、文学基础知识读物。经过他审订出版的《古文选读》、《历代文选》、《史记选讲》、《唐宋词选》、《古代白话短篇小说选》等，至今一直是中青社最畅销的书籍。周振甫除了完成编辑出版任务，还勤于著述。他撰写的《诗词例话》、《毛主席诗词讲解》，十余年来盛行不衰。[①]

　　还有一件事也让编辑室的同事们认识到了周振甫的文史功力和学术名声。有一次，编辑室讨论报送年度选题计划和长远选题规划，大家七嘴八舌地议论应当列入哪些书稿。当将古典文学和文学常识方面的选题计划落实之后，其中一个重要选题谁来执笔成了问题。有人提出应当请名牌大学的名教授来编写。周振甫坐在角落里轻声地发言，说这个选题很有必要，但编写起来工作量浩大，要早点约稿，可以请某大学某某教授编写，他是这方面的权威学者，质量可以有保证。年轻的编辑马上行动，第二天一大早就找到名教授家里。教授相当热情，连声称赞这个选题定得好。当说明组稿的来意时，教授却踌躇起来，沉思了好一会儿才说："我虽然对此有所研究，也掌握了一部分材料，但让我来编写不是很合适。我向你们推荐一个最佳人选，他不但学问渊博，而且文笔也比我好。"当他拿出随身携带的笔记本，要记下名字时，教授脱口而出："他姓周，名振甫……"这位编辑不禁一怔，连忙向教授道谢告别，回到社里逢人便说没想到最合适的作者

---

　　① 黄伊：《筚路蓝缕 创业维艰——中国青年出版社早期文学读物出版活动的回忆》，《编辑之友》1986 年第 4 期。

就在身边，就在社里。

而就是这样一个有着大学问的人却对为人作嫁、默默无闻的编辑工作甘之若饴。周振甫始终记得在开明书店时，傅彬然对他讲过的关于编辑工作的一番话："做编辑的围绕着著者的书稿转，今天围绕着这部书稿转，明天围绕着那部书稿转；好比跑龙套，今天围绕着这位主角转，明天围绕着那位主角转。"[①] 周振甫从不觉得编辑"跑龙套"是无关紧要的事，也不羡慕图书作者炫目照人的主角荣光，他在长期的编辑工作中已经形成了"为作者跑龙套"的责任感和服务意识，养成了"为他人作嫁"的气度。至于职位的高低、奖金的多少、荣誉的有无，周振甫很少去考虑，只要是社里需要、作者需要，他都认认真真、不打折扣地去完成。

在中国青年出版社期间，周振甫主要负责古典文学普及读物、选本、文学基本读物的编辑和出版。他策划的选题都是中国历朝历代最有成就与代表性的文学形式和最著名的作家作品，并请来文史领域最具实力的一批学者做选注选译工作，包括红学权威冯其庸，一代词宗夏承焘，学者张中行、郑权中、胡士莹、袁珂、赵景深、蒋孔阳等。这些人是高水平的象征，同时也保证了书稿的思想性和权威性。周振甫就以这些书稿为核心，围绕着这些作者，带着李裕康、杨邦芹（也有写成"杨邦勤"——作者注）两个年轻编辑展开了精编细校、拾遗补缺、规范润色。他们耗费心力大量收集、阅读与书稿相关的参考资料，是为了发现"著者没有想到的问题"，进而去做一些补充工作。同时还得到各大书店或学校、图书馆等单位了解已经出版的同类性质

---

① 周振甫：《编辑·学者·专家》，《出版工作》1984 年第 10 期。

的书籍情况，比较优劣和特色，弥补所编书稿的不足，使所编书籍真正做到有特色、有内涵、有创新。

正因为周振甫卓有成效的"跑龙套"工作，编辑室陆续编发的《唐宋词选》（夏承焘、盛弢青选注）、《史记选讲》（郑权中选讲）、《古代白话短篇小说选》（胡士莹选注）、《文学的基本知识》（蒋孔阳著）、《历代文选》（中国人民大学语文系文学史教研室等选注）、《古文选读》（中国青年出版社编选）等读物在出版后因其深入浅出，通俗易懂，受到广大读者的欢迎，发行量均在十几万册，甚至直到现在都还是中国青年出版社的畅销书。1956 年 9 月，时任中宣部副部长的胡乔木给中国青年出版社副社长兼副总编辑顾均正写信，建议中国青年出版社注意世界著名童话，以及中国历史上著名的寓言、神话、传说故事等读物的出版工作。为贯彻这一指示，周振甫主动请缨，精心策划选题，经过艰苦努力，在几年的时间里编辑出版了相关系列图书，包括《明清传奇选》（赵景深、胡忌选注）、《先秦寓言选释》（朱靖华选注）、《神话故事新编》（袁珂编著）等。

即便是"跑龙套"，周振甫也总是认认真真地"跑"，无怨无悔地"跑"，为作者及其著作补弊纠偏、增光添彩地"跑"。比如上面提及的一些书籍，如《神话故事新编》、《古代白话短篇小说选》、《文学的基本知识》等，周振甫都在审稿加工阶段提出过许多很专业、很详细的修改意见，确保了书稿的高质量。他的"专业"性既表现在编辑的技术性、规范性等方面，同时更多地表现在知识性和学术性方面，这正是学者型编辑的价值与意义所在、实力与魅力所在。周振甫的审读报告，每一篇都可圈可点，值得一说。就拿袁珂的《神话故事新编》来说，周振甫从四个方面提出了很具体的意见，皆十分内行和中肯。

其中，第二点是建议修改书名的：

> 本书作者题名是《神话新编》，我们拟作《神话故事新编》。因为其中有一部分夹杂着历史和传说，并非全是神话；还有一部分，实际上是以传说为主，神话的分量较少。如434页王亥的故事，355页伊尹投成汤，369页成汤败夏桀，378页成汤祷雨，等等。这些以传说为主附有少量神话的，称神话新编不合适；作为神话故事，也许可以。神话故事可以解作"神话底（的）故事"，表故事属于神话，指故事本身是神话的部分；也可以解作"神话的故事"，带有神话的故事，故事本身不全是神话，可以是传说历史和神话的结合，像其他的部分。①

作为编辑，周振甫不仅提出书稿如何修改，还从学术上充分论证为什么要这样改，充分自信而又谦虚谨慎，提出意见但不越俎代庖，这样让人心服口服，易于接受。我们后来看到的这本书，书名就是《神话故事新编》了。对袁珂这样的著名神话学专家，周振甫始终不亢不卑，平等相待，审读加工总是有理有据，着眼于书稿质量的提升和内容的完善。他审读杰出美学家、文艺学家蒋孔阳的《文学的基本知识》，编辑著名古代戏曲小说专家胡士莹的《古代白话短篇小说选》，无不是既重技术性、规范性，更在知识性、学术性上下功夫。编辑学而有识，审后能断，那是需要相当底气的，尤其是指出书稿不足，提出改进方案。在审读《古代白话短篇小说选》时，周振甫一方面充分

---

① 《神话故事新编》审读加工意见，来自中国青年出版社总编室丁肇锋先生提供的书稿原始档案。

肯定了作者选材的精当，注释的简明，尤其是作品分析上思想性与艺术性的兼顾；另一方面也明确指出了需要进一步完善之处："本书的缺点，序言头绪太繁，重点不突出，逻辑性不强；注释有的不够通俗，有的和正文结合得不紧密，极少数的有错误；分析有的极牵强，有的提法不恰当。"对于这些，周振甫补充说："下面提出更详细的审读意见，并提出较具体的怎样修改的意见。"①周振甫提出书稿修改意见，既有较宏观的分析，也有具体而微的细节要求。如再审蒋孔阳《文学的基本知识》后，专有谈"美"的意见，指出："比较大的问题是谈'美'。'学者译著'十月号有一篇'论现实的美学特性'，说'唯物主义美学始终确认美学特征的客观性'……在修改稿里，作者强调'美'是客观存在的，如说'晚霞很美'（102），'健康的少儿很美'（103），忽略了美是客观现实的主观反映，忽略了具体的社会内容。八一三闸北大火时的晚霞，跟大火连在一起就不是美的，健康的少儿品质如恶劣也就不美。"周振甫就具体问题的修改，也总是有分析，有讨论，如他写道："181页讲语言怎样才能够具有性格特征，引'琵琶行'中'轻拢慢捻抹复挑'做例，不恰当。'拢、捻、抹、挑'是弹琵琶的手法，任何人弹起来都需运用这种手法，从这里无法表现出人物性格特征来。"②像这样有理有据、论析精微的修改意见，在周振甫那里随处可见。这里，体现出周振甫全面的知识储备、良好的学术素养和可贵的编辑职业精神。而这样面对书稿的认真学习、认真审读加工，无疑

---

① 《古代白话短篇小说选》审读加工意见，来自中国青年出版社总编室丁肇锋先生提供的书稿原始档案。

② 周振甫：《蒋孔阳："文学的基本知识"修改稿》，来自中国青年出版社总编室丁肇锋先生提供的书稿原始档案。

也有助于他自己文史知识的积累和学识水平的提升。他后来撰写《文章例话》、《小说例话》、《文学风格例话》等，都在很大程度上得益于这类专业书稿的编审。"跑龙套"的编辑，若换一个场所（作为作者），也是可以"唱主角"的。

编辑是"跑龙套"的工作，整天围着别人的书稿"打转转"、"补洞洞"，一部书稿从选题策划到编辑加工，再到印制发行，整个流程编辑人员都是要负责的，"一部书稿，从拟定选题，约稿，到稿子写成，经过审稿……还要送外审，再退修，复审，批准，发稿，稿子发到出版部还要排队，到送交排字房，还要排队，等排出来又要校对，三校签字"。① 别小看了这些细致琐碎的工作，俗话说小洞不补，大了难堵。尤其是大众读物，一旦编辑把关不严，轻率失职，其中的错误就会被广泛流散，造成谬种流传，甚至闹笑话。例如有一本书的作者是高亨先生，由于编校工作的疏忽，结果把作者名误排成了高享，虽然是小小的错误，但却显得非常刺眼。所以周振甫编辑的书，除了由专门负责校对的同志校正以外，他自己还要校几遍，大到观点、材料，小到一则注释、一个标点都不放过，直到认为完全没有错误为止。他经常说："校对很重要，校对除了由校对同志校正外，编辑也要校；有时很普通的错字，校时会滑过去。所以除了校原稿外，还要通读，通读时会把普通的错字读出来。"② 除了坐在办公桌前面"补洞洞"，做文字处理的工作之外，编辑还要应对其他的一些问题，"一个跑龙套角色，他的待遇不如专家，他的工作却可能比专家还麻烦些、

---

① 振甫：《对编辑工作的老生常谈》，《编创之友》1981 年第 1 期。
② 振甫：《对编辑工作的老生常谈》，《编创之友》1981 年第 1 期。

沉重些"。<sup>①</sup>特别是在 20 世纪五六十年代那种特殊的社会环境下，政治气候的变化，各种运动的开展都会导致编辑工作的异动，已经编好的书籍经常被放弃，束之高阁，乃至拆版焚毁。周振甫担任《先秦寓言选释》一书的责任编辑时，特地邀请中国作家协会文学讲习所的所长公木先生担任编注工作，并从读者的角度出发，在寓言的挑选、字词的注释、思想内容的解读等方面为这本书提了不少建设性的意见，使得书稿更加完善，更加符合接受者的兴趣。但就在图书快要进入印刷厂的时候，公木被划成了右派，这本书不能出版。眼看着凝聚了作者心血和思想的文字无法付梓，无法与读者见面，周振甫心急如焚，四处奔走，向出版社领导、主管部门说明情况，并向公木建议暂时不署他的名字，由其合作者朱靖华单独署名，以后有机会再作弥补。在周振甫的不懈努力之下，《先秦寓言选释》才得以出版。

## 三、慧眼识"文选"

在中国青年出版社的十余年间，周振甫与《历代文选》是值得特别一说的。这套上下两册的"文选"是由中国人民大学当时的青年教师冯其庸（1924—2017）领头编选的。而冯其庸与周振甫还真有点缘分，那就是两人都是无锡国专出来的，只不过冯其庸国专毕业要到新中国成立前夕的 1949 年 1 月，两人前后相距有十多年。读书期间，冯其庸就是学生运动的骨干，毕业后参加中国人民解放军，不久转业

---

① 沈从文：《跑龙套》，《人民文学》1957 年第 7 期。

地方任教于无锡市第一女中。1954 年，也就是 30 岁那年，冯其庸调到了北京，担任中国人民大学语文系讲师，而《历代文选》的编选也由此拉开了序幕。冯其庸回忆说：

> 刚到中国人民大学时，课很重，运动也多，白天开会，只能晚上备课、看书。我总要把白天耽误的时间找回来，自己规定每天读多少页书，几乎总是工作到夜里两三点才敢睡觉，持续了十多年。当时最重的课是"中国文学史和作品选"，一周 5 次。每一篇作品，我一定理解透了才去讲，讲出心得，讲出精彩。《历代文选》就是在这门课的基础上编成的。编这本教材当时一无依傍，从选目到体例都是我定的，教研室的老师分头去注释，我来统稿，然后油印成讲义发给学生。讲义用了好多年，不知怎么后来这本油印教材传到了青年出版社，周振甫先生在那里当编辑，看了说好，又切合社会需要，于是决定出版。我写了一篇长序，叙述中国散文发展脉络，加在前面。毛泽东主席看到这本书，很欣赏，在一次中央会议上号召高级干部都来读读。为了讲好课，我还编了一部文学史讲义，从先秦写到明清，六七十万字，下了很大功夫，可惜在"文革"中丢失了。①

冯其庸后来以研究《红楼梦》卓然成家，在"红学"领域有很大成就。事实上，他早年在整个中国古典文学的学习和研究方面都是下过苦功夫的。冯其庸牵头编选的《历代文选》上册是 1962 年 9 月出版的，下册于次年 8 月面世。对于该书的编选、出版，何二元在《毛

---

① 唐景莉、钱晓鸣：《冯其庸：人民学术为人民》，《中国教育报》2010 年 1 月 8 日。

主席赞赏冯其庸编〈历代文选〉》一文中也有描述，略详于冯其庸本人的回忆。文中说："1954 年，30 岁的冯其庸从无锡调到中国人民大学教'大一国文'等课。当时没有现成的教材，他便自己动手，为'大一国文'课编了《古代散文作品选》，油印成讲义，发给学生。此后很长时间教学都用这个讲义，反映很好。不知怎么，这本校内用的油印教材传到了中国青年出版社，被老编辑周振甫看到，一眼相中，觉得选目精当，注释质量高，尤其是其体例让人耳目一新。恰好新中国成立以后像这样从先秦到清末的古代散文选本还没有见过，非常适合当时的社会需要，于是就决定正式出版，书名定为《历代文选》。《历代文选》出版后很快风行一时。一天，吴玉章校长派秘书把冯其庸叫到自己家中，说毛主席对这本书很欣赏，还在中央会议上加以表扬，要大家都读读。"①

那么，这套周振甫欣赏的《历代文选》到底选目如何、注释如何、体例有何特点呢？该书改革开放后修订再版，编辑在 1980 年第 6 期《语文教学通讯》上回答了上述问题，简洁明了：

这个选本所选的篇目（一百五十篇）虽不及《古文观止》（二百二十二篇）多，但范围却比它广——上起先秦，下至清末。它大体上照顾到了各个时代和各个时代的重要作家，也照顾到了各种不同风格的文章。选编者精选了历代被人们传诵的，脍炙人口的作品。……在所选的文章中，也有一些是艺术性较高，而思想内容比较一般的作品，同时也适当地选了少数思想性较高、语

---

① 何二元：《毛主席赞赏冯其庸编〈历代文选〉》，《中国社会科学报》2015 年 6 月 8 日。

言朴素精炼、说理透辟，但文艺性不很强的作品。入选文章，以散文为主，也有少量赋和骈体文。

《历代文选》的重要特点是，选注时采用了注释和提要相结合的方法。注释，主要是对生字难词注音释义，有些难解的句子，作了必要的串讲，成语典故注明出处，笺明用意。注释中遇到两说可通或难以绝对肯定哪一种说法是正确时，编选者则采用两说并存的办法，供读者思考抉择。每篇文章的篇首附有提要，对各篇的思想内容、文章结构和艺术特色，作一简要说明。这些提示比之其它选本更为准确、深刻。……选本对所选的每个作者，都附有作者小传，介绍了作者的身世及所处的时代，这对理解文章的主旨很有帮助。书前还附有冯其庸同志写的前言，具体、详尽地概括了我国古代散文发展的历史过程，每个时代的介绍都重点突出，条理清楚，可以帮助读者了解我国散文发展的一个简要的轮廓。①

这本《历代文选》说起来只是古代散文的选本，供大学生当教材使用，但好书就是与众不同，周振甫这样的行家里手一看就知道是好东西，建议在中国青年出版社正式出版，那是真正的慧眼。优秀的编辑有一双善于"发现"的眼睛，周振甫发现了内部印行的"文选"，如获至宝。拿到书稿后，周振甫进行了认真审读，写出了四页纸三千多字的详细审读意见，涉及选文、前言、注释、小传、题解等各个方面。② 关于"选文"，周振甫写了明确而详细的审读情况：

---

① 李靳：《历代文选》，《语文教学通讯》1980 年第 6 期。
② 《历代文选》审读加工后的发稿意见，来自中国青年出版社总编室丁肇锋先生提供的书稿原始档案。

　　本书绝大部分都是从别的选本中选来的，《古文观止》中的文章选得较多。这样选，优点是选本中的文章大都是好的或较好的，可以收事半功倍之效；不足之处，是没有发掘为前人所未注意的好文章。不过对青年说，大家熟悉的文章已经成为常识，多选这方面的文章，还可以丰富青年的常识，所以这样选还是好的。

既指出选本不足，又客观上认同其实用价值。与此同时，周振甫还就如何选文与编选者进行了有效沟通："我们对选文没有多提意见，只对不适宜青年阅读的，如司马相如《上林赋》，其中怪字太多，不好懂，请他们抽去。对论点有问题的，如骆宾王《讨武曌檄》，着重人身攻击，过于片面；苏轼《范增论》，用宋人的君臣之义来批评范增，抹杀项羽起义灭秦的功绩，请抽去。文章有其他问题的，如林嗣环《口技》，抄袭金圣叹的，请抽去。又《魏公子列传》是完整的文章，不宜割裂。以上各点，他们都接受了。我们又提《项羽本纪》太长，其中有不少是历史的，非文学的，请删节；他们不同意，我们没有坚持。"除了"选文"，周振甫还就选自其他选本，如《古文观止》中某些文章对原作的"改动"（有改好的，也有改坏的），依据原书可靠版本及笺注提出相应处理意见，也都颇为详细，富有建设性。这些意见和建议也大多为编者所采纳。至于"小传"中的"史实与评价"问题，"题解"中的"评价是否贴切"问题，"注释"中的"错注"、"该注而没有注"、"注了还看不懂"等问题，"前言"中如何适当加强"对各时期散文的特色作深入浅出的说明"的问题，周振甫都一一提出来，与编选者讨论。周振甫最后谈注释时写道：

对于注释，我们提的意见或改或补的地方，他们绝大部分都接受，也有个别不接受的。如《秦晋殽之战》蹇叔反对出兵，说"勤（劳）而无所（得），必有悖心"，他们据北大注，以"悖心"为"懊丧怨恨之心"。我们认为"悖"是逆理，不是懊丧怨恨，指出来无端灭滑说。他们去查出北大本的老家，是用清人沈钦韩说。我们的意见是根据杜预说。既然他们的说法也有根据，我们就不坚辞（持）。全稿排出后，他们又校了两遍。我们改动处都经他们反复看过。他们的来稿虽然较乱，但这种要求校两遍的做法，还是认真的。

编辑与作者互动，都很较真，冯其庸说该书出版得到周振甫"许多的帮助"，并非客套话。

1979 年、1981 年，该书上下册分别得以修订再版，冯其庸在《再版后记》里，仍旧念念不忘周振甫和出版社的功劳，写道："本书初版时，得到周振甫同志许多的帮助，为本书审读了全稿并改正了许多错误。出版社的李裕康、杨邦芹对此书也付出了很大的劳动，可以说是在他们两位的热情支持和督促下，此书才得与读者见面的，此次再版，仍得到李裕康同志的热情帮助，遗憾的是杨邦芹同志已经不幸病逝了，请允许我在这里提上一笔，以作为对她的悼念罢。"[1]20 世纪 90 年代中期，《历代文选》再次刊行，冯其庸在《再版后记（二）》里再一次提及周振甫和另外两位编辑的贡献。按中国青年出版社老编辑黄伊的说法，李裕康和杨邦芹两位编辑都是周振甫带出来的。"周振甫先生——

---

① 冯其庸：《再版后记》，载《历代文选》（下），中国青年出版社 1981 年版。

古典文学研究家，带着他的徒弟李裕康和杨邦芹，编发了《唐宋词选》、《历代文选》、《古文选读》、《古代白话短篇小说（选）》等好书，每种印行六七十万册。可惜那时出版社的书，都不兴印上责任编辑的名字，大家不知道他罢了。"①李裕康也算开明老人，他是40年代末进到开明书店的，后来随着开明与青年出版社的合并成为中国青年出版社的一员，历任编辑、第二编辑室主任、编委等职，2008年去世。

# 四、闲出来的《诗词例话》

淡泊名利的周振甫有甘为主角"跑龙套"的心态，有不计得失无私奉献的精神，编了不少好书，但中国青年出版社给他发挥的空间并不大。限于中国青年出版社的性质和出版方向，文学编辑室以中国现当代文学和外国文学读物为主。著名作家张洁曾在一篇文章中描述那些优秀文学图书对自己的影响，"我就是被这么造就出来的：《卓娅和舒拉的故事》、《普通一兵》、《牛虻》、《钢铁是怎样炼成的》……这供给我们那一代人整个发育期所需要的养料、水分和阳光"②。相较而言，文史知识读物的出版就冷落了许多。古典文学和文学知识方面的稿件并不属于中国青年出版社文学编辑室的重点，每年可发的书稿数量非常有限，加之当时"左"的思潮开始泛滥，对文学作品的思想性和艺术性，古今关系的理解和评价越来越极端化，古典文学方面的选

---

① 黄伊：《周振甫在潢川》，载张世林主编：《想念周振甫》，新世界出版社2011年版，第54页。

② 张洁：《我为什么写〈沉重的翅膀〉?》，《读书》1982年第3期。

题日渐狭隘，约稿也日益减少，所以周振甫就显得不像其他同事那样忙碌，空闲的时候不少。

作为资深的文史编辑，周振甫当时的处境有些尴尬，同事兼后辈黄伊就曾直言不讳地表示，"当时编辑室里并不怎么看重振甫"①。周振甫自己也有所觉察，"当时中国青年出版社领导李庚同志和文学编辑室主任江晓天同志，到南方和北方跑了一趟，约了许多稿子，但古典文学的稿子约得不多，我主要看古典文学的稿子，比较清闲"②。他是个闲不住的人，于是利用这大段的空暇时间开始写作和著述，在自己感兴趣的学术领域展开研究和探索。对于一个年富力强的学者型编辑来说，只要不懈怠、有追求，就不愁没事做。正所谓"东方不亮西方亮，黑了南方有北方"。

1956年，周振甫编著并出版了《通俗修辞讲话》。这本书可以看作是他在《语文学习》杂志社的工作内容和状态的延续，旨在让普通群众掌握好语言文字这个交流思想的工具和宣传的武器，更好地进行阅读和写作。正如其书名，这部讲修辞的书写得简练、生动，深入浅出，通俗地诠释了修辞是选择恰当的词、恰当的句子，运用恰当的表达方式把话说得清楚明白，说得生动有力，从而做到吸引人、感染人。全书共四万六千多字，不到八十页，但里面的案例异常丰富，有来自古典文献中的名言警句，有采自民间俚俗的民歌谚语，理论联系实际，一面讲正规，一面列病例，匡谬正俗，很受读者欢迎。

闲不住的周振甫不断开拓，笔耕不辍。他又将先前研究严复思想

---

① 黄伊：《印须我友——记一代名编辑周振甫》，《中国出版》1997年第1期。

② 周振甫：《我和〈诗词例话〉》，载张世林编：《学林春秋——著名学者自序集》，中华书局1998年版，第237页。

的资料整理了一通，从严复的著作中汰其芜杂，精选文章 17 篇，诗词 38 首，各篇附上题解并加上详尽的注释，于 1959 年 5 月编注出版了《严复诗文选》。

趁热打铁，再接再厉，周振甫看到当时不少杂志都在刊登有关诗词解读和诠释的稿子，遥忆起自己编校钱锺书《谈艺录》的仰取俯拾的收获感，同时自己有了在《新闻战线》上开设解析阐述柳宗元、韩愈、欧阳修等古代散文家专栏的练笔经历，他决心用自己积存多年的古典文学知识编写一本对诗词进行通俗讲解的学习指导性、普及性的图书。他把这一想法透露给主管古典组的编辑室副主任章学新。章学新觉得这个选题很好，完全符合当时古典文学遗产接受大众化、通俗化的方向，非常赞同。于是从 1960 年初到 1961 年间整整一年的时间里，周振甫利用清闲时间，埋首于《历代诗话》、《历代诗话续编》、《清诗话》以及《人间词话》、《蕙风词话》等文献丛中，潜心钻研，日积月累，书稿慢慢积案盈尺。他本是个性格沉静、不善言辞的人，浸润于诗词文论之中，更是如寒潭止水一般，外界发生了什么仿佛都与己无关，始终心无旁骛地进行写作。

周振甫创作《诗词例话》的一年多，正值新中国所谓“三年自然灾害”时期。那时，他的工资待遇已不低，作为体制内的高级知识分子，保命的粮食供应还是有的。但妻子张韫玉回忆说，周振甫和其他许多人一样，患上了严重的营养不良症，手脚浮肿。看丈夫病成这样，张韫玉有一次下决心去京城为数不多的还对外营业的饭店——北京饭店点了一份菜带回家“改善生活”。饭店菜谱上已没有像样的鸡鸭鱼肉，张韫玉能买到的是一份驼掌。饥年中吃到的这份驼掌味道格外鲜美，这事让张韫玉念叨了许多年。

1961 年下半年的某一天，周振甫携带着一个大纸包走进中国青年出版社负责人的办公室，领导以为他是来商量编辑业务的，像往常一样热情地招呼他坐下，亲切地询问。打开纸包，里面是一沓厚厚的抄写工整的书稿，周振甫向领导说这是自己的作品，想在本社出版。按中国青年出版社的规矩，本社编辑的著作原则上是不能在本社出版的，先前周振甫的两本书《通俗修辞讲话》和《严复诗文选》就是分别在通俗读物出版社和人民文学出版社出版的。领导似欲劝说时，周振甫抢话道："这部书稿题作《诗词例话》，是我利用工作时间写的，除了署名之外，稿酬分文不收，就算是我为社里写的书，恭请社里收下为感。"[1] 因此，《诗词例话》1962 年 9 月得以在中国青年出版社正式出版。令中国青年出版社和周振甫意想不到的是，这本书出版之后受到广大读者特别是青年人的欢迎，一版再版，销售量达几十万册，并一直是中国青年出版社的常销书。周振甫做文史编辑过于清闲，抱愧自己在这个岗位上没有给出版社做出更多的贡献，于是将《诗词例话》无偿献给社里，为中国青年出版社带来了不俗的经济效益和良好的口碑效应。这种特殊的"平衡"做法既表现了周振甫做人做事的原则，更显示了他作为老一辈知识分子对待工作和事业的高尚操守和热爱之情。

《诗词例话》全书分为"欣赏与阅读"、"写作"、"修辞"、"风格"、"文艺论"五个部分，共有 75 个小专题。整部书没有长篇大论，都是一篇篇短文。全书的重点是联系《历代诗话》及续编、《清诗话》、《人间词话》等诗话、词话和诗文评论中谈到的一些著名诗篇，加以分析

---

[1] 吴海发：《他在国学园地耕耘了一辈子——忆周振甫先生》，《文汇报》2016 年 5 月 9 日。

比较，探讨它们在创作上的高低得失。每则一般都由原文引申开去，理论与实际结合，分析和鉴赏融会，力图让读者能体会诗歌立意构思之巧，遣词用字之妙，意象意境之美，从而开阔读者视野，提升对诗词的审美鉴赏水平，并为新诗创作提供有益的经验。周振甫在自撰的《年谱》中有如下记载：

> 这年，写了《诗词例话》。《诗词例话》是从诗话词话中选出来的。诗话词话就是讲诗和词的书，由于诗词的创作积累得多了，就有讨论研究诗词的书，诗话词话是其中的一类。诗话、词话里包括的方面比较多，像文艺理论、诗人轶事、考证故实、研究声律等等，这些部分都不选。只选结合具体例子来谈诗或词的。

《诗词例话》是一本指导性读物，适合于中等文化程度的年轻人，提高中不忘通俗，专业中不忘普及，不少年轻学子都深受《诗词例话》的影响。

杨牧之当时正在上大学，对《诗词例话》爱不释手，觉得阅读后收获很大。他说："我印象很深的是书中讲到不要看了被人摘出的一二句诗词就下判语。这种摘句最能引读者迷误……因为当时我们都爱摘记名言，我还有一个小本子，是用来专记好句子的，经周先生这样一说，感到记个只言片语，没有多大用，名言小本也就不大用了。"①

中华书局编辑赵伯陶读《诗词例话》时正上初中，据他回忆，"正

---

① 杨牧之：《不忧·不惑·不惧——怀念周振甫先生》，载杨牧之：《云深不知处》，生活·读书·新知三联书店 2016 年版，第 77 页。

是通过这一本书，我开始步入中国古典文学的殿堂，领略到其间的无限风光。陶渊明的质朴清新，杜甫的沉郁顿挫，李白的天真奔放，李商隐的隐晦含蓄，苏轼、辛弃疾的豪放雄奇……正是这一本《诗词例话》给了我鉴赏与学习古典诗词的基础知识"。"1978 年恢复全国高考统一招生，我之所以选择报考中文系，应当说与这本《诗词例话》对我的启蒙大有关系"。①

更有读者读完之后，赞赏之情压抑不住，当即作诗填词抒发感想："漫游书海任潇洒，种诗填词自风雅。迷津尚赖周公度，妙笔乾坤成一家。""诗词艺术集一身，犹如春花貌美人。实例用来添血肉，学得精髓是诗神。""三言两语一奇文，妙意夺人魂。挥斧不留痕。品诗味，谁能比君？由君指点，任君渲染，尽得丽辞鳞。移步入山门，遍地是，黄花白云。"

《诗词例话》不光对读者产生了极大的影响，对周振甫本人来说也是一个标志性的节点。一方面，这本书是周振甫站在编辑视角，自觉地为读者思考的产物，他从中摸索到了将较为艰涩的古典文史学术转化为大众乐于接受的知识的话语方式和表现形式，找到了一条化深奥艰涩为通俗易懂的为普通读者建构古典文化赏析的门径，为以后的研究和创作提供了明晰的方向，也为后来陆续推出的《文章例话》、《小说例话》系列奠定了基础。诚如有专家所指出的："从周振甫先生的著述目录可以看出，他大体走的是中国旧学人治学的路子。除了40 年代的《严复思想述评》外，其他的著述多为传统语文学方面的注释、笺注、翻译、例话、选注一类。这从周先生对'例话'这一传

---

① 赵伯陶：《一本书·一句话·一袋香菇——怀念周振甫先生》，载张世林主编：《想念周振甫》，新世界出版社 2011 年版，第 137—138 页。

统文学批评样式极为偏爱就可以看得出来。所谓'例话',大体是借鉴了中国源远流长的诗话、词话、曲话等传统的形式与风范而加以创新的一种体例,文体特色上重在'以资闲谈',是一种典型的随笔性样式。""读过《诗词例话》的人们都感觉得到,周先生著述最大的特色在于行文风格朴素平实,剖析深入浅出。周先生之论著,考证精当,深思熟虑,但落笔每每不肯随意发挥、妄下己意,更不肯以云遮雾绕叠床架屋之文字炫己唬人,而只以平和之论述出之,使读者在愉快的接受中获益匪浅。"①

我们从1983年12月中国青年出版社推出的《文章例话》初版本(起印就是20万册)"内容提要"即可看出其编写特点,以及与《诗词例话》的承继关系:

> 这本《文章例话》是《诗词例话》的姐妹编。本书从古代谈文章的文话及部分近人、今人的有关文论中,选录具有独到见解的段落百余条,按阅读、写作、修辞、风格四个方面(其下另列八十八个小标题)归类编排。全书的重点是联系这些文话或文论中谈到的名篇佳作,进行分析比较,论其高低得失,详加发挥阐述,引导读者扩大视野、开阔思路,体会文章立意构思之巧、遣词用字之妙,从而提高对古文的阅读欣赏水平和文章(个别小标题中兼及小说、诗歌)的写作能力。

"例话"系列集中显现了周氏著述所特有的"编辑型学者"特色,

---

① 张国功:《由周振甫先生之著述想到的》,《书与人》2000年第4期。

"都是撷取古代诗话、词话、文话、小说戏曲中的评点文字及诗评、词评、文评中的有关论述，结合古代作品中的具体创作实例，进行深入浅出的讲解分析。书中的选讲自成体系，把散见于古籍中的各种观点、材料分类归属，分成阅读、写作、修辞、风格等若干部分加以详述，其中的观点不乏真知灼见。……可以说，人们若读过这三部'例话'，不仅能对古代文学的一些理论概念有一大致了解，而且更能在周先生贴切缜密的举证引导下，深入把握一些古典文学作品的内涵和要旨。因此，这三部'例话'，历来被视为从事古典文学研究与古典诗文创作的入门书"。"周先生的这套'例话'系列，已形成了一个比较完整、系统、权威的研究和普及中国古典文学的著作体系，具有独特的文体优势，在继承古代文化遗产、弘扬民族传统文化、普及古典文学知识方面，起到了独特的、不可低估的作用。"① 事实上，周振甫除了上述三种"例话"，另外还有一本《文学风格例话》，在 20 世纪 80 年代末刊行，也当归入同一系列。

《诗词例话》的出版为周振甫带来了巨大的声誉，来自全国各地读者的信件如雪片一般纷纷飘来。有表达对图书喜爱之情的，有切磋古典诗词知识的，有请教学习方法的，还有不少指出书中缺漏讹误的。与此同时，由于《诗词例话》取得了市场效益和社会反响的双赢，加之当时正是提倡实事求是、大兴调查研究之风的时候，政治环境较为宽松，读者对学习指导性和知识修养类图书的需求大增，中国青年出版社决定调整出版结构，适当增加古代优秀文化遗产的出版品种和数量，整个古典文学编辑组一下子变得忙碌起来，"闲"出来的

---

① 黄道京：《师者·长者·儒者——周振甫先生逝世三周年祭》，《古典文学知识》2003 年第 3 期。

《诗词例话》，转眼又把周振甫拉回了往常繁忙的编辑加写作的"常态"中去了。当然，我们对《诗词例话》在中国青年出版社的地位也不能看得过高，查询该社五十年大事记，差不多每年都有一些重要图书列入其中，但《诗词例话》及其姊妹篇《文章例话》等并不见踪影。

## 五、为毛主席诗词改字加注

中国青年出版社有一本书是要载入出版史册的，那就是《毛主席诗词讲解》。说到这本书，就不得不提到两个人，一个是臧克家，另一个就是周振甫。

臧克家（1905—2004），山东潍坊诸城人，是当代著名诗人，也是有重要影响的社会活动家、文学编辑家。他的第一部诗集是《烙印》，另有讽刺诗集《宝贝儿》、文艺论文集《在文艺学习的道路上》等，12卷本的《臧克家全集》于2002年刊行。他纪念鲁迅先生的那首短诗《有的人》被广泛传颂。1949年3月，由中共党组织安排，臧克家来到北平。后历任华北大学文艺学院文学创作研究室研究员，新闻出版总署、人民出版社编审，《新华月报》编委，主编《新华月报》文艺栏。1949年7月，他出席了中华全国文学艺术工作者第一次代表大会，当选为中华全国文学工作者协会委员。1956年，调任中国作家协会书记处书记。

1956年至1965年，臧克家担任国内最有影响的诗歌刊物《诗刊》的主编。经他联系，《诗刊》创刊号首次发表毛泽东的诗词18首，产生了极大的社会影响。1957年，他和周振甫合著《毛主席诗词十八首讲解》（后改名《毛主席诗词讲解》）。因为毛泽东诗词结下的这段编辑之缘、文学之缘，无论是对于臧克家还是周振甫，都是难以忘怀的，也是新中国文学编辑史、当代出版史值得记上一笔的大事。

在周振甫的中国青年出版社编辑生涯中，注解毛泽东诗词绝对是浓墨重彩的一笔。那是在 1956 年底，臧克家应《中国青年报》之约，写了一篇《雪天读毛主席的咏雪词》的文章，解读评介毛泽东的《沁园春·雪》，对这首词推崇备至："这首词，论气魄的雄伟，情调的豪迈，恐怕是前无古人。"[①] 这是新中国成立后首篇赞颂毛泽东诗词的文章，犹如报春之燕，引发了群众齐读毛泽东诗词的热潮。见此情势，中国青年出版社趁机向臧克家约稿，请他写一本《毛主席诗词讲解》，对毛泽东公开发表的诗词进行注释讲解，就诗词的思想内容、写作背景、艺术特点与疑难问题等做通俗易懂的大众化解读。由于毛泽东在诗词中擅用典故和化用古语，加之臧克家当时正忙于办《诗刊》，所以他提出要请人作注。时任社长朱语今通过认真考察后决定让周振甫来承担注释工作。这对于周振甫来说是一项光荣而艰巨的任务，反映了中国青年出版社对他学问和编辑能力的格外看重和最大认可。我们注意到，从 1952 年到 1955 年，长达四年的时间，周振甫在《语文学习》杂志的编辑工作之余，撰写并出版了多种语文知识的小册子，另外刊行了几种古典小说的删节本，还有数以十计的小文章，对这些作品，他在自己的《年谱》里只字未提，以致留下四年的空白。但到1956 年，也就是他 46 岁那年，《年谱》中写下了这样一句话，也仅此一句话："这年，中国青年出版社约臧克家先生写《毛主席诗词讲

---

① 臧克家：《雪天读毛主席的咏雪词》，《中国青年报》1956 年 11 月 23 日。

解》，臧先生提出要请人作注，领导上就派我作注。"记录虽简，可见周振甫把此事看得很重。

1957年《诗刊》的创刊号刊登了毛泽东的18首旧体诗词，并公开发表了他1月12日亲笔写给"克家同志和各位同志"的信件。毛泽东在信中说："这些东西，我历来不愿意正式发表，因为是旧体，怕谬种流传，贻误青年；再则诗味不多，没有什么特色。既然你们以为可以刊载，又可为已经传抄的几首改正错字，那么，就照你们的意见办吧。"① 这封信证明毛泽东诗词在《诗刊》刊登之前就已经做了修改，作为主编的臧克家曾当面询问过毛泽东的看法：

> 臧克家心里掠过一阵难以抑制的欣喜，他灵机一动，趁机将他读《咏雪》词时发现的一个疑问提了出来，提问的方式是巧妙的：
>
> "词中'原驰腊象'的'腊'字怎么解释？"
>
> "你看应该怎样？"毛泽东反问了一句。
>
> "改成'蜡'字比较好，可以与上面的'山舞银蛇'的'银'字相对。"臧克家回答说。
>
> "好，你就替我改过来吧。"毛泽东的话语十分亲切。
>
> 臧克家心头悬着的疑问顿时解开了。②

将"腊"改为"蜡"，是臧克家向毛泽东反映的，但最初提出这个问题的是周振甫。他在注释《沁园春·雪》"山舞银蛇，原驰腊象"

---

① 毛泽东：《关于诗的一封信》，《诗刊》1957年第1期。

② 孙晨：《世纪诗星——臧克家传》，山东大学出版社2000年版，第372—373页。

句时，认为"腊"可能是"蜡"之笔误，取白蜡之白，形容雪后的山
体如奔驰的白象。而且山和原、舞与驰、银和蜡、蛇和象，模状、比
喻、对偶工整，用字严谨。于是他就写信给臧克家说：群山盖雪，用
"银"字来形容，高原盖雪，应用"蜡"来形容，作"腊"解释不通。
臧克家同意周振甫的意见，但他又指出有非常重要的人物认为"腊"
是指真腊，即位于东南亚的柬埔寨，解为"雪后的秦晋高原如真腊
的大象在奔驰"。但柬埔寨的大象是否雪白色，能否与"银"字相对，
学人本色的周振甫还是持保留意见。臧克家也是主张修改的，所以他
在见到毛泽东的时候才发"腊"字之问。但不知是什么原因，这首词
在《诗刊》创刊号发表时并没有得到更正，直至当年 10 月中国青年
出版社出版《毛主席诗词十八首讲解》时才第一次正式修改过来。

　　而毛泽东诗词中的另一处错误在随后加印的《诗刊》创刊号中立
即就得以更正了，这也是周振甫发现并告诉臧克家的。当时周振甫利
用《诗刊》上刊登的毛泽东诗词作注，发现在《菩萨蛮·黄鹤楼》中，"把
酒酹滔滔"的"酹"字印成了"酎"，经过仔细地研读推敲，周振甫认
为这是个错字。他与臧克家商量，说苏轼《念奴娇·赤壁怀古》中有
"一樽还酹江月"的句子，是以酒奠江月。毛泽东诗词中之意也是把酒
奠滔滔江水，应为"酹"字。臧克家指出"酎"字有人研究过，"酎"
郑玄注为"重酿之酒也"，西汉用水和酒药及粮食做酒，再用制出的酒
及酒药和粮食再制酒，然后再用第二次的酒及酒糟和粮食制酒，这第
三次制出的酒就是"酎"，这种酒是用来祭祀祖先的。但这种祭祀先人
的解释，明显与毛泽东诗词中涌动的胸怀江山的豪迈境界有较大距离。
再结合下一句"心潮逐浪高"，意思就更加清楚了，将酒洒在滔滔江水
里，内心热切、激动、奔涌的思潮就像江中不断追逐的波涛，翻腾起

伏，生动地表达了毛泽东对于他所处时代的宏大抱负和热切期待，也写出了对革命前途的焦虑，对未来充满信心和对革命抱有坚定信念的乐观。所以周振甫坚持词中的"酎"当改为"酹"。臧克家对于周振甫的意见非常重视，也很赞同，就去了解情况，结果发现是《诗刊》将字排错了。从这件事上可以看出，周振甫对毛泽东诗词的注释是多么仔细和认真。而敢于指出毛泽东的笔误更是不简单，在当时的社会环境下，"此事展示的政治勇气和学术自信，足以令人叹为观止"。①

1957 年 10 月，中国青年出版社出版了臧克家讲解、周振甫注释的《毛主席诗词十八首讲解》，四十八开本，定价二角六分，初版发行 12 万册，这是含有 18 首毛泽东诗词和对其赏析诠释的第一本正式出版物，大受读者欢迎。之后，此书多次进行了增订，并改名为《毛主席诗词讲解》，陆续加入了毛泽东发表的《蝶恋花·答李淑一》、《送瘟神二首》、《清平乐·蒋桂战争》、《渔家傲·反第一次大"围剿"》等诗词，总发行量达到一百多万册，成为全国最畅销的书籍之一，对毛泽东诗词的辉映诗坛和全国普及起了重要的推动作用。周振甫的注释明白易懂，深入浅出，将诗词写作的背景、经过，运用的写作手法及诗词表达的思想含义等，完整准确又简明扼要地渗透在字词句的讲解中，实为此书增色不少。

《毛主席诗词讲解》出版后，有读者来信，建议改变书中一篇讲解文里串讲好几首诗词的体例，希望改为更有针对性的一篇讲解对应一首诗词。站在编辑的立场，周振甫觉得这个想法非常好，就将读者的意见告诉了臧克家。臧克家认为已经写了讲解，不愿意再做改动。

---

① 熊国祯：《一位无私奉献高自期许的好编辑——追忆周振甫先生》，载张世林主编：《想念周振甫》，新世界出版社 2011 年版，第 126 页。

但周振甫不愿放弃，认为除了体例方面可以改善之外，毛泽东诗词的解读还应补充一些新的资料，有些词句以前不会解释的，现在可以解释了，有些词句以前解释不够清晰具体的，现在可以解释得比较具体些了。有鉴于此，他就将在《毛主席诗词讲解》之后应《语文学习》、《文学知识》约稿写的一些对毛泽东诗词的专论集合起来，加上新写的几篇，结集为《毛主席诗词浅释》，1961 年 12 月由上海文艺出版社刊行。书中按照时间顺序对毛泽东的十八首诗词逐篇进行解析透视，比《毛主席诗词讲解》更加详细，更加深入，也更加新颖。如新增了对《赠柳亚子先生》"牢骚太盛防肠断，风物长宜放眼量"中柳亚子先生的牢骚是什么的解读。再如《如梦令·元旦》里用"元旦"做题目有何含义，"宁化、清流、归化，路隘林深苔滑"第一句三个地名，第二句三个主谓结构，音节急促，又有何深意，《蝶恋花·答李淑一》之中谁掉泪的问题，《送瘟神》"牛郎欲问瘟神事"中"牛郎"指什么，"坐地日行八万里"中"八万里"作何解，等等。这些都能在书中找到答案。

周振甫在这本书中最大限度地发挥了自己古典文学功底深厚扎实的长处，在解释毛泽东诗词的遣词用典时常常援引古人的诗句作为参照，广征博引，在类比中加深读者对毛泽东诗词艺术境界的理解。在开篇第一首《沁园春·长沙》中引用照比的就有《诗经·旱麓》、《庄子·田子方》、《水经注·湘水》、《古诗十九首·迢迢牵牛星》，以及宋玉《九辨》、杜甫《遣怀》、王夫之《薑斋诗话》等。在对毛泽东每一首诗词细致剖析，做词语注释和诗意译述的同时，周振甫还有意识地从宏观着眼，"我的浅释是对毛主席诗词一首一首作释的，就我们学习毛主席诗词来说，光领会一首一首的诗词还不够，还得进一步对毛主席诗词有个总的认识。"① 他总结出毛泽东诗词具有革命史诗性质和革命现实主义与革命浪漫主义结合的艺术特质两大基本特征，认为基于这两点，然后再去理解毛泽东的每一首诗词，才能领略到其中精髓和韵味。

　　周振甫作注的这两本诗词，在中国毛泽东诗词研究上都有着重要的地位。《毛主席诗词十八首讲解》（后为《毛主席诗词讲解》）第一次注释讲解了毛泽东诗词，为毛泽东诗词研究和普及拉开了序幕。《毛主席诗词浅释》则首创了毛泽东诗词的分首解析和研究，着重从对传统诗词的继承方面论证了毛泽东诗词的特殊风格和美学特质。更难能可贵的是周振甫的注释客观真实，以史实和文本为基点，并没有受当时逐渐泛起的"诹评"随意联想、任意拔高的影响，将一代伟人的情韵文采、雄宏气魄和壮阔胸怀和自己对领袖真诚而深厚的热爱以及崇拜、敬佩之情通过真实细腻、细致深透的解读分析淋漓尽致地表现出来，并传递给读者。这种实事求是的编辑风范和学者风骨，让周振甫注释的毛泽东诗词在当时"注家蜂起"的文化环境中格外引人注目，深受读者欢迎，虽一版再版，仍供不应求。《毛主席诗词浅释》在初版后一年的时间里就重印了三次，仅第三次印刷数量就达 15 万册，既畅销，又长销。

　　因为和毛主席的名字联系在了一起，周振甫成为了无数读者心中的大学问家。不但许多读者来信要求或建议他再作名家名人的诗词注释，而且一些大出版社也纷至沓来，热情约稿。周振甫一时应接不暇，以他的谦和温润的文人性格是不好拒绝这些邀约的，惟有旰食宵衣，更加勤勉地伏桌努力。在完成编辑主业的同时，周振甫又完成了《鲁迅诗歌注》、《古代战纪选》等著作，顺利地驰骋在编辑和学者两

---

① 周振甫：《后记》，载振甫：《毛主席诗词浅释》，上海文艺出版社 1961 年版，第 137 页。

个快车道上。

在当代中国，伟大的思想家、文学家鲁迅先生曾经被神化、圣化和过度政治化，注释讲解他的旧体诗词也是有"政治风险"的，因为它不只是简单的文学艺术问题。周振甫像对待毛泽东诗词那样，一如既往地实事求是、扎实严谨地予以笺注，就鲁迅旧体诗大胆提出自己的意见。他在《年谱》中这样叙说："臧克家的《毛主席诗词讲解》出版后，因为我配合他作了一些注，就有读者来信要我注释鲁迅的诗。我开始注释鲁迅的诗，只看到 1956 年 8 月《文学月刊》上锡金同志的《鲁迅诗本事》，但我的看法同他不同。稍后，又看到了张向天同志的《鲁迅旧诗笺注》，我的注释也有不少和他不同。我想把不同的解释提出来，通过讨论，逐渐取得一致，希望得到比较符合鲁迅原意的解释，因此于 1962 年在杭州浙江人民出版社出版了《鲁迅诗歌注》。"而在这之前，周振甫一直孜孜不倦地学习鲁迅，研究鲁迅，宣传鲁迅，在报刊上发表了《鲁迅诗稿》、《鲁迅旧体诗的艺术》及《鲁迅〈狂人日记〉的思想意义》等多篇文章。

# 六、《唐诗选读》的遗憾

周振甫在中国青年出版社看似顺风顺水的编书生涯，其实也遭遇到不少风浪、暗礁和险滩，尤其是他精心策划、苦心编辑，付出了巨大辛劳的《唐诗选读》最终未能出版，更是令他抱憾终生。

那是 20 世纪 50 年代后期，中国青年出版社准备推出一批旨在普及古典文学知识的读物和选本。这项工作由文学编辑室负责，主要负责人是阙道隆，周振甫做具体工作。周振甫对这类选题领域熟稔于心，很快敲定了一批在此方面有专长并值得信赖的文史学者作为作者，如由郑权中编写《史记选讲》，冯其庸等人编注《历代文选》，夏承焘、盛弢青选注《唐宋词选》等。而当社里讨论中国唐代文学的巅峰——唐诗选读本的作者时，他的脑海中闪现出了一个人的名字——阎简弼。现今知道这个名字的人恐怕不多了。

阎简弼（1911—1968），河北正定人。1941年毕业于燕京大学研究院，获文学硕士学位。1945年至1952年任教于燕京大学中文系，先后任助教、讲师、副教授。1952年院系调整后，任北京大学中文系副教授。1958年调至沈阳师范学院，旋即任辽宁大学中文系副教授。"文革"中被批斗，1968年4月22日因遭受毒打医治无效，在沈阳医学院第一附属医院逝世，年仅56岁。

周振甫与阎简弼相识是《谈艺录》牵的线。那是1948年6月，周振甫担纲编辑的《谈艺录》出版了，本来希望这部汇聚钱锺书先生心血，打通古今中西诗论之作能够引起学界重视，激发社会热烈反响，但当时解放战争战事正酣，更重要的是《谈艺录》涉及中外文艺理论的对比，重要作家的笺释与考证，内容广博精深，"通多方而不守一隅"，语体风格文白相参，断章互见，全文无法连贯成体，所以读懂此书不但要熟悉中国传统经典，而且对西学也要有相当程度的掌握。正因如此，《谈艺录》出版后在坊间有不少议论，却鲜见蕴含特征分析、思想挖掘、观点探讨的有分量的评论文章。

这年年底，一篇《评钱锺书著〈谈艺录〉》横空出世。作者用长达12页的篇幅对《谈艺录》进行了全面、理性的述说和分析。文章对钱锺书极为推崇，称之为"博通今古、淹贯中西的人"，且"才卓识锐，文笔又婉利，出语设譬，都能教读者称快叫绝"，书中所讲的也是"沟通中外，参斟人我，论切肯綮，而言有据凭；不像一帮剿毛摭皮而自命作家评家的只会抄袭成说，稗贩名词"。认为此书的出版"在这举世都竞尚偷工减料，甚且束书不观以枵响唬人误人的时代，肯博览多读，正是挽澜支厦的砥柱，是可喜的现象"[①]，更重要的是对学界普遍存在的盲目"崇洋"、"数典忘祖"和闭目塞听、虚骄自大两种不良风气予以了沉重一击，"能将我国先哲的玄言妙诣跟西贤的真知灼见互参对比，使总觉着美英的月亮比中国的亮的拜外狂们得悉现在他们那不争气的祖国的先哲们当初智慧并不后人，确曾有过高见；令那一帮迷古自高的迂老腐少们，也明白明白理本无间中外，岛夷卉服，左衽鴃舌的洋鬼子也确有智慧超人的，而玄谛奥旨，亦非中土所得独擅！同时，也教那些趾高气扬、认为拖着猪尾巴的黄脸汉们就会满世界甩鼻涕而自己却是上帝的宠儿的优种人们也知道知道中国人当年也真曾有过两下子！"[②] 书评最后用《谈艺录》的广告语"这书是研究文学的所应人手一册的"做结，表达了自己的高度评价。然而这些赞誉之语并非评论重点，阎简弼并未将自己的视野局限于"好处说说"，而是将关注点放在了"觉着颇有值得商量的地界儿"，用大量实例详尽地提出了书中"疏于辨证"、"造语失贴"、"征引未周"、"文有脱误"、"诠释欠妥"、"评语自相矛盾"、"注或衍或漏"的地方，旁征博引，有理有据，可谓精彩，表现了可贵的批评勇气和学术坚守。

　　这篇书评的作者就是在学界暂露头角的阎简弼，当时任燕京大学中文系副教授。阎简弼出身于河北正定豪绅之家，自幼接受古典文学

---

①　阎简弼：《评钱锺书著〈谈艺录〉》，《燕京学报》1948年总第35期，第271—272页。

②　阎简弼：《评钱锺书著〈谈艺录〉》，《燕京学报》1948年总第35期，第272页。

系统教育，更为难得的是英文底子好，18 岁中学毕业就能以英文撰写论文、翻译英文文献。进入燕京大学后，他主修国文，副修历史，常向朱自清、郭绍虞先生问学，与余冠英、刘盼遂、杨明照等同学交好。他曾于 1939 年至 1941 年连续三年获得哈佛燕京奖学金第一名，本已准备去美国留学，但因太平洋战争爆发而未成行。在燕京大学求学期间曾撰《升官图考》、《唐写本周易音义校正》、《诗文与人品的关系》等论文，并应容庚先生之请，翻译瑞典高本汉 *Yin and Chou in Chinese Bronzes*（《中国青铜器中的殷与周》）一文，作为容著《商周彝器通考》的参考文献，是此文国内最早的译本。抗战胜利后应音韵学家陆志韦之邀返燕大，任中文系助教，讲授大学国文。

从学习经历来看，阎简弼可谓是学贯中西，对古典文献和西方经典都很熟悉。所以，当他读到钱锺书的《谈艺录》后有相见恨晚的知音之感，马上将这本书介绍给身边的朋友，其中就包括和他关系要好、当时尚在燕京大学读书的周汝昌。周汝昌先生在回忆录中曾这样写道："中文系的阎简弼先生，不拿我当'学生'，相见则论学问，他向我推荐钱先生的《谈艺录》（开明书店版）。我从吴允曾兄（哲学系教师）借得此书。"[1] 在精细且专业的阅读后，《评钱锺书著〈谈艺录〉》很快就出炉了，发表在《燕京学报》第 35 期上，其时距离《谈艺录》出版不到六个月。

阎简弼的这篇文章应该是第一篇正式公开发表的《谈艺录》书评，[2]

---

[1] 周汝昌：《青眼相招感厚知：怀钱锺书先生》，载周汝昌：《北斗京华：北京生活五十年漫忆》，中华书局 2007 年版，第 258—259 页。

[2] 夏承焘虽然早在 1948 年 9 月 17 日《天风阁学词日记》中对《谈艺录》有过"阅钱锺书《谈艺录》，博览强记，殊堪爱佩。但疑其书乃积读片卡而成，取证稠叠，无优游不迫之致。近人著书每多此病"的评论，但此为日记，并未公开发表。

在学界激起了一定反响，引来周振甫的注意。撇开赞誉表扬之词，作为《谈艺录》责任编辑，书出版后自然想听取来自读者的意见，尤其是专业领域读者的看法。而且他非常注重编校的严谨性，更关注书评中所罗列的那些问题是否与编校的遗漏、疏忽、欠缺和失误有关。阎文发表后，周振甫立刻找人与作者联系，作进一步的沟通和交流。曾在开明书店任编辑的郭绍虞是阎简弼早年的恩师，通过郭绍虞，周振甫和阎简弼联系上，并给他写了信，很诚恳地承认《谈艺录》中确实存在部分编校问题，并请他将其发现的问题整理出来。阎简弼收到周振甫的信以后非常感动，回了一封极富热情的信。信中再一次赞扬了《谈艺录》的精妙和周振甫的校勘功力，并将自己的个人意见逐一条陈。自此周振甫与阎简弼的书信往来比较频繁。但二人还没有见面，他们真正建立起友情是在 20 世纪 50 年代初开明书店迁移到北京之后。①

　　周振甫到北京进入中国青年出版社后，与阎简弼的空间距离拉近了，在直接的交往中，两人发现彼此有很多的契合点。周振甫长期在编辑岗位，阎简弼对编辑工作也并不陌生，学生时代曾经与同学蓝铁年一起创办燕京大学"语文学会"，并编辑会刊，为《枫岛》等燕大学生刊物撰稿，还曾主编过燕京大学学术刊物《文学年报》。从他为郭绍虞《中国文学批评史》所作的书评之中，也能看出他绝不是单纯地从读者的角度进行评判，像他提及的"错字"、"误标"、"失标"、"脱作者传略"等疵点，就显现了一个有丰富编辑经验的学者的理解和领悟。更重要的是两人从事的专业相似，对中国古典诗词有共同的研究兴趣和专长。阎简弼在燕大、北大讲授"中国文学史"、"诗词研

---

　　① 李丽、马千里：《周振甫、阎简弼与未及时出版的〈唐诗选读〉》，《中国出版史研究》2019 年第 1 期，第 173 页。

究"等课程，发表过《〈香奁集〉跟韩偓》、《读〈陶渊明传论〉》、《谈陶渊明〈命子〉等诗句并简答张芝先生》、《陆放翁论诗文》等诗词专论，而周振甫则是古典诗词的专家，出版的《诗词例话》是古典诗词的经典论著。正因如此投缘，周振甫和阎简弼两人早就有合作出书的意向。《唐诗选读》也就应时而生了。

为了能让这部书出版后得到高度认可，周、阎二位先生经过商量，制订了最优编写方案。首先由阎简弼初选诗人和诗作，两人商量后再定选，从《全唐诗》中撷取了 106 位唐代诗人的 360 余首诗。其次在注释和讲析方面，先注明难解的句子，再串讲大旨；讲析诗意则根据难度有详有略，尽力挖掘诗歌中的趣味性。为读者延伸阅读考虑，书中还对一些异文的出处、版本做了简单说明，供学有余力者参考。与最初的设想不同，这部书的撰写进行得异常艰难，初稿就耗费了近五年时间。之所以进行得不够顺利，有两个原因。一方面是当时阎简弼已经调往辽宁，举家迁往东北，任教于 1958 年新成立的辽宁大学中文系，还担任了辽宁大学校务委员会委员等职，教学工作和行政事务都较为繁忙。另一方面是应恩师郭绍虞之邀，为人民文学出版社作"历代诗话校注"系列中的《养一斋诗话校注》，这也占据了他很大一部分时间和精力。但就是在这样困难的境况下，阎简弼在 1962 年 4 月完成了整部书稿的初稿，交中国青年出版社初审。

在至今尚存的中国青年出版社 1962 年 4 月 16 日签发的一页"支付稿酬通知单"里，"稿件情况"一栏里注明"已交稿，待审读"，在稿酬通知单的附件里，有周振甫亲笔书写的稿件情况说明、稿酬计算办法及金额，以及第二编辑室主任阙道隆等人的签字，从中可以窥见这部初稿的原始状态。

《唐诗选读》

作者除参考各种选本外，又从《全唐诗》中选取了一般不大选的诗，面貌同坊间流行的选本不同。作者在北大时负责注释《先秦文学史参考资料》，有一定的水平，对每诗的讲解尚通俗流畅。其中可能有一些诗要请他抽换，全稿也未经审读，初步翻阅似可用。

全稿

作家小传　　36 页

前　　言　　4 页

选注说明　　4 页

正　　文　　547 页

共　　　　　591 页

每页 400 字，约 236400 字。

除去空白，约 22 万字；除去所选诗，假定占 1/5，注释部分约 18 万字。假定以千字 6 元计，约一千元稿费。预支 300 元，连同作者托代购的《全唐诗》一部约 50 元，合 350 元，占稿费 35% 不到一点，因编选费未计入。

振甫

同意预付 300 元。

阙道隆 4.16 [1]

在基本同意出版的基础上，周振甫经过审校，提出不少有针对

--------

[1]　李丽、马千里：《周振甫、阎简弼与未及时出版的〈唐诗选读〉》,《中国出版史研究》2019 年第 1 期，第 176 页。

性的意见。两人又用了近两年的时间进行修改、补充和完善，对稿件进行扩充和细化：由初稿不到二十三万字增加到近三十万字；重新编排了体例，定下"传记—选诗—注释—讲析"的基本模式。1964 年秋，《唐诗选读》已经排定付型样，即将付印，周振甫突然接到电话，告知接到上级有关部门的文件，古典文学出版暂缓。他急忙打探原因，出版社领导也语焉不详。万般无奈之下，周振甫给远在沈阳的阎简弼打电话，告知暂缓出版的消息，并告诉他说会寄一份图书清样给其留存，以便再修改，等待重新出版的机会。之后，"文革"爆发，阎简弼在 1968 年遭迫害去世，周振甫也下放潢川干校，《唐诗选读》失去了出版的机会，终究未能像《唐宋词选》、《史记选讲》、《古文选读》那样与读者见面，成为了永远的遗憾。

现在看来，周振甫选择阎简弼来担纲《唐诗选读》导致了出版计划的延滞甚至取消。但这是"后见之明"，这种评判对于历史当事人无疑是不够公正、不合情理的。历史当事人对事件发展是无法预料的。"文革"结束后，当时已在中华书局工作的周振甫得知了阎简弼去世的消息，既为这部从策划到完成付型历时数年，却终究未能在他手中成书的《唐诗选读》遗憾不已，更为同为从事古典文献研究的作者阎简弼的不幸遭遇而哀痛。也许是因为这件事情太过痛心，周振甫没有向外透露过《唐诗选读》夭折的任何信息，在后来自撰年谱中也没有记录此事。但他用自己的特殊方式纪念这位学术同路人，在后来修订的《诗词例话》中，他显著地标示出阎简弼的两则注释：

《诗词例话·忌片面》：温庭筠诗亦云："悠然逆旅频回首，无复松窗半夜钟。"庭筠诗多缀在白乐天诗后。

注释曰：按《全唐诗》温庭筠诗中并没有这两句，有《盘山寺留别成公》："悠然旅榜频回首，无复松窗半偈同。"可能是王直方记错了，也可能有另一本子。据阎简弼先生说。①

又《诗词例话·比喻》：有以水喻愁者，李颀云："请量东海水，看取浅深愁。"

注释曰：阎简弼说，《容斋随笔》卷四《李颀诗》："予绝喜李颀诗云：'远客坐长夜，雨声孤寺秋。请量东海水，看取浅深愁。'"查《全唐诗》李颀卷中无此诗，此实为李文山（群玉）《雨夜呈长官》五言诗的前四句。②

在书中特地将阎简弼的注释严格按照学术引用惯例进行说明，除了表明周振甫对待学术严谨、细致的态度之外，无疑也透出了一位老编辑对逝去多年的朋友的感怀和思念。

# 七、下放潢川干校

潢川干校是 20 世纪 60 年代后期到 70 年代前期共青团中央在河南省信阳地区的"五七"干校。所谓"五七"干校，是指"文化大革命"期间，为了贯彻毛泽东主席《五七指示》，让干部接受贫下中农再教

---

① 周振甫：《诗词例话》，中国青年出版社 2006 年版，第 66 页。
② 周振甫：《诗词例话》，中国青年出版社 2006 年版，第 227 页。

育，将党政机关干部、科技人员和大专院校教师等下放到农村，进行劳动教育和思想改造的场所。

文化部的"五七"干校设在湖北省咸宁地区，后来叫向阳湖"五七"干校，京城几乎所有重要出版机构的编辑家、出版家们都曾在那里度过了难忘的岁月。这个地方如今成了国家重点文物保护单位，承载着一段特殊的历史记忆。当时，周振甫所在的中国青年出版社隶属于团中央，团中央的"五七"干校则在离湖北武汉不很远的河南信阳。

1966年，"文化大革命"将几乎所有的人都裹挟其中，文化出版单位是受冲击最为严重的。[1]周振甫也未能幸免，编辑工作被打断了，读书写作也戛然而止。先是1966年12月被冠以与"反革命分子"没有划清界限的罪名，被隔离审查。原来，中国青年出版社有位刚从国外回来、住在周振甫家楼上的青年人，"文革"开始就被错误地定为反革命分子。周振甫与这位青年有些来往，对他也有所了解，就对别人讲，应对这个人再审查一下后再定。结果因为这句话便被隔离了。不过总的来讲，敢言的周振甫那时并没有受太大的冲击，两年多后的1969年4月，周振甫随共青团中央及其所属单位一起下放到河南省信阳地区潢川县"五七"干校。

河南，信阳，潢川，淮河支流春河和白露河的交汇处有一个荒湖，说是湖，其实是一片杂草丛生、淤泥堆集的沼泽，茅草下面是浑浊的泥浆。四面是辽阔的荒野，野鸟乱飞，兔鼠出没。1958年，信阳地区受河南省委指示开荒种地，将这片荒芜之地变成了大片的水

---

① 朱顺佐、金普森：《胡愈之传》，杭州大学出版社1991年版，第252页。

田，建立了国营黄湖农场。1968 年，本着"干部要到基层扎根，不是短期锻炼，子孙后代都可能在那里待下去"的思想，团中央派王道义、路景（一说"金"）栋、辛克高（时为团中央办公厅处长）、武如春（时为团中央机关群众代表）以及张立顺一干人等对此地做了考察，比较满意。得到团中央领导的批复后，干校最终在黑龙江、安徽和河南三地多点的选择中定址黄湖。就这样，黄湖农场成为了团中央及其下属的中国青年报社、中国青年出版社、中央团校、中国青年杂志社等单位 11 个连队总共 2000 多人新的工作、生活的家。昔日冷寂的黄湖沸腾起来了，这群拿惯了笔杆子、坐久了办公桌的脑力劳动者，开荒、挖渠、筑埂、犁田，实践着用体力劳动改造思想的指示。

1969 年 4 月 15 日，团中央系统的一千五百余名干部和工勤人员在天安门广场开了下放前的誓师大会。随后队伍挥着红旗直奔火车站，包乘九节火车硬座，历经十余小时到达河南信阳，又分乘四十余辆解放牌卡车，从信阳到潢川，最终到达黄湖农场，安家落户。周振甫作为中国青年出版社的一名普通编辑，也与妻子张韫玉和小外孙被裹挟在这支浩浩荡荡的队伍之中。

这时，他们大学毕业没几年的女儿女婿，正带着两岁的大外孙，在京郊昌平农村接受"再教育"，无力照顾第二个孩子。周振甫先行到了黄湖农场后，张韫玉是 11 月 11 日带着小外孙来的，对此，叶至善在这年 11 月 13 日给父亲叶圣陶的信中这样写道：

> 迁到黄湖来的家属，第一批已在十一日下午到达，其中有周振甫太太。她不听周振甫的劝阻，带了一个六个月的外孙女（实为外孙——引者注），毅然决然来了，这种勇气可以佩服。现在

她和沈芳娟等的家属，同住在一间屋子里。生活上的困难当然是很多的。我们连里，已经造好了五间新屋，门窗还没有上；还在附近修好了七间旧屋，在相邻的生产队借了三间民房；将来就分配给把家属接来的同志。现在又在加紧制土坯，准备赶造十几间新屋。①

想必那时候张韫玉一人在京带一个六个月的孩子着实不易，到了农场好歹有个帮扶。过了些日子，有家属迁来者单独的住房才陆续解决。据叶至善给父亲的信中提到，顾均正"分配到一间房子"是到了次年的 1 月下旬了。叶至善在 1969 年 11 月 29 日给父亲的信中再次提到周振甫夫妇："文化部系统下放疏散，做得很彻底。我很难想象，像傅先生，到了'五七'学校能做些什么。顾、唐两位现在在烧水。家属来了，开水的供应量大增，忙得他们不可开交。周振甫则担负许多家务劳动，如挑水、送饭、买东西，真够累的。周太太则在屋里管小外孙，不大见她出来。"②

周振甫夫妇与开明时期的老同事顾均正夫妇、唐锡光夫妇当时都是在中国青年出版社所属的第七连。顾、唐二人先后烧过水、养过猪、种过瓜。之所以称为连队，是因为那时干校实行军事化管理，按照军队的连排编制。以原单位的组织形式为底子，中国青年出版社、中国少年儿童出版社被编为七连，驻地是整个农场最为低洼的一个

---

① 叶小沫、叶永和编：《叶圣陶叶至善干校家书（一九六九——一九七二）》，人民出版社 2007 年版，第 41 页。

② 叶小沫、叶永和编：《叶圣陶叶至善干校家书（一九六九——一九七二）》，人民出版社 2007 年版，第 50 页。

地段。周振甫所属的七连二排由文学编辑室和政治理论编辑室组成，排长为原中国青年出版社文学编辑室主任阚道隆。七连分管水稻500亩，占全干校的1/4，小麦500亩，占全干校的1/10，生产任务相当重。而且，七连还承担了诸如修建"五七"干渠、平整大寨路等繁重的基建任务。

这里的生活条件是和北京无法相比的，非常的艰苦。当时农场工人中有黄湖"四嫌"的说法，"一嫌黄湖阴雨多，二嫌黄湖房屋破，三嫌黄湖路难走，四嫌黄湖蛇蟆窝"[①]。归结起来，第一就是阴雨连绵路难走，穿雨靴的，靴上粘满了厚厚的泥，就像挂上了铅一般沉重不堪，甩都甩不掉，大伙都是蹒跚前进，一不小心就会滑倒，成为浑身淌泥水的"落汤鸡"。第二就是房屋差，四处透风，蛇鼠四窜。最初，周振甫他们都没有房子住，只能寄宿在当地农民家里。到了第二年才住进了新盖的土坯房。湖水不能直接喝，他们又凿了水井。没有粮食，他们开荒种地，还围起菜园养鸡养鸭，一切都要靠自己的双手获得。发现农场无法抚养小外孙的周振甫夫妇，不得不把小外孙送到邻镇一家农户代养。农户家像个小型幼儿园，代养着若干孩子，孩子们在院内与小猪小狗摸爬滚打，家长给的奶粉也常常不知去向。直到两年后，周振甫被调回北京参与点校"二十四史"，他们夫妇才终于把十分瘦弱的小外孙带回了北京。

在七连，周振甫刚开始主要是负责挑水、送饭。水井远在一里开外，路又不好走，晴天坚硬如刀刃般的土块横七竖八，雨天就是泥泞遍地，坑坑洼洼。时年已是58岁的周振甫每天要在这条路上担着水

---

① 如蓝：《厚重黄湖——走进团中央"五七"干校》，载如蓝：《那些年，他们在五七干校》，中国文史出版社2015年版，第151页。

走好几个来回，他视力本就不太好，担着水桶一路总是摇摇晃晃才到达厨房。中午还要给地里干活的人送水送饭，每天都是疲于奔命，劳累不堪，不多久身体就吃不消了。见此情景，上级把周振甫调换到了放牛组，萧也牧、叶至善、覃必陶等人都在这个组，主要工作是放牧喂牛，体力劳动减轻多了。当时在七连任党小组长的邵益文回忆说：

> 喂牛是放牛组的事。放牛组都是一批年岁大的老知识分子，记得放牛组有叶至善、顾均正、周振甫、王幼于等同志。傍晚我们骑着牛回驻地，就把牛交给他们，我们就不管了。喂牛其实不是一件轻松活儿。早晨天不亮，就要把牛牵出去吃草，中午他们要提前吃饭，准备午休时外出放牛，晚上要等牛吃饱了才能回宿舍休息，夜里还要起来给牛加一顿饲料。①

显然，放牛工作的轻松只是相对于蔬菜组、大田组而言。1969年11月13日，叶至善写信向父亲叶圣陶介绍了放牛的工作安排，这个10人小组，"每天五时一刻起床，顾不得洗脸，第一件事就是把牛牵出牛棚，免得它们在棚里多拉粪。晚上九点半给牛把了屎尿，一条条牵进棚去，然后洗脸洗手洗脚上床，大概已经十点半了。真是睁开眼就是牛，待牛睡了我再睡。我们现在又增添了牛，水牛有了十四条，黄牛有了六条，加上一条毛驴，一共二十一条……"而且，干别的活，总有个间歇期，搞完一个段落，休整一次。类似于放牛这种"服务性行业"就没完没了，即使已经在床上睡下，一听见外面有牛

---

① 邵益文：《一个编辑出版者的自述：为编辑研究和编辑学学科建设尽一份力》，中国书籍出版社2016年版，第65页。

走动的声音，就得起来看看有没有出问题。①因而，放牛也不是田园牧歌那样"岁月静好"，而住宿是 10 个人挤在一间大屋子里。

周振甫这位戴眼镜的高知"牛倌"之前是从来没有放过牛的，对着这群不会说话只会"哞哞"叫的大牲畜经常是毫无办法，急得满头大汗，发生了许多有趣的故事。同事黄伊就曾记录了周振甫"找驴赶牛"的趣闻。

放牛组有水牛、黄牛、母牛、牛犊八九头，还有一头叫驴（公驴）。周先生除了放牛，有时还管那头叫驴，让它拉磨呀，驮东西呀。有天早上，只见牛场上拴毛驴的木桩上，还剩下半根泡湿了的烂绳子，那头驴却不见了！周老先生急得直搓手，嘴里喃喃自语："啥个办呀！驴不见了！"我们也替他焦急，四处张望，看看能否找到叫驴的踪影。这时，来了一个老乡，我跟他说驴跑了。他看看那个木桩和半根烂绳子，扑哧笑了一声说："你们这几天没听见叫驴'呀呜呀呜'地叫呀，大概它找母驴去了！"他伸手往东南方向一指："从这里往那边走三四里地，村边有个农家，那家有个母驴。我猜八九不离十，准在那里。"周先生已届花甲之年，腿脚又不大灵，放牛组组长汪安祥和我根据老农的指点，走了好几里地，果然看到那头叫驴，对象没找着，却被老乡套上脖套戴上捂眼拉磨呢！我和汪安祥笑着将它拉了回来。周先生连声说："啥个啥个，吾不如老农也！"

有一天天气好，周先生跟着我们一起去放群牛，把牛大哥赶

———————————

①　叶小沫、叶永和编：《叶圣陶叶至善干校家书（一九六九——一九七二）》，人民出版社 2007 年版，第 42 页。

到水草丰美的地方，我们便回去了，让他和儿童文学家金近等两三个人，在那里留守。过了三四个小时，天都麻麻黑了，牛群怎么还不回来呢？汪安祥放心不下，他让我跟着一起去找他们。原来，牛都吃饱了，躺在一个四面环水的空废了的宅基地上反刍，不肯下来呢！周先生和金近焦急得不得了，无论怎么吆喝，牛大哥就是"我自岿然不动"。汪安祥一时也想不出好办法，我说："要不，我趟水过去赶，水只有齐腰深。"汪安祥正在犹豫，一个小孩恰好从那里走过，知道牛群不肯下来，他摆了一下手，让我们不要出声，他蹲了下来，"哦厄——哦厄"地学着小牛犊叫了起来。宅基地上有头母牛一听，以为是它的小宝贝要吃奶呢，赶快爬了起来，带头走下宅基地，一群牛都接着趟水过来了。[①]

其实，现实远比趣闻中的描述要严酷得多，养牛有养牛的辛苦之处。清早 5 点半要喂早料，下午 6 点要喂晚料，碰到农忙时候，中午 12 点和晚上 11 点再喂两次豆饼。早晚的牛料都需要养牛人自己铡草磨料，牛出去干活或吃草，还需要打牛绳、扫牛场、清牛粪，牛生病了还要像照顾病人一样，照看喂药，一天也不得清闲。周振甫干什么都认真细致，尽心尽力。他很快就学会了搓牛绳，一根一丈多长、结结实实的牛绳，二十多分钟就搓好了。牛绳打得结实也有烦恼，有一天，周振甫一早去牵牛放，发现自己养的那头豁鼻子大黄牛因为牛绳结实，挣脱不开，就"报复性"地在拴它的那个木桩上，拉了一大泡屎。怎么办呢？周振甫无可奈何摇了摇头，伸手到牛屎里去解开牛

---

① 黄伊：《周振甫在潢川》，《出版科学》2003 年第 2 期。

绳，将牛拉到水塘边，又洗牛绳又洗手。大黄牛则好像颇为自得，昂着它的大脑袋晃个不停。在周振甫他们的悉心照料下，农场的牛每餐都吃得饱饱的，膘肥体壮。和他在一起养牛的叶至善颇为自得：

> 生产队牵来的那条母牛，瘦得尾巴嵌在尻骨里边。我们的牛过冬也掉了些膘，看生产队的这条牛，觉得我们养牛还是有成绩的。①

年底，同样下放的团中央第一书记、中国青年出版社曾经的直接领导胡耀邦到七连来"推磨"。所谓"推磨"，就是被打倒的高级干部到干校各连队去听取群众意见。胡耀邦在接受完军代表指定的群众教育后，一边向连部旁边的宿舍走去，一边问："周同志在哪里？"那个年代，一律以"同志"相称。他要去看望老朋友、老下属，曾以"先生"称呼的周振甫。

胡耀邦和周振甫早在 50 年代末期就已认识。在所谓"三年特殊困难时期"食物匮乏，人们营养不良，得浮肿病的人很多。为了减少体力消耗，大大减少了各种活动。胡耀邦提倡团中央的干部要学一点古文，编个范本。办公厅接下任务，找到中国青年出版社，这个任务自然而然地落到了既有古典文史深厚素养，又长期从事文史编辑的周振甫身上。他找来许多篇古文，精挑细选，对选好的文章还加了注释，写出提示。这个内部用的本子编好后送呈胡耀邦书记审阅，胡耀邦看后连连点头称赞，让办公厅发到印刷厂去排印。通过这次编古文

---

① 《叶至善集·书信卷》，开明出版社 2014 年版，第 31 页。

教本，周振甫深厚的学养和踏实的工作态度给胡耀邦留下了深刻印象，获得了这位大领导的敬佩和尊重。胡耀邦曾经多次表示："我就是尊重那些有知识、有学问、有业务经验，正派的、踏踏实实、勤勤恳恳一辈子干事业的人。"①

后来，周振甫将这个古文选本进一步加工完善，形成了《古文选读》，由中国青年出版社正式刊行，成为了出版社销售很好的重点书、长销书。除此之外，周振甫经手编写或注释的《毛主席诗词讲解》、《诗词例话》等也都由中国青年出版社送到了团中央常委的手中。酷爱读书、浏览广泛的胡耀邦应该至少翻阅过这些著作，虽很少见面，但以书为媒，两人也算有了来往，彼此了解，所以胡耀邦到了七连就惦记着来看看周振甫。

那天周振甫正在为全连烧开水，两人在锅台边相见了。胡耀邦询问了周振甫身体和生活的情况后，又关切地问道：周同志，还有时间研究古典文学吗？周振甫回答：不搞了。胡耀邦拍了拍他的肩背，宽慰他说：中国的古典文学是我们民族的宝贵财富，思想弄清楚了，还是应当向青年介绍的。周振甫轻轻地点了点头，算做赞同的表态。

1970年的春节，周振甫夫妇带着小外孙是和干校的"牛倌"们在农场一起过的。叶至善在给父亲的信中记下了这个难忘的佳节：

第一次在外面过春节，讲一下这个春节是怎么过的。除夕晚上，吃"忆苦饭"，麸皮窝窝和咸萝卜，听贫下中农作忆苦思甜报告，然后与贫下中农一起讨论。春节原说不放假，到除夕才宣

① 王业康：《往事漫忆：中国青年出版社创立前后》，《出版史料》2010年第1期。

布放假三天。牛不能不管，养牛组只能轮流休息。初一早晨，我恰好轮到早班，五点半起床，把牛牵出牛棚把屎把尿，清扫牛棚，然后把牛拴进牛棚，喂上草料。八点开始包饺子，养牛组八个人吃，四个人包。我参加包饺子。向伙房领了面和馅子，就在振甫家里包，一个山东的女同志擀皮子，我和振甫夫妇包，还数我包得快。包好了到伙房去下，吃完饺子已经十一点了，睡了一觉，下午又给牛把屎把尿，喂草喂料。五点吃第二顿饭，一人一个拼盘，熏鱼、排骨、牛肉、猪肝、酱鸡子，上好的吃酒菜，可因为又轮到夜班，不敢吃酒。晚上七点值夜班，仍干这些事，到十二点半上床睡觉。[①]

这一天农历正月初一，公历则是 1970 年 2 月 6 日。我想，这个春节不仅是叶至善记忆深刻，周振甫夫妇和其他同事也一定终生难忘。日子长了，干校的条件变得好一些了。叶至善回忆，到 1970 年底，"我们恢复了七天一星期的作息制度，每星期六晚还放电影。新影片没有这么多，有些片子就重复放映。每人每月收电影费一角，不管看不看。我们住房用电，也每月付两角钱。这些都是些象征性的"[②]。

在干校期间，叶至善、周振甫一直都在放牛组，常有交流。徐调孚要退休，离开北京去四川江油儿子那里的消息，叶至善就是听周振甫说的。1971 年 6 月初，叶至善的爱人夏满子作为家属代表小组成员，从北京到黄湖参观、慰问，"周振甫太太特别热情，一定拉她去吃了一顿中饭，在煤油炉上煮了些咸肉，炒了几个鸡蛋"①，确实也是一片心意。

放牛显然并不轻松，但下放到潢川以来，酷爱读书、写作的周振甫并没有放弃学习和研究。在如此"劳其筋骨、空乏其身"的日子里，大部分人都是身体的劳累战胜了精神的需要，"平时劳动完了大家就聊天、闲逛，也不愿意去学习了，甚至好多人把带来的书都扔了"。② 闷热的夏天，好多人收工吃完晚饭都穿上衣服，抹上防蚊药水，摇起大蒲扇，乘凉聊天去了，周振甫却不一样，收拾妥当后就留在屋里看书写字。蚊虫实在太多、疯狂叮人的时候，他就躲进蚊帐里手执一书，安然自若。寒冷的冬天，北风呼啸，周振甫住的土坯房四处漏风，他穿上棉衣，围上被子，依然手不释卷。与老领导胡耀邦的见面，使周振甫内心潜藏的"知识有用"的信念重新升腾起来，他坚信自己会有返回编辑岗位，再与书相伴的一天。果然，时隔不久，毛泽东提出要恢复点校"二十四史"，周振甫被点名调回去参加《明史》的点校整理。在他离开干校后，军代表告诫大家，不要动摇在潢川黄湖农场"生根开花，生儿育女"的决心，并在大会上说，周振甫调去"无非是圈圈点点"，甚至说他这是"废物利用"。

从叶氏父子的书信往来，可以知道周振甫正式离开农场回京的准确日期。③1971 年 6 月 17 日，叶圣陶给叶至善和夏满子（此时

---

① 叶小沫、叶永和编：《叶圣陶叶至善干校家书（一九六九——一九七二）》，人民出版社 2007 年版，第 286—287 页。

② 一凡：《农场职工忆耀邦：以天下为量者，不计细耻》，《文史博览》2010 年第 6 期。

③ 叶小沫、叶永和编：《叶圣陶叶至善干校家书（一九六九——一九七二）》，人民出版社 2007 年版，第 290—291 页。

正在黄湖）的信中说："振甫是十四日上午来的，他从火车站到宿舍，稍稍安顿一会儿，就来看我了。听他所说，就大略知道抗洪的情形。"还说，从北京去参观慰问的干校家属代表"要参观一个月，我已经听振甫说了"，等等。叶至善在 6 月 20 日给父亲的信中则提及，"九号抗洪以来，我实在忙得没有抽时间写信。抗洪过后，抢割小麦，抢播水稻，我虽然没有直接参加，放牛组年轻的同志都去了，加上振甫又调走了，放牛的任务就落在三个年纪大的人身上"。叶圣陶在 21 日的信中又写道："振甫去中华，《二十四史》的工作尚未开始，于是帮助调孚校章士钊的书。"24 日的信中，叶圣陶说："振甫来过两次，第二次是因他要帮调孚校《柳文指要》，想要向我借一部柳宗元的集子，我没有。他见我不提及他的诗，心里一定在纳闷，不知道我到今天才看到呢。他若再来，我就可以把原委向他说明了。"

周振甫回到北京后，叶至善还在黄湖继续当"牛倌"。翻阅叶圣陶致叶至善的干校书札，我们注意到有好多处周振甫到访叶家的记录，可谓过从甚密。如叶老在 1971 年 8 月 7 日致叶至善信中写道："前天振甫来，是调孚托他来借我的《毛选》线装本，因为章士钊的书将要付印了，调孚要研究封套的式样。章的书据说九十月可出。调孚待此书出版，就回上海去。"①叶老 1972 年 7 月 9 日的信中，有这样的记载："昨晚振甫来'更正'，他说回答均正的话说错了，陈原确是派到'商中'来的，不是在出版口。此外陈翰伯派到'人民'，李季派到'人文'，邵宇派到'人美'。振甫也谈关于青年出版社的传说，与你

① 叶小沫、叶永和编：《叶圣陶叶至善干校家书（一九六九——一九七二）》，人民出版社 2007 年版，第 328 页。

上一封信所说相同。"① 叶老在该年另一封信中，谈及老人保健："周振甫说：据传毛主席老年人保健十六字诀，颇有道理。'基本吃素，经常走路，心情舒畅，劳逸适度'。可是我就难以做到。第三句，我只能心不拘着，消极地少想，而'舒畅'谈何容易。'走路'和适度的'劳'，我全无。"② 这些本属周振甫到中华书局校勘《二十四史》之后的事，但应算干校余韵，"中青"续集，故在此简述。

两年多的干校生活，数百个日夜，这段压抑的岁月给周振甫留下了不可磨灭的深刻记忆。他虽然没有专门回顾这个时期的文字，但在一些学术文章中还是能够追踪到间杂其中的痕迹，找寻到些许独属于他的个体情感与态度倾向。像《读章学诚〈古文十弊〉》一文，以治学观点阐释学习方法，里面就包含了不少对"文革"时期人和事的批判与反思。讲到"文德"时强调要"分清是非"，意识到"类似这种蠢事，我们在'文化大革命'中也干了不少……颠倒黑白，把正确的说成错误的，写大字报来批"。③ 论及"八面求圆"时，列举了干校时期荒唐的诊疗章程，指出掩盖这套医疗制度的缺点，是要害死人的。讲到"私署头衔"时，痛批某县委水利工程的夸耀性宣传，"这种私署头衔的文章，不仅是不实事求是的，还是劳民伤财，给地方和人民造成祸害。"④ 可以说，周振甫以知识分子的良知，站在人民大众的立

---

① 叶小沫、叶永和编：《叶圣陶叶至善干校家书（一九六九——一九七二）》，人民出版社 2007 年版，第 564 页。

② 叶小沫、叶永和编：《叶圣陶叶至善干校家书（一九六九——一九七二）》，人民出版社 2007 年版，第 423 页。

③ 周振甫：《读章学诚〈古文十弊〉》，载北京市工农教育研究室编：《〈大学语文〉文章讲析·古典文学部分》，北京出版社 1984 年版，第 377 页。

④ 周振甫：《读章学诚〈古文十弊〉》，载北京市工农教育研究室编：《〈大学语文〉文章讲析·古典文学部分》，北京出版社 1984 年版，第 378 页。

场，以学术的方式表达了自己对那个荒唐时代的批判和否定。

周振甫把人事关系从中国青年出版社正式转到中华书局要到1975年，但1971年从干校回来后，他主要的工作岗位就已经在中华了。因此，这段传主中国青年出版社和中华书局两边兼顾的交叉时期，我们就放在下一章论述。

# 第四章

## 在中华书局

　　学识影响一个人的眼界、格局，甚至整个人生。当一帆风顺时，有学识的人会让自己过得更加充实，更加富有理想与追求。当身处逆境之时，学识又会让人变得更加清醒、从容和坚强。老话讲，机会总是给有准备的人。在特殊情况下，学识往往会给人带来好运。对于周振甫来说，学识改变了他在"文革"时期的命运轨迹。1971 年，在周恩来总理的直接指示下，中断已久的"二十四史"整理出版工作得以重新启动。周振甫被指名参加《明史》的点校整理，经中央批准，成为了中国青年出版社第一个离开干校回京工作的编辑。1972 年初分配到中华书局工作的青年编辑黄克用传神的笔墨描绘了那时的周振甫："个头不高，白白胖胖，千层底鞋，步态很轻，待人接物总是满含慈祥的微笑，浓重的吴音或许难懂，却让你从中备感亲切，这恐怕就是人们印象中周振甫先生的定格。"①

# 一、"多查几种书"

所谓"二十四史"，是中国古代 24 部纪传体史书的统称，按照各史所记朝代的先后排列，分别为《史记》、《汉书》、《后汉书》、《三国志》、《晋书》、《宋书》、《南齐书》、《梁书》、《陈书》、《魏书》、《北齐书》、《周书》、《隋书》、《南史》、《北史》、《旧唐书》、《新唐书》、《旧五代史》、《新五代史》、《宋史》、《辽史》、《金史》、《元史》、《明史》。共计 3217 卷，约 4700 万字。记述的范围，自传说中的黄帝开始，到明末崇祯皇帝为止，涵盖古代政治、经济、军事、思想、文化、天文、地理等各方面的内容。1921 年，中华民国大总统徐世昌下令将《新元史》列入正史，与"二十四史"合称为"二十五史"，而多数地方不将《新元史》列入，而改将《清史稿》列为"二十五史"之一，如果将两书都列入正史，则形成了所谓"二十六史"。

作为我国文化宝库中的瑰宝，"二十四史"规模巨大，卷帙浩繁，内容十分丰富庞杂。但这些历史遗产过去没有进行系统点校，错讹甚多。乾隆时代武英殿本"二十四史"在当时是标准本，但是武英殿本仍有不足之处。近代出版大家张元济在商务印书馆，搜求各时代的

---

① 黄克：《感念振甫师——兼怀钱锺书先生》，《书品》2012 年第 1 期。

善本，编成《百衲本二十四史》，当时可谓"二十四史"的最佳版本。但是传统的"二十四史"没有标点，没有断句，一般读者用起来仍有一定困难。

新中国成立后，毛泽东于1953年全国人民代表大会第一次会议期间，曾面告吴晗，要他与范文澜组织点校《资治通鉴》出版。该书于1956年校点完成并出书。1956年，著名学者、长期在文化战线工作的郑振铎，在《人民日报》、《政协会刊》先后发文，首次提出系统整理"二十四史"的问题。1958年9月，毛泽东又指示吴晗，继续组织点校刊行"前四史"。9月13日，范文澜、吴晗邀约有关专家商办此事。会议商量的结果是，除了前四史，还有其他二十史和《清史稿》也应加以校点，应着手组织人力，由中华书局具体订出规划，其目标是给读者提供一套标点准确、错误最少、便于阅读检索的本子。范文澜、吴晗曾就此向毛泽东汇报，得到肯定的答复，认为"计划很好，望照此执行"[1]。于是，"二十四史"点校这一浩大的文化工程在1958年正式启动，征调多位历史学的权威专家负责整理，包括顾颉刚、宋云彬、陈乃乾、王仲荦、汪绍楹、刘节、董家遵、刘乃和、柴德赓、邓广铭、罗继祖、翁独健、傅乐焕等。西北大学、中山大学、山东大学、武汉大学、南开大学等高等学校历史系也承担了部分史书的点校和整理任务。

亲历其事的原中华书局副总编辑赵守俨，把首尾历时20年之久的"二十四史"点校出版，根据工作的发展变化分为三个阶段。第一阶段为1958年至1962年，此为探索期，质量上要求不很明确，工作

---

[1] 蔡美彪：《"二十四史"校点缘起存件》，《书品》1997年第4期。

方法上也无具体的规定，以致早期出版的《史记》等三书各行其是，连形式上都不一致。第二阶段是从 1963 年到 1966 年，这期间外地院校承担的各史由分散点校改为到北京集中点校，工作进展加快，质量更有保障。第三阶段是从 1971 年到 1977 年，为完成任务阶段，其间工作内容、工作方法、参加人员皆有所变化。到 1978 年春，"二十四史"点校本的最后一种《宋史》出版（版权页标注为 1977 年 11 月），至此全部点校出版工作宣告结束。[①] 周振甫主要参加的是最后阶段的工作。

1966 年 5 月，"文化大革命"的正式爆发使"二十四史"的整理工作被迫停顿，随后的几年里，政治风云的变幻不定，让这一文化工程的进展断断续续。

"文革"后期，情况开始有所变化。1971 年 2 月，周恩来针对江青、张春桥等施行的文化专制主义，向出版口提出恢复出书的要求，指示恢复"二十四史"的点校工作，并针对当时对书稿的审查、修改特别指出：《资治通鉴》还用审查吗？"二十四史"还要修改吗？这年 4 月，周恩来在姚文元建议组织一些老知识分子继续进行"二十四史"点校工作的信上批示恢复"二十四史"点校工作，指出："二十四史"中除已标点者外，再加《清史稿》，"中华书局负责加以组织，请人标点，由顾颉刚先生总其成"。5 月 13 日，毛泽东主席对国务院出版口《关于整理出版二十四史及〈清史稿〉的请示报告》批示"同意"。由于周恩来总理的亲自安排、布置，到 6 月这项工

---

① 赵守俨：《风风雨雨二十年——"二十四史"点校始末记略》，载中华书局编辑部编：《守正出新：中华书局》，中华书局 2008 年版。

作重新启动。① 于是当年聚集于北京西郊翠微路中华书局大院"校史"的学者们又一次集结京城。只不过，他们中很多人不再是从家里出发，而是从各个下放地起程。周振甫就是其中的一个。中华书局的赵守俨、吴树平、熊国祯等也是这年从湖北咸宁的"五七"干校回京的。

对于借调自己的中华书局，周振甫非常熟悉，多年前就差点成为这所历史悠久、实力雄厚的出版机构中的一员。那是开明书店被合并成立中国青年出版社时，开明老同事又是老乡兼"伯乐"的徐调孚先生向中华书局力荐周振甫，争取他来参加古籍编辑工作。但刚刚成立的中国青年出版社，也觉得非常需要周振甫这样一位既有古典文学专业知识，又有丰富编辑实践经验的编辑，所以当时的领导始终不松口，调离的事最后没成功。

不过中国青年出版社后来做了让步，本着团结互助、共同推进新中国出版事业的初心，与中华书局达成了一项很有意思的协议，即周振甫可以用近一半的时间为中华书局工作。就借调周振甫事，60年代初任中国青年出版社社长兼总编辑的边春光这样致信中华书局总编辑兼总经理金灿然：

> 目前周振甫同志每周可以抽出三个半天的时间为你局作一些编辑加工工作，这三个半天的时间，由我社文学编辑室为他作统一安排，在一般情况下，使时间得到保证。所以只能抽出三个半天，是因为现在振甫同志每周有一个半天为文化学院代课，我社

---

① 中华书局编辑部编：《中华书局百年大事记（1912—2012）》，中华书局2012年版，第198页。

每周有一天时间学习，这一天他必须参加学习，这样再去掉为你
们加工稿件的一天半时间，在我社工作时间只有三天，而且这三
天去掉因为开会、听报告或其他任务，也不能完全保证。按我社
目前工作时间，再增加振甫同志为你局工作的时间确有困难，希
能谅解。……①

后来，经中华书局赵守俨与中国青年出版社文学编辑室和周振甫
本人协商，将这三个半天固定在每周三、五上午和周六下午。每当中
华书局有什么重要书稿或紧急任务时，徐调孚就会想到周振甫，请他
来帮忙。像有一次徐调孚接受了编《徐渭集》的任务，一时找不到合
适的编辑整理者，就请周振甫标点了半部书稿。尤其是 1957 年，中
华书局合并古籍出版社后，成为整理出版古籍的专业出版机构，次年
又被指定为古籍整理出版规划小组的办事机构，古典文学和文献的出
版物数量大大增多了。周振甫为他们审的书稿也就更多了，他是中华
书局的"编外编辑"和"长期临时工"，这种情况一直持续到他随中
国青年出版社下放到河南潢川为止。在终日与牛相伴的日子里，周振
甫似乎远离了中华书局，远离了编辑出版行业。"二十四史"出版工
作在中华书局重启，命运之神的巨手将他又拉回到编辑岗位，重续与
中华书局的缘分。

周振甫 1971 年进入的《明史》点校组，本来是由郑天挺负责的，
但他尚未"解放"，单位不同意他来京，于是指派周振甫和王毓铨一
起负责，先后参加的有林树惠、傅贵九、汤纲、郑克晟、王鸿江、

---

① 见中华书局周振甫档案资料。

朱鼎荣等学者。《明史》是清代官修的一部纪传体断代史，记载了自朱元璋洪武元年（1368 年）至朱由检崇祯十七年（1644 年）二百多年的历史。全书 336 卷，其中目录 4 卷、本纪 24 卷、志 75 卷、表 13 卷、列传 220 卷，其卷数在"二十四史"中仅次于《宋史》，该书从编纂到刊行历时 95 年。修成之后，得到后代史家的好评。清史学家赵翼就对《明史》推崇备至，"近代诸史自欧阳公《五代史》外，《辽史》简略，《宋史》繁芜，《元史》草率，惟《金史》行文雅洁，叙事简括，稍为可观，然未有如《明史》之完善者"。"执笔者不知几经审订而后成篇，此《明史》一书，实为近代诸史所不及。非细心默观，不知其精审也。"① 然而《明史》的编纂出于政治原因，经历了清代的"文字狱"，对史事的记载有所疏略和歪曲，曲笔隐讳和篡改不实之处甚多。所以，尽管《明史》相当完备，全面整理的工作也必不可少。

《明史》的整理工作最初是在史学家郑天挺主持下，由南开大学历史系明清史研究室的同志共同进行的，1966 年以前就完成了点校初稿，本纪部分也定稿了若干卷。周振甫等人是在南开初稿的基础上作修改补充，主要是消除歧异、修改舛误、补充遗漏。因为相对于其他史书，《明史》的点校有些特殊，它成书较晚，最早的乾隆四年武英殿原刻本仍能看到，不存在版本对校问题。整理校正的不是辗转翻刻中造成的错误，而是修撰或初刻的疏失。在进行改动的时候必须考证，提出充分的证据，使读者明了订讹补脱的理由。如武英殿本《明史·太祖本纪》记载："（二年四月）乙酉，徐达袭破元豫王于西宁。"

---

① （清）赵翼：《廿二史札记》，凤凰出版社 2008 年版，第 486 页。

点校组经过查考，认为"西宁"是"西安"之误。但没有前史和后人考订成果为证，所以只能自己校勘。他们遍寻史书，找到了"西安"原作"西宁"的证据。《太祖实录》卷四十有"西安州"，或简称"西安"的记录。按《明史》卷四十二地理志，陕西固原州下注："西北有西安守御千户所，成化五年以旧西安州置。"又说"西南有六盘山"，"南有开成州"，此二地名亦与太祖实录所载徐达进军经历之地名相合。西安州在固原附近，正在徐达军事活动地区，而西宁则距离很远，所以确定"西宁"应是"西安"之误。由此可见，一个微小的修改就要查找大量资料，做出许多考证条目。在《明史》复校过程中，科学考证前提下的繁琐是必要的而且是常见的。这从注释用的书目中就可以很明显地看出来，除采用了《明史》所据的《明实录》和《明史稿》外，还参考了《国榷》、《明会典》、《大政记》、《寰宇通志》、《明一统志》、《读史方舆纪要》、《明经世文编》、《绥寇纪略》、《怀陵流寇始终录》等多种有关史籍和专著，真可谓"逮穷年累月，深稽博考，然后乃晓然于是非得失之宜，长短取舍之要"①。

《明史》点校的难度和重要性，让当时接替体弱多病的顾颉刚主持"二十四史"整理工作的白寿彝相当关注，他放下其他未完成的修订工作，紧盯着《明史》整理的进程，亲自指导，要求改变过于繁琐的校记，做到删繁就简，言简意赅。周振甫对此心领神会，发扬自己学识渊博的优势，做到端倪可察，不放过任何一个值得商榷的疑点。在给程绍沛的信中，周振甫专门谈及自己点校《明史》的做法，介绍了自己发现错漏校的情况。

---

① （清）黄遵宪：《序》，载黄遵宪：《日本杂事诗广注》，钟叔河辑校，湖南人民出版社 1981 年版，第 24 页。

《明史》卷46第14页上2行南开校记:"'浦关',《史稿》志二二作'蒲关'。"南开只用《明史稿》来校《明史》,校出两书不同处,没有指出谁是谁非。振改校:"蒲关,原作'浦关'。《史稿》志二二、《明一统志》卷八七、《读史方舆纪要》卷一一八都作'浦关'。《嘉庆重修一统志》卷四八七'浦关'下注:'亦称蒲蛮关',是因蒲人得名。今据改。"比南开又多查了三种书,指出所以称"蒲关"的理由,作出《明史》错了的结论。

南开漏校的,如《明史》卷108页9下:"永定伯朱泰,本姓许。正德中,以义子赐姓封,十六年除。"下面11页下有个"安边伯朱泰"。振校:"永定伯朱泰和下文安边伯朱泰,当是一人,重出。这两个朱泰都姓许,都名泰,都是武宗义子,都赐姓朱,都是正德中封,都是十六年除。只是封号不同,一称安边伯,一称永定伯。《皇明功臣封爵考》目录卷七有永定伯许太,正文却作安边伯许太,可证是一人。宸濠起兵,武宗自称威武大将军,以安边伯许泰为威武副将军出征。宸濠失败后,王宪等请升赏随驾官,列许泰名,可能因而改称'永定伯',史或漏记。查《武宗实录》也只有一个许泰。"这条校记,查了三种书,又把《武宗实录》全部翻了一下,看看有没有两个许泰。①

"查了三种书"、"又把《武宗实录》全部翻了一下",说得很轻松。其实,了解这项工作的人都知道背后付出了多少的心血和精力。而这一切,周振甫只淡淡地归结为"我们要做结论,孤证不立,要比它多

① 程绍沛:《可敬的周先生》,载张世林主编:《想念周振甫》,新世界出版社2011年版,第81—82页。

查几种书"。①"多查几种书"贯穿于周振甫近三年的《明史》点校工作，这句话言近旨远，道出了编辑所应有的专业精神和必备的基本功，要时时向各种相关书籍、工具书等请益求教，丝毫不能偷懒懈怠和自以为是。

《明史》点校工作完成后，"文革"已接近尾声。该书是与《晋书》、《宋书》、《北史》、《魏书》、《新五代史》、《辽史》一道，于1974年正式出版的。鉴于周振甫在工作中展现出的对古籍整理点校的突出能力，中华书局积极向已从潢川干校回到北京的中国青年出版社协调，想要结束他的无着落的"借调"状态和"临时工"身份。

彼时，周振甫已年过六十，到了退休年龄。时任中华书局副总编辑的赵守俨对他的调入发挥了很大作用。1994年赵先生去世，周振甫在致中华书局同事冀勤的信中说：

> 中国青年出版社决定要我回京退休，中华收留了我，还给了房子。假定中华不找我，我在干校，一回来就退休。《管锥编》不会让我看，美国不会要我去，韬奋奖不会轮到我。我去中华，赵先生还是有力的，应该感谢他。②

周振甫所说要他退休之事当有一定根据。叶至善1971年12月8日给父亲叶圣陶信中曾说："今天听到一个消息，说要动员一批人退休，名单中有顾均正、唐锡光、郭沈澄、陈趾华、周振甫，还说退休

① 程绍沛：《可敬的周先生》，载张世林主编：《想念周振甫》，新世界出版社2011年版，第82页。

② 周佩兰、冀勤编：《文心书简——周振甫信札集》，北京出版社2017年版，第140页。

后不能安置在北京上海及各省省会。"① 看来，确实是中华书局给了周振甫重新焕发青春、大展编辑长才的机会和舞台。经过近一年的努力，他在1975年正式调到中华书局，成为了第二编辑室的一员。《中华书局百年大事记（1912—2012）》在"1975年"那一页有记载："8月28日周振甫正式调来我局工作。"② 那时候他已经65岁。正如周振甫在上面这封信上所言，在中华书局他迎来了最辉煌的事业阶段。

1976年，注定是一个不平凡的年份。中华书局百年大事记中有四条记载："1月8日周恩来总理逝世，我局职工心情悲痛，自发制作和佩戴白花。15日在办公楼礼堂举行追悼活动。""9月9日毛泽东主席逝世。18日，中华、商务在礼堂举行追悼活动。""10月'四人帮'被打倒，'文化大革命'结束。全体职工欢欣鼓舞，游行庆祝。""是年点校本《元史》、《旧五代史》出版，《陆游集》、《魏源集》、《洪秀全全集》等书出版。点校本《清史稿》开始出版。"周振甫在自撰的《年谱》中则有如下记载：

这年1月8日周总理逝世，作《悼周总理诗》。

股肱当世真无两，千载相寻岂有之。一代华夷同洒泪，八方元首共衔悲。鞠躬尽瘁救饥溺，忘我无私弭乱危。秋菊春兰遗爱在，海枯石烂总难移。

遗言听罢尽兴摧，祖国山河撒骨灰。文采风流耀千古，丰功

---

① 叶小沫、叶永和编：《叶圣陶叶至善干校家书（一九六九——一九七二）》，人民出版社2007年版，第404页。

② 中华书局编辑部编：《中华书局百年大事记（1912—2012）》，中华书局2012年版，第205页。

伟烈照三台。百身莫赎呼天问，万目将枯为国衰。后死何当图告慰，力搏鹏鷟仰群才。①

从这两首缅怀周恩来总理的七律中，我们不难感受到周振甫对人民总理的深情爱戴和无比景仰。而中华书局年度的重点图书，虽然还有一些侧重农民战争、评法批儒方面的，但其所昭示的出版方向、选题结构无疑是更加适合周振甫的专长的。合适的人放到合适的位置，才能一展长才。中华书局之于周振甫，是一个更好的事业平台。

## 二、实事求是地评文论史

"实事求是"是周振甫一辈子为人为学最可宝贵的品格。周佩兰、徐名翚在《我们心目中的父亲》中写道：

在50年代的历史条件下，父亲能对毛主席的诗词提出修改意见，很能说明父亲做人的正直，做学问的实事求是。实事求是，也是父亲一生治学的原则。1997年，父亲在接受中央电视台《东方之子》采访时，谈到60多年来研究古典文学的心得时，父亲说："我没有什么本事，只不过把古代的一些好东西，实事求是地介绍给大家。"②

---

① 　徐名翚编：《周振甫学术文化随笔》，中国青年出版社2000年版，第344页。

② 　周佩兰、徐名翚：《我们心目中的父亲》，载张世林主编：《想念周振甫》，新世界出版社2011年版，第29页。

　　中华书局也曾有年轻同事当面问过周振甫他最大的特点是什么，他的回答就是这四个字：实事求是。这几个字在非正常时期，要做到真不容易。经历过"文革"十年的人们，深知那时候无论在日常工作中，还是在学术研究中能实事求是是多么难能可贵。周振甫一向不惹是非，谦逊低调，但他臧否人物、衡文论史，不时流露出书生本色，其外圆内方偶露峥嵘。王伯祥之子王湜华有这样一段回忆：

　　　　振甫先生待人总是那么和善谦让，语气总是那么细柔温悦。尤其来我家，与我父亲交谈，则更是如此，坐椅子或沙发从不靠背，而且总是以聆听为主。但是也不尽然。那是在"四人帮"肆意猖獗的年代，王力、关锋、戚本禹之流有意断章取义来歪曲事实，批林批孔的时代，一次晚上来我家，坐在院子中纳凉，与家父谈话，他竟按捺不住，滔滔背诵经典原文，斥责"四人帮"。这是我见到他如此激昂慷慨，真使我大惊不已的唯一一次，足见他的爱憎有多分明。……这当然是关起门来对家父与我们说，但在当时也是要有很大勇气的。①

　　无独有偶，周振甫的年轻同事常振国也说起过他在"批林批孔"时敢于同"四人帮"作斗争的事。"周先生在一次'批孔'会议上，揭露了'梁效'写的《孔丘其人》这篇文章不符合历史事实，孔子从没有当过代理宰相，鲁国公元前501年也没有发生过政变，更无所谓政变失败，'梁效'这样写是在伪造历史，为此周先生还写了文章。"

---

　　① 王湜华：《谨严谦虚踏实　利他克己传世——永念周振甫先生治学之襟怀》，载张世林主编：《想念周振甫》，新世界出版社2011年版，第69—72页。

常振国说，"这件事对于我写周先生当然是件十分珍贵的素材。没想到周先生那样一个儒雅的人，竟然有如此的胆魄。文章写好后，我请周先生过目。周先生在稿纸旁写道：这些都是'四人帮'倒台以后写的，不是在'四人帮'倒台以前写的，否则早已被关进监狱了。这个时间很重要。短短几句话，让我感受到了周先生的实在，看到了周先生的人品，从心底里充满了敬佩。"①

不唯上，不唯书，只唯实，这就是周振甫一直坚守的做人底线。敢于坚持和发表自己的意见，也是建立在他扎实的文史功底之上的，如参与校对《明史》，钻研大量史料，天天与诸多学术大师为伍，使得他对明代历史人物与事件了如指掌，熟稔于心，自然也就有自己的独立判断和理解。

周振甫的实事求是，还表现在对某些特殊的重要人物及其重要著作的评价上。那个年代出版社基本停业，书业凋零，极少出书，极少数能出版的书刊往往都有特殊背景，如章士钊的《柳文指要》和郭沫若的《李白与杜甫》。周振甫恰恰对这两本书都认真研读后，发表了自己的真知灼见。当然，他的这些见解多是在私人书信中表达的。

关于章士钊和毛泽东的特殊关系，章著《柳文指要》获得特别青睐得以在"文革"后期出版的前前后后，网上文章已经很多。其中，协助校勘《柳文指要》的卞孝萱，和具体经手出版事宜的中华书局发稿编辑（现今称责任编辑）程毅中等，论述得比较可靠。此书写作过程中，章士钊就送给毛泽东审阅。毛泽东对书稿看得很仔细，有不少

---

① 常振国：《周先生，我想念您！》，载张世林主编：《想念周振甫》，新世界出版社2011年版，第149页。

修改和批阅。其中最主要的观点是："此书翻永贞政变之案，申二王八司马之冤，扬柳子厚以民为主的思想，斥韩退之以民为仇的谬论。确有新意，引人入胜。"① 这是毛泽东读完《柳文指要》初稿后对该书的初步评价。

程毅中将《柳文指要》定位为"章士钊先生长期研究柳宗元文集的专著"，指出："他六十多年锲而不舍，积累了大量的资料，对柳文作了全面的研究。全书分上下两部，上部为'体要之部'，按柳集原文编次逐篇加以探讨；下部为'通要之部'，按专题分篇论述有关柳宗元和柳文的各项问题。"程毅中还从义理、考据、辞章三方面对这部洋洋百万言的大著进行了细致分析，认为它自有心得，不乏真知灼见。"其中虽有一些偏颇和过激的言论，但基本上还是柳文研究的一家之言。联系现实政治和借今释古的地方毕竟只是少量的，大概只占全书百分之三四。"②

这部著作在当时很快引起了海内外关注，有好评，也有批评。钱锺书读到《柳文指要》，认为这本书因特殊原因而红，实则文理尚有不通之处。③

周振甫从黄湖农场回到北京，在中华书局帮忙做的第一件事就是帮助徐调孚校《柳文指要》，因此他成为最早对该书发表评论的人之一（尽管是在书信中）。《柳文指要》标明是 1971 年 9 月出版，而周振甫在这一年的 8 月 3 日致茅盾信中就有较长篇幅专论此书：

---

① 卞孝萱：《替章士钊校勘〈柳文指要〉》，《中华读书报》2019 年 8 月 7 日。

② 程毅中：《毛泽东与章士钊〈柳文指要〉的出版》，《百年潮》2000 年第 9 期。

③ 钱之俊：《钱锺书手札中的"酷评"——读〈槐聚心史：钱锺书的自我及其微世界〉札记》，《中华读书报》2015 年 7 月 1 日。

承询调孚叔近况，正忙于校读《柳文指要》，身体康健，足慰悬念。《指要》据计数有一百十八万字，分两部，上部逐篇讲析，下部通论各问题。网络资料，细大不捐。其论柳文思想高处，据《晋问》为说，《晋问》主不为民利，求"民自利"，所谓"安其常而得所欲，服其教而便于己，百货通行而不知所自来，老幼亲戚相保而无德之者。"《晋问》对"民自利"云云，以唐尧垂衣裳而知治，茅茨采椽，帝力何为极则。《指要》从而为之说云："五千年来，故绝无此政象，直至 1963 年，以党群之齐心勠力，居然略略具此眉目。"以我国社会主义革命和建设之成就，尚未完全达到《晋问》之所谓，只是稍具眉目而已。柳有《晊民》诗"帝怀明晊，乃生明翼。明翼者何？乃房乃杜。惟房与杜，实为民路。"柳氏用天视自我民视之说，谓天降房玄龄、杜如晦，以赞房杜。《指要》则以房杜即防微杜渐意，为之说云："开国以后，迟或百年，少则数载，政治必趋腐朽，积渐以至于亡。其所以然，乃在不解防微杜渐之术。此固不釐中国然也。即如苏联，十月革命不到五十年，国势竟向修正主义奔去而无法阻止，子厚之防杜要义，放之四海而皆准。"是则继续革命防修反修之伟大学说，子厚之防杜要义放之四海而皆准者，不宜为之先乎？大抵《指要》之所以赞柳文思想之高度者，此为突出之两例。

《指要》论唐代政治，永贞政变，谓顺帝为唐室第一英主。顺宗绝对处于幽崩。史称顺宗继位前以中风而瘖不能言，《指要》则因推美宗元而及于王叔文，推美叔文而及于顺宗，以叔文之欲夺宦官兵权而归美于顺宗之乾纲独断，遂推为唐代第一英主。以太监之杀叔文推及于杀顺宗，遂以宪宗为商臣之弑。此又为《指要》论史突出之两例。①

这封信，周振甫用浅近文言写成，细品并不难理解内涵。其实，只要稍稍对历史有点熟悉、对史著有所了解，就可看出信中批驳章著之荒谬所在是有理有据的。周振甫能够给予这部著作实事求是的评价，十分难能可贵。

郭沫若的《李白与杜甫》初版于1971年10月。茅盾曾评价，"论李杜思想甚多创见"。另有一位理论家、著名新闻人恽逸群也在1972年给郭沫若的书信中说，《李白与杜甫》"一扫从来因袭皮相之论"。但后来对该书批评的声音多了起来，孟子讲，知人论世，不孤立地看一件事、一本书，大多数人还是觉得该书政治的因素大于学术的因素。周振甫也是较早对《李白与杜甫》作出评论的人之一，其看法见于他1972年某月（月份字迹模糊）2日给茅盾的一封长信。

这封长近五千字的书信，其实是一篇严格意义上的学术书评。周振甫开头写道："复示指出郭老《李白与杜甫》自必胜于《柳文指要》，对青年有用。论杜稍苛，对李有偏爱之处。振最近找到郭书读了一遍，深以公论为然。郭书确实胜于章书远甚，确有偏爱。论李的受道箓确极生动，亦有助于解释李诗中看到神仙神物等怪诞描写。论杜的宗教思想，皆有征验。在考证方面，指出李的第一次去长安，确实未经人道，为郭老创见，以及讲李的生平的，不能不接受此说。"接下来，周振甫指出该书"未能使人信服者"十五条，然后一一予以解

---

① 上海图书馆中国文化名人手稿馆编：《尘封的记忆——茅盾友朋手札》，文汇出版社2004年版，第32页。

析。这些内容详见文汇出版社出版的《尘封的记忆——茅盾友朋手札》一书。在这些评述中，周振甫都注重一切从实际出发，同时引经据典，摆事实讲道理，进行实事求是的评价。现在看来，这些观点也很平常，但大家要知道那是在1971年，能够发表如此客观理性的评说，已经相当不容易了。

可见，"实事求是"在周振甫那里已经是一种精神、一种品格、一种溶于血脉的内在风骨。当然，这种"虚"的形而上的东西是有其"实"的东西作为基础和支撑的。黄伊说："振甫所说的这个实事求是不是一句空话。在他掌握了大量材料以后，他不管你是今人还是古人，或者有多么大的权威，他都敢于提出自己的看法……振甫对他们的著作有疑问，就敢提出来请教。他没有任何目的，他只是坚持实事求是。"[1]

"文革"十年，出版机构、学术期刊均或停或撤。一向勤奋高产、著述不断的周振甫在1966年至1976年期间，无一篇公开发表的文章，更遑论出书。与茅盾等人的通信，其实变成了他的一种成果"发表"。他是以特殊形式留下了特殊年代自己的学术成果。

## 三、好事多磨的《李太白全集》

正式调入中华书局后不久，周振甫就遇到了文学古籍出版项目——《李太白全集》。《李太白全集》是唐代诗文别集名，著名诗人

---

① 黄伊：《闪闪的群星》，大众文艺出版社1998年版，第200页。

李白撰，因李白字太白而得名。李白诗文最早由唐代李阳冰编成《草堂集》10卷，现已散佚。新中国成立后依旧通行的本子有宋代宋敏求增补刻本《李太白文集》30卷；主要注本有宋人杨齐贤集注的《李翰林集》和清代王琦的《李太白诗集注》。

1976年7月，中华、商务联合出版社的领导接到中央的命令，说是根据毛主席的指示，整理出版李白的诗文集。而且要求是大字本，因为这是专给毛主席和其他领导同志阅读的。接到任务，中华书局负责协调此事的方南生迅速调配了周振甫、程毅中、傅璇琮、褚斌杰等七位经验丰富的编辑，成立了点校小组。底本确定为清朝王琦注《李太白文集》36卷，因为这个版本徐调孚、方南生、黄克三个人先点校过一段时间，有了一定基础。当初三人启动《李太白全集》校点工作之时，周振甫还属于借调人员，正在校勘《明史》，而三人小组中古籍整理的行家里手、原文学组组长徐调孚已退休到了四川江油儿子那里居住，只分工负责《全集》的散文部分，且无法对全书标点作统筹安排。年轻的黄克说："我和方南生则属于门外汉，特别是我，过去不曾受过古籍整理的专业教育，这又是我第一次从事古籍整理工作，所以做起来颇感茫然无序。"真是天无绝人之路，此时恰好有一拨做"二十四史"点校的专家在这里，可以随时拜师求教。黄克写道：

> 王琦是乾隆年间的著名学者，所引古籍大都现存，收藏线装古籍比较丰富的中华图书馆就可借到，这并不难，难的是引文与原书文字出现差异就不知如何处置了；碰到书中引书的情况，连下引号都不知放在哪里，常出现双引，甚至三引、四引的情况，

不知如何是好。只能用当时商务印书馆的审稿签一一标出，以便求教。而求教的对象，现成的莫过于正参加校点"二十四史"的老先生了。在标点了几卷之后，我分别呈送给了张政烺先生、启功先生和周振甫先生，请求指正。张、启两位先生退还给我时，不曾着一字，只是鼓励有加。周先生则不然了，在我提出的问题的旁边，用圆珠笔蝇头小字密密麻麻几乎写满。答疑解惑，凡我所不明白的问题，都给予充分的解释；匡谬正俗，凡标点上的错误，也都一一指出，还特别写明标点工作应注意的规则，给我以极大的启发。我也像吃出甜头似的，标点完一卷就直送他审定，前后不下十卷之多，直至"评法批儒"运动开始，《全集》标点工作不得不停下来为止。①

可见，周振甫与一般学者不一样，他既有扎实的文史功力，又有丰富的编辑经验，更难能可贵的是还具有乐于助人、诲人不倦的优良品格，不少年轻的编辑、学者，包括社会上素不相识的普通人，都曾得到他的无私帮助。《李太白全集》当时虽然停了下来，但已经有了一个基础。在此基础上，只要进行复核，删繁为简，即可印刷大字本，极大地节省了时间。文集按照卷数分配到每个组员手里，要求在一个月内完成。当时正值暑期，是北京最炎热的日子，即使室内温度也都在35度以上。周振甫趴在桌子上，一页一页仔细地查看，不一会儿脸上就挂满汗珠，他用毛巾擦擦，喝口凉水又继续伏案。怕耽误工作，他很少用扇子，同事问他为什么不嫌热，周振甫

① 黄克：《感念振甫师——兼怀钱锺书先生》，《书品》2012年第1期。

乐呵呵地说："心静自然凉嘛。"月底，唐山大地震波及北京，周振甫等人搬进临时地震棚里住了一段时间。在简易的棚屋里，看稿复核的工作并没有耽误。

由于中央催促得很急，为了赶时间，周振甫、程毅中、褚斌杰、冀勤四人到印刷厂现场盯班，排一页校改一页，流水作业。每天的工作就像战斗一般的紧凑和仓促。印刷厂坐落在西城区车公庄，每天清晨，65 岁的周振甫得从朝阳区工体北门幸福一村坐公共汽车或电车赶过去，人多车少，换乘几次，摇摇晃晃一个多小时才能到达。中午吃饭加休息共一小时，到厂门口的小饭铺里吃上一碗两毛钱的面条或炒饼，匆匆赶回印刷车间就差不多是下午上班时间了。工作的地方是排版车间外面的一个小间，中间摆着一张高高的长条桌，玻璃台面下头装有几支日光灯，周振甫他们都坐在高脚凳上面对面伏案工作，开着灯，有时看校样，有时看底片，一天工作下来，唇干舌燥，眼花脚肿。但即使这样，还是留下了永远的遗憾。在 9 月 9 日那天，毛泽东与世长辞，这部大字本的《李太白全集》也停留在清样阶段，戛然而止了。

1977 年，文学编辑室主任熊国祯指定周振甫负责铅排大 32 开本《李太白全集》的编辑工作，他再一次复核清样，在大字本的基础上撰写了《出版说明》，又做了补遗，增加了冀勤编撰的《篇目索引》，便发排出书了。《李太白全集》是中华书局继《陆游集》之后的又一部公开出版的文学古籍，也是周振甫在"文革"结束后担任责任编辑出版的第一部古籍图书。我们现在上网查询《李太白全集》，出版单位是上海古籍出版社。1977 年底，国家出版事业管理局正式宣布上海的中华书局编辑所独立为上海古籍出版社。儿子独立门户，分家出去应该有些家当，笔者猜想，包括《李太白全集》在内的部分选题应该是那时划过去的。

亲身经历《李太白全集》的编辑出版全过程，让周振甫意识到时代环境和国家政策实实在在地在发生变化，各类图书的出版工作正在日渐恢复正常。1977 年，除了《李太白全集》，中华书局还出版了《宋史》、《宋史纪事本末》、《明史纪事本末》、《凡将斋金石丛稿》、《诗文声律论稿》、《诗词格律》、《水浒资料汇编》、《孙子兵法新注》、《校刊史记集解索隐正义札记》、《章太炎政论选集》、《中国近代史资料选编》、《习学记言序目》、《我的前半生》等书。《中西交通史料汇编》、点校本"二十四史"人名索引也开始陆续出版。① 我们把这个书单与之前几年中华书局的出书目录对比，发现不仅图书品种明显增多，而且选题方向、图书结构也有明显变化。春江水暖鸭先知，以出版为职业的周振甫敏感地觉察到了春的气息。他终于可以将积压内心许久的愿望表达出来，向中华书局建议出版钱锺书先生的《管锥编》。

## 四、责编《管锥编》

《管锥编》是钱锺书在"文革"中"偷"空写下的巨著。在造反派的眼皮底下抓紧一分一秒的时间，偷着看书，偷着写作。就连最主要的参考资料——自己的读书笔记都是"偷"出来的。钱锺书、杨绛

---

① 中华书局编辑部编：《中华书局百年大事记（1912—2012）》，中华书局 2012 年版，第 207 页。

夫妇从干校返京后，原来的住房已被别人占了，积累多年的记录读书内容和心得的笔记本也被封锁在原来的房间里。杨绛不敢独自回家取，就叫上几个文学所的年轻人，趁那对夫妻外出不在时，一起进去拿。拨开堆积多层的尘土，将整整五大麻袋的读书笔记运了出来。钱锺书就以这些素材为基础动笔写作。经过艰苦努力，1975 年在借住的办公室里，钱锺书完成了《管锥编》。这是一部汇聚他多年心血的传世经典，也是一部研究古籍的学术札记，内容以古书为引，通过作者博览万卷、贯通中西的广泛阅读，将各个人文学科打通，在解读古籍时通训解诂、推源溯流、连类征引、交互映照、契悟神通。全书涉及 7 种语言，引述了 4000 位著作家的上万种著作中的数万条书证，涉及学科 10 余类，总字数达 100 多万。

在当时的情况下，出版是不可能的，钱锺书压根儿也没有将书稿投寄到出版社公开出版的打算，但出于创作者的本能，自己的书稿写了三年多，耗费大量精力修改增删，最终定稿，没有人看，总归还是有些愁闷。一天，钱锺书在书架前翻阅时，眼光扫到了周振甫的《诗词例话》，立刻来了精神，用手拍拍额头，喃喃自语："我怎么忘了他呢？"当即打电话到中华书局。周振甫听到电话里头钱锺书让他下班后到家里来找他，并再三叮嘱一定要来，他在办公室不方便多问，连忙答应。回到座位，琢磨了好一阵，也不知道发生了什么事情。刚到下班时间，他就收拾东西赶到社科院文学研究所。钱锺书已经在院子里等着他了，见到周振甫就拉着他的手进了屋。不巧的是，这天正好停电，钱锺书点起两根蜡烛，幽默地说："今天我们要吃一顿浪漫的烛光晚餐了。"借着微弱的烛光，怀着一肚子问号的周振甫吃完了晚餐，钱锺书就从书房里拿出一沓厚厚的稿子，说："我看过你的《诗词例话》，里面讲到了很多诗词的艺术性。这是我写的一部书稿，也是谈艺术的，你可以把它带回去，多多提些意见。"说完就递到他的手里。周振甫接过来一看，是《管锥编》的手稿，全部是钱锺书自己手抄的，齐整干净。这让他非常意外，因为钱锺书的手稿向来是不太肯借人的，自己平时也不敢向他借。钱锺书主动提出借给他看，让周振甫喜出望外，为能第一时间读到钱先生大作而兴奋不已，也为钱锺书对自己的信任心怀感动。

　　周振甫将此书稿视若珍宝，逐字逐句地仔细阅读，并沿袭编辑的积习，把书中引文逐一与原文核对，"我是读到一些弄不清的地方，就找出原书来看，有了疑问，就把一些意见记下来"①。周振甫将读稿过程中提出的补充意见、增加的补充材料、存在的疑问之处及某些修改的建议一并记录下来，当累积到一定数量的时候就上门征求钱锺书的意见。钱锺书就去堆积如山的读书笔记里面翻阅，找到解决各种存疑的答案。他充分尊重并吸收周振甫的意见，"我把稿子还给钱先生时，他看到我提的疑问中有的还有一些道理，便一点也不肯放过，引进自己的大著中"②。对此，钱锺书也十分感激，"命笔之时，数请益于周君振甫，小叩辄发大鸣，实归不负虚往，良朋嘉惠，并志简端"③。钱先生眼界甚高，不轻易夸人，由此可见，周振甫的补充材料或修改意见确实有见地，有帮助，有启发。如周振甫对书稿中《周易正义》一九《系辞（三）》中的"知几"条，引用大量文献，作了缜密而精

----

　　①　钱宁：《曲高自有知音——访周振甫先生》，载钱宁：《尼山风光》，文汇出版社2010年版，第90页。

　　②　钱宁：《曲高自有知音——访周振甫先生》，载钱宁：《尼山风光》，文汇出版社2010年版，第90页。

　　③　钱锺书：《管锥编》（第一册），中华书局1979年版，第1页。

确的论述：

> 几：孔疏："几者离无入有，是有初之微。"入有是已入于有，特是有之微者。有是已成形，有之微者是未成形而微露端倪，易被忽视而还是可见的。注："几者去无入有，理而无形，不可以名寻，不可以形睹者也。唯神也……故能朗然玄照，鉴于未形也。合抱之木，起于微末，吉凶之彰，始于微兆。"这里说几是无形不可见，既是无形而不是未形，那么还是属于无，没有去无入有。既说"去无入有"，又说"无形"不可见，是否矛盾。既然无形不可见，又说"合抱之木起于微末"，木的微末是有而非无，是可见而非不可见。《易》："几者动之微，吉之先见者也。"还是可见的。无形不可见之说是否不确。疏："几，微也，是已动之微，动谓心动事动。初动之时，其理未著，唯纤维而已。若其已著之后，则心事显露，不得为几；若未动之前，又寂然顿无，兼亦不得称几也。"照此说来看引的诗，"'江动将崩未崩石'，石之将崩已著，特尚未崩耳，不得为几也"。将崩未崩，似即"初动之时，其理未著，唯纤维而已"，诗人从未著的纤维中看到将动，是否就是几。"盘马弯弓惜不发"，虽发之理未著，唯发之纤维而已，是否就是几。又将动未动与引而不发，与"雪含欲下不下意，梅作将开不开色"，实际相同，一作非几，一作几，不好理解，倘均作几，就好懂了。[1]

---

① 周振甫：《〈管锥编〉审读意见》，载周振甫：《周振甫讲〈管锥编〉〈谈艺录〉》，江苏教育出版社2005年版，第37页。

钱锺书对此分析非常叹服，"此评《注》、《疏》之矛盾，精密极矣！非谓之'大鸣'不可。已增入并借大名增重，不敢掠美也"。此外还有很多"甚善"、"遵改"、"是也"、"精思妙解"，甚至还有流露真性情的惊叹语："吾师乎！吾师乎！此吾之所以'尊周'而'台甫'也！"

1977 年 10 月 24 日，周振甫正式向中华书局提交了《建议接受出版钱锺书先生的〈管锥编〉》的报告，里面高度评价了此书稿的价值，"这部著作不限于比较文学，也接触到其他学术问题……由于通过古今中外名著比较研究，很有发前人所未发的创见"，而且"钱先生愿意把这部稿子交给我局出版。因为我看过部分稿子，希望由我来做编辑工作。由于这部稿子里有五种外文，校对工作可由他自己看清样。我局是否可根据乔木同志的意见和钱先生的愿望，立即与钱先生联系，接受出版，争取早日付排，由钱先生亲自校定，争取早日出书"①。次日，中华书局就接受了这一意见，决定出版，并作为重点书在审稿、发稿、排印等环节予以优先考虑，周振甫担任责任编辑。随即，周振甫又一次开始认真全面地审读《管锥编》。12 月 1 日，他完成了《管锥编》第一部分稿件的审读，"拟编一细目，并提了一些意见"。这"意见"绝非"一些"，而是长达 38 页 4 万多字的具体建议，其中除了少部分有关编辑技术处理的内容外，绝大多数都是具体问题的学术性探讨。对于周振甫的审读意见，钱锺书都有回应，一一作了批注，短者数字，长则千言。对自己认为可改之处，都做了删改修订。1979 年 8 月至 10 月，《管锥编》四册在中华书局陆续出版，周

---

①　周振甫：《周振甫讲〈管锥编〉〈谈艺录〉》，江苏教育出版社 2005 年版，第 29—30 页。

振甫和中华书局的同事马蓉都专门撰文对《管锥编》的出版予以了介绍。

有些出乎意料的是，这部皇皇大著出版后在国内并未取得应有的强烈反响，反而是"海外对此书的反应则极热烈，甚至有设立专门研究小组的"[①]，这也验证了周振甫在出版建议中所做的"这书如果出版，至少在英国和日本，会引起重视"的预判。当然，这还要得益于周振甫《诗词例话》修订本的刊行，该书在钱锺书支持下提前引用了《管锥编》的部分观点和材料。夏志清在看到香港《大公报》选录的周振甫书中引用的《管锥编》五则文字后，给予了高度评价："钱锺书为古代经籍作训诂义理方面的整理，直承郑玄、朱熹诸大儒的传统；同时他仍旁征博引西方历代哲理、文学名著，也给'汉学'打开了一个比较研究的新局面。"[②] 海外由此流布起钱锺书一部大作即将出版的传言，《管锥编》未出先红。诗人徐燕谋从朋友处得知此消息，专程从上海到北京看望钱锺书，经钱锺书亲口证实《管锥编》即将出版，他即兴赋诗一首表达渴盼之情：

京华难得是秋初，云淡天高肺气疏。

北海西山都可恋，我来只为读奇书。[③]

周振甫深知《管锥编》的价值，作为责任编辑，他觉得有必要

---

① 郑朝宗：《怀旧》，载沉冰主编：《不一样的记忆：与钱锺书在一起》，当代世界出版社 1999 年版，第 117 页。

② 爱默：《钱锺书传稿》，百花文艺出版社 1992 年版，第 258 页。

③ 徐燕谋：《到京寄中书君时〈管锥编〉将出版》，载辛广伟、李洪岩编：《撩动缪斯之魂：钱锺书的文学世界》，河北教育出版社 1997 年版，第 19 页。

在国内的知识界和文化界进行宣传推介。正好当年 10 月，全国第四届文代会在北京召开，周振甫找到钱锺书清华时的老同学、厦门大学郑朝宗教授，拜托他为《管锥编》写篇评论。郑朝宗读完全书后，惊叹于内容的博大精深与融会贯通，当即写了长篇评论《研究古代文艺批评方法论上的一种范例》，发表于权威刊物《文学评论》上。书评钩玄提要地总结《管锥编》的重要创见，倡导学界对此进行更深入的研究。这是国内首篇研究《管锥编》的论文。此后，郑朝宗开始在厦门大学招收《管锥编》研究生，并于 1984 年出版了首部《管锥编》的研究论文集，"钱学"研究得以生根发芽。追本溯源，可以说周振甫直接推动了《管锥编》的享誉学界，促动了"钱学"的诞生。

针对读者反映的"字句错漏处不少"，"在引征里也看到疏忽脱误处"的意见，中华书局在 1981 年对《管锥编》进行补订，周振甫依然是责任编辑，又提出了 22 条审读意见，钱《序》里追述成书经过时也特别说明"仍乞周君振甫，为我别裁焉"。1984 年，中华书局出版《谈艺录》增订版，也是由周振甫负责，这次修改幅度很大，由原来的 304 页增加到了 622 页。钱锺书写下序言："三十五年间，人物浪淘，著述薪积。何意陈编，未遭弃置，切磋拂拭，尤仰故人。诵'印须我友'之句，欣慨交心矣。"[①] 又在送给周振甫的一本上面题写道："此书订正，实出振甫道兄督诱。余敬谢不敏，而君强聒不合。余戏谓谚云'烈女怕缠夫'者，非耶？识此以为他日乞分谤之券。愚

---

① 马立诚：《沉默的周振甫先生》，载张世林主编：《想念周振甫》，新世界出版社 2011 年版，第 167 页。

弟钱锺书题记，乙丑五月。"①《管锥编》、《谈艺录》出版后引发热潮，"学界争购，供不应求"，而书中那些标注为"周君振甫曰"的文字，让二书更臻于完美。② 两本书的出版历程也树立了编辑与作者密切合作的榜样，成为出版界的佳话。

《管锥编》四册，是 1979 年 8 月至 10 月间分册出版的。1982 年出版了《管锥编增补》作为第五册，后来又有进一步增补完善。1993 年评选第一届"国家图书奖"，钱锺书著、周振甫为主责编的五卷本《管锥编》榜上有名。这里有一点需要提及，有一本《听杨绛谈往事》的书，说到《管锥编》"在胡乔木指示下，交中华书局用繁体字出版，并指令中华书局从上海调来编辑人员，由傅璇琮主持排印出版"。现任中华书局总经理的徐俊在其"中华徐俊的博客"（2008 年 11 月 13 日）中明确指出，这是"误说"，是"不符合事实的传闻"。该书"自始至终承担编辑加工工作的都是周振甫先生"。有关《管锥编》的编辑出版详细经过，"中华徐俊的博客"另有两篇文章，即《周振甫先生〈管锥编选题建议及审读报告〉整理赘记》、《周振甫先生〈管锥编审读意见〉整理赘记》，可以参阅。周振甫这个"选题建议及审读报告"刊发于中华书局的《书品》杂志 1999 年第 1 期，"审读意见"则在《书品》杂志 2000 年第 4、5、6 期，2001 年第 1、2、3 期分六期连载（后被《钱锺书研究》第三辑转载）。这些选题建议也好、审读报告也罢，特别是周振甫的加工记录都是编辑培训十分珍贵的好教材，编辑自学不可多得的好案例。

---

① 张世林：《谦虚谨慎编著等身——小记编辑大家周振甫先生》，《人物》1996 年第 6 期。

② 周振甫：《〈谈艺录〉补订本的文艺论》，《文学遗产》1986 年第 2 期。

# 五、修订旧作与走出国门

因为与钱锺书的特殊友情，更因为直接责编《管锥编》，周振甫"近水楼台先得月"，《管锥编》的引用使他的《诗词例话》修订如锦上添花，大放异彩，并生发出有趣的故事。

《诗词例话》于 1962 年 9 月出版，刊行后没几年，就赶上了"文化大革命"，蹉跎岁月，几多坎坷，修订再版已是 1979 年 5 月的事了。《我和〈诗词例话〉》对修订再版的经过有这样的描述：

> 后来"文化大革命"，我到了潢川农场。再后来，北京中华书局借调我去点校《明史》，《明史》点校完了，中华书局要我校钱锺书先生的《管锥编》。当时，中国青年出版社回到北京，李裕康同志认为《诗词例话》可以再版，要我修订。我就把《管锥编》中讲诗词的部分收进了《诗词例话》，请钱先生指正。钱先生同意了，指出我写的《形象思维》这一节写得不好，他把《冯注玉溪生诗篇诠评》未刊稿给我作《形象思维》。这个再版本约在 1979 年 5 月出版。①

关于《诗词例话》具体如何修改的，增补了哪些，周先生在 1979 年版"开头的话"中说得更加清楚明白：

---

① 周振甫：《我和〈诗词例话〉》，载张世林编：《学林春秋——著名学者自序集》，中华书局 1998 年版，第 130 页。

　　……这次重印时主要是作了一些补充，有《形象思维》、《赋陈》、《兴起》，在比喻方面补充了《喻之二柄》、《喻之多边》，也就是对"赋、比、兴"都做了补充。还有清朝的四派诗论，《神韵说》、《格调说》、《性灵说》、《肌理说》，在《诗词例话》里原来已经接触到神韵说，这次就把这四说都列入。……对《形象思维》和这四节，都请钱锺书先生指教，作了不少修改。钱先生把他没有发表过的李商隐《锦瑟》诗新解联系形象思维的手稿供我采用，在这次补充里还采用了钱先生《管锥编》中论修辞的手稿，谨在这里一并表示感谢。

　　钱、周二位先生的这些往事，体现了难得的君子风仪、学者风范。一个无私地给予帮助，连手稿也借出，另一个借用但交代得清清楚楚，绝不掠人之美。我们今天不是讲学术规范、学术诚信吗，其实首先还是做人的规矩，做人的真诚和信用。很明显，1979年版与1962年版的《诗词例话》相比改动还是比较大的。笔者见过近年列入一套丛书的《诗词例话》，明明用的是修订本，却在"编辑说明"里只提初版本，好像就是用的1962年版本，这大概算是编辑不规范吧。做学问、做出版都是很讲究版本的，其中既有学术本身的含义，也有学术道德的意义。

　　周振甫说，香港学者把《诗词例话》中引用《管锥编》的文章在校刊上发表后，传到台湾，台湾盗印《诗词例话》，又传到美国。大陆上也大印《诗词例话》，达66万多册。这个数字是到1993年的统计，前后印了8次。

　　周振甫跟喝过洋墨水并周游列国、精通数国外语的钱锺书不同，他是个典型的"土包子"学者，而且一直是个最普通的文史编辑，所以过去从未走出过国门。《诗词例话》修订本带给他的意外收获是开了一次"洋荤"——去美国参加学术会议。这可是新媳妇上轿，头一遭。他在接受一家杂志访谈时，轻描淡写且不乏幽默地说到了这件事：

○您这本书影响很大，对我个人更是有绝大的意义，1979年我小学毕业，买到它，真正是当做"宝书"放在枕头底下。

□可能那个年代也没有什么书吧。（笑）《诗词例话》在 60 年代出第一版的时候，影响也不大。70 年代再版时，钱锺书先生让我把他的《管锥编》的一些论点引进去了……（台湾）翻印本传到美国，他们请钱先生去参加学术会议，钱先生去过美国，不感兴趣，不愿意去。他们因为看到我的《诗词例话》，后来又看到钱先生《管锥编》里提到我的名字，所以就让我去。说《诗词例话》影响大，也就是这么回事。①

周振甫这里的话何其朴实坦诚，读来反而让人肃然起敬。过去老话讲，满罐子不荡不荡，半罐子咯荡咯荡。周振甫正是那种德行高洁、学问满满的人，他最为推崇"实事求是"四字，始终将其贯穿于自己的一言一行之中。他对自己的这类著述有如下评价：我没有什么本领，做的主要是些通俗的工作，写些通俗普及的作品。这是谦辞，其实周振甫不仅文史普及性的著作写得非常好，他的专精深的学术也

---

① 周振甫、林在勇：《周振甫先生访谈录》，《中文自学指导》1996 年第 2 期。

是很有成就的。

一代名编、学问大家周振甫先生"一生只出过两次国门",冀勤在《周振甫印象记——纪念周振甫先生百年诞辰》中写道:"一次是去美国参加某个学术会议,那还是钱先生谢绝出席把机会给了他,才使他出得国门,开了眼,看到了另一个世界。为此,他感激钱先生,说钱先生总是帮助他。一次是台湾某家出版公司邀请内地几位学者去韩国访问,柴剑虹他们提出也请周先生去了。此外,他从未得到过公派出国的机会。因为那个时候,各单位的头头脑脑还轮不过来呢,其实,这等事是周先生连想都不曾想的,他自己的写作已使他很充实,他原本就淡泊名利,所以无暇去旁顾窗外的纷繁世界。"① 周振甫的女儿女婿在《我们心目中的父亲》一文中,回忆起给一生勤俭朴素、"最怕给他做衣服"的父亲做衣服时,准确说到赴美开会的事:"在我们的记忆中,郑重其事给父亲做衣服,只有一次。那是 1982 年,他去美国参加'从汉到唐的诗论'国际研讨会。没有办法,因为父亲实在没有'像样'的西服或是中山装。但那套新做的中山装,到他去世,再也没穿过。因为父亲觉得穿这样的衣服,受拘束,不自在。父亲一生极少穿皮鞋,总是爱穿布鞋,特别爱穿老家亲戚家自己做的鞋。"②

查阅周振甫自撰的《年谱》,出国的事情他压根儿就没写进去,看来这事在他那里真不是什么重要的大事吧。专注,执着,淡定,

---

① 冀勤:《周振甫印象记——纪念周振甫先生百年诞辰》,载张世林主编:《想念周振甫》,新世界出版社 2011 年版,第 93 页。

② 周佩兰、徐名翚:《我们心目中的父亲》,载张世林主编:《想念周振甫》,新世界出版社 2011 年版,第 25 页。

坚持，这些往往是成就一项事业的要诀。周振甫正是这样的好编辑、好学者，从容淡定，勤奋刻苦，认准自己的目标后心无旁骛，一步一个脚印地踏实前行。正所谓"任尔东西南北风"，"咬定青山不放松"！

周振甫属于"书比人长寿"一类的编辑巨匠、学问大家，他编的书注定会长久流传，泽被一代又一代后人。要略作补充说明的是，他生前，《诗词例话》在台湾刊行了新的修订版。1994年，台北五南图书出版有限公司杨荣川董事长正式与周振甫签约出版《诗词例话》，因为要和盗印本不同，出版方请作者做了修订。此前台湾一家名不见经传的小出版社盗印过《诗词例话》（用的是大陆1962年初版本翻印），版权页上赫然印着"版权所有翻印必究"，蛮有点幽默。台湾的"五南"是家规模较大，且有品质、讲信誉的出版机构，通过购买版权出版了周振甫的《文章例话》、《小说例话》、《文心雕龙译注》、《周易译注》等，所编五年制专科学校的《国文》教材，周振甫也是作者之一。《诗词例话》是该公司1994年5月在台正式刊行的，这个本子的"小引"中，周振甫交代"五南本"是以大陆1979年修订本为底本，再加适当增补的：

> 这次对增订本再加补订。因拙著虽名《诗词例话》，所采择的，诗话多而词话少，因此这次增订，增加了词话，如采自《白雨斋词话》、《词概》、《复堂词话》外，引用俞平伯先生的《读词偶得》、《清真词释》及俞陛云先生的《两宋词释》。

《诗词例话》从中国青年出版社1962年的初版，到1979年的修订版，再到 1994 年的"五南"增补版，历时三十多年。周振甫对自己的书总是高标准、严要求，一直在不断完善，精益求精。至于他去世后的《诗词例话全编》本，则是他生前已经编好，去世后由女儿女婿根据手稿略加整理而成，内容更加丰富一些。

《诗词例话》一书重印和新编本，据不完全统计有如下数种：《诗词例话》（江苏教育出版社 2006 年 3 月）、《诗词例话》（中国青年出版社 2006 年 9 月）、《中国文库·诗词例话·综合普及类》（中国青年出版社 2007 年 9 月）、《诗词例话全编》（重庆大学出版社 2011 年 1 月）、《诗词例话》（西北大学出版社 2018 年 6 月）。

重庆大学出版社的这个"全编"分上下册，上册就是《诗词例话》通行的本子，下册说是"从未结集出版过"的，是对上册的补充，为"增订本"，是周老生前新写的。对于"下编"与"上编"的不同，周老生前写作的"引言"有交代。概括说，就是两点：一是上编中引的诗词，往往是摘句，不是全篇，而下编引的诗词，选的都是全篇，目的是让读者能"顾及全篇"、"较为确凿"（鲁迅语）地去鉴赏其思想内容和艺术特点。二是下编对引用的诗话词话，只是简略地指点，有的则未加说明。读者可上下编参照来读。从 1962 年到现在，半个多世纪过去了，这本《诗词例话》历久而弥新，由 20 世纪 80 年代的畅销书沉淀为今天的常销书和长销书，其中的奥秘从我们所见所闻的生动故事中、从历史的鲜活细节中或许能找到某种答案。

说到《诗词例话》在普通读者中的影响，还有这样一个故事。据冀勤回忆，20 世纪 80 年代前期，周振甫先生到西北参加唐代文学学会的第二届年会。回来后，一向低调谦和的周先生"得意"

地在办公室里给同事们讲了他出差时的一段小插曲。因为车票紧张，周先生当时没能买到坐票，更不用说是卧铺票了。已经年过七旬的他居然是用站票远行。中途，列车上通知有少量卧铺空出来了，有需要的旅客可以去排队补票。当一个女列车员看到也在排队等候的周先生的身份证时，马上把老人家叫到一边，说：您老这大年纪不用排队买票了，要排到您还不一定买得到呢，这样，晚上您就在我的列车员休息室将就一下吧。周先生很吃惊，不知素不相识的她为何这样厚待自己。女列车员这时主动揭秘了，原来她爱好文学，看过周先生一些谈诗说文的书籍，非常喜欢，今天见到作者本人倍感亲切，也很荣幸。这大概算是"粉丝"吧，"周粉"。笔者猜测，这位列车员读过的很可能是周先生《诗词例话》一类的著作。

# 六、师长与诗朋

我们还是再说说周振甫与钱锺书的学术友情。从 1948 年第一次见面算起，周振甫和钱锺书的情谊持续了逾五十个春秋。其实两个人的脾气秉性、为人处世差异甚大。钱锺书年少成名，学富五车，颇有些狂狷之气；周振甫则谦虚宽厚，朴素低调。两个人友谊的基石是对中国古典文学的共同志趣，还有对学问、学术一样的执着追求。因书结缘，两个人的交往是编作往来的佳话；论文生谊，两个人是纯粹若水的学者之交。

周振甫把仅年长自己一岁的钱锺书是当成师长的，在很多场合都表示，"我认为钱先生的学问，足以做我的老师"①。对他的读书之快、之广钦服不已，"我是非常佩服钱先生的，很少有人像他那样学贯中西"②。"钱先生读书极快，因为他的学识丰富，一书到手，书中一般的泛泛议论，他很快掠过，他只抓住书中有突出的部分，即发光的部分，把它抓住用笔记摘下。"③在他论及钱锺书的文章中，"教导"、"指教"是出现频率很高的词语，直言自己的治学著述受钱先生的教益匪浅。1977年，周振甫修订《诗词例话》，受教于钱锺书之处很多，"我把《通感》归入修辞，对钱先生《宋诗选注》中提到的郑文宝《柳枝词》的仿效和改写，这次把它收入《仿效和点化》里。钱先生推崇《诗归》，因此在《诗词例话》再版补订的开头补了一节《诗家语》，引自《唐诗归》，就是接受钱先生的指教来的"④。修订完成后请钱锺书审读指正时，钱锺书又指出书中"形象思维"一节仍存在不足，并将自己的《冯注玉溪生诗集诠评》未刊稿中诠释的《锦瑟》诗抄出来作为例话补充，以"蝴蝶"、"杜鹃"等外物形象体现"梦"、"心"的情思衷曲，生动明晰地说明了形象思维。

周振甫在编《李商隐选集》的时候曾向钱锺书请教。钱锺书特意写了一封信给他，里面提出了"樊南四六（李商隐骈文——引者注）与玉溪诗（李商隐诗——引者注）消息相通，犹昌黎文与韩诗也"的观点，意即李商隐诗文最大的特征是"以骈文为诗"。周振甫将这一创

---

① 陈巨锁：《周振甫先生印象》，载陈巨锁：《隐堂琐记》，三晋出版社2008年版，第17页。

② 周振甫、林在勇：《周振甫先生访谈录》，《中文自学指导》1996年第2期。

③ 周振甫：《钱锺书的记忆力和他谈的修辞学》，载顾国华编：《文坛杂忆全编》（二），上海书店出版社2015年版，第10页。

④ 周振甫：《从〈诗词例话〉谈到我的学习》，《文史知识》1989年第2期。

见贯穿于书中，让这部选集与之前的很多集子有了更多的新意。在应商务印书馆之邀写《中国修辞学史》时，周振甫也受到了钱锺书的无私帮助。在写给张福勋的信中周振甫提到，"弟讲修辞学，与陈望道先生《修辞学发凡》稍有不同，多得钱先生之教"①。在书中，周振甫讲最早的修辞学本于"春秋笔法"，讲清初的修辞学，本于对小说戏曲的评点，都是根据钱锺书的指导来的。他在另一封信中这样写道：

> 我读钱默存先生的《谈艺录》、《管锥编》、《宋诗选注》、《七缀集》里面也讲到修辞学……因此想到要探讨中国修辞学史，就写信向钱先生请教，钱先生当即回信，说他还在病中，勉力写信，把《谈艺录》和《管锥编》中讲到修辞学部分的页码告诉我，要我参考。又指出先秦孔子的《春秋》笔法即是修辞学，后来告诉我金圣叹的批《水浒》等也是修辞学。我按照钱先生的教导，才能做点工作，要是没有这种帮助和教导，我是不会做什么工作的。②

周振甫是典型的中国式文人，文思细腻敏捷而拙于言，特别不善于表露感情。好在他与钱先生对古律诗都有所研究，有深厚的诗词功底，诗歌互赠与唱和就成为了两人表达友谊和情感的重要方式，诗朋是他们之间的又一层特殊的关系。

《谈艺录》校对完后，钱锺书非常满意，在付印之时接连写了两首诗送给周振甫：

---

① 张福勋：《无尽的思念——回忆周振甫先生》，《散文》2001 年第 3 期。

② 费滨海：《卧听南窗雨》，上海远东出版社 2000 年版，第 81 页。

啼声渐紧草根虫，似絮停云抹暮空。

疏落看怜秋后叶，高寒坐怯晚来风。

身名试与权轻重，文字徒劳计拙工。

容易一年真可叹，犹将有限事无穷。


伏处喓喓语草虫，虚期金翮健摩空。

班荆欲赋来今雨，扫叶还承订别风。

臭味同岑真石友，诗篇织锦妙机工。

只惭多好无成就，贻笑兰陵五技穷。①


诗中真诚地表达了对周振甫为书籍出版劳心费力的感谢之意，并以朋友相称。周振甫当即作诗回和：


闲来到处听鸣虫，骏足谁如冀北空。

书卷深沉阅华雅，文心绵密习欧风。

才华已见惊坛坫，艺事今看定拙工。

剩馥残膏足沾溉，力追造化信难穷。


金翮高飞笑二虫，抢榆未至作腾空。

声扬不假扶摇力，才美自开刚健风。

艺撷亚欧贯今古，体分唐宋极精工。

---

① 张玉亮：《钱锺书诗注补正》，载廖四平主编：《现代人文论坛》（第一辑），巴蜀书社 2008 年版，第 310 页。

累丸已见承蜩手，下笔如神道岂穷。①

钱锺书生起儿童天性，说"振甫近和《秋怀》韵，再叠酬之"，又和一首：

扬云老不悔雕虫，未假书空且叩空。

迎刃析疑如破竹，擘流辨似欲分风。

贫粮惠我荒年谷，利器推君善事工。

一任师金笑刍狗，斯文大业炳无穷。②

钱锺书在诗中提及的"惠我荒年谷"是指周振甫把《十三经注疏》借给他看，感谢他让自己的著作得以完善。

在困难时期，周振甫利用在出版社的机会想方设法搞到一批稿纸，送给正陷入纸荒窘境的钱锺书，钱先生大喜过望，写下《谢振甫赠纸》两绝：

只办秋蛇春蚓，几曾铁画银钩。

三真六草谁子，君莫明珠暗投。

子安有稿在腹，子野成文于心。

真惭使纸如水，会须惜墨似金。③

---

① 徐名翚编：《周振甫学术文化随笔》，中国青年出版社 2000 年版，第 342 页。

② 周振甫：《我和钱锺书先生的交往》，《世纪》2000 年第 5 期。

③ 刘铮：《"公真顽皮"——钱锺书近人诗评两则》，载刘铮：《始有集》，浙江大学出版社 2012 年版，第 8 页。

交往经年，钱锺书觉察到作为编辑的周振甫的学问才识不只限于古文辞章，在诗文写作、文艺批评方面也很见功力。一天偶然读到《江南二仲诗》，见作者也是出自无锡国专，心有所感，遂赋诗送与周振甫：

> 同门才藻说时流，吟卷江南放出头。
> 别有一身兼二仲，老吾谈艺欲尊周。①

意思是周振甫的学问并不只囿于无锡国专前辈王瑷仲、钱仲联所授的古典诗文，而且对古代二仲（挚虞、钟嵘）在文学批评上有所继承和发展。

《管锥编》问世后，周振甫为亦师亦友的钱锺书的大作得以出版高兴不已，顿起诗思，挥翰成篇，写下《题钱锺书先生〈管锥编〉》。

> 高文何绮数谁能，谈艺今居最上层。
> 已探骊珠游八极，更添神智耀千灯。
> 九州论学应难继，异域怜才倘有朋。
> 试听箫韶奏鸣凤，起看华夏正中兴。②

这首规范律诗，对《管锥编》给予了高度评价，对钱锺书才学的

---

① 张玉亮：《钱锺书诗注补正》，载廖四平主编：《现代人文论坛》（第一辑），巴蜀书社 2008 年版，第 312 页。

② 马立诚：《沉默的周振甫先生》，载张世林主编：《想念周振甫》，新世界出版社 2011 年版，第 168 页。

钦佩更是跃然纸上。

# 七、弥纶群言注雕龙

周振甫在编辑《管锥编》时，被里面高超精辟的文艺理论和批评话语所折服，原本在动乱时期被压制冷却的治学念头在脑海再次升腾，他趁热打铁，决意重拾自己停辍许久的《文心雕龙》的编注修订工作，尽快出版满足广大读者的学习需要。

《文心雕龙》由南朝文人刘勰创作，是中国第一部拥有完整体系的文学理论著作。全书分上、下两部分，共50篇，对文学起源、文体类别、作家作品、修辞风格等一系列问题进行了系统论述。通篇采用骈文写成，四六对仗，文辞优美且富有诗意。问世以来，研究者众多，仅明清两代，考订注释《文心雕龙》的学者就有十余家，形成了特殊的"龙学"现象。

周振甫接触《文心雕龙》是从20世纪40年代开始的。1936年开明出版的范文澜注的《文心雕龙》启动再版的修订工作，书店总经理章锡琛亲自担纲主持，周振甫担任章的助手，协助整理校对，这是他发力研究《文心雕龙》的起点。章锡琛创造性地用宋本《太平御览》中所引的《文心雕龙》来对校原文，使范文澜所用原文中的疏漏得以修补。具体情况在该书结尾的编辑《校记》中有详细记录：

最近得涵芬楼影印日本帝室图书寮京都东福寺东京岩崎氏静嘉堂文库藏宋刊本《太平御览》，偶加寻检，其中所引《雕龙》

文字，颇有同异。尤足珍者，如《哀吊》篇"汝阳王亡"，注谓"汝阳王不知何帝子"。今此本"王"作"主"，则是崔瑗作《哀辞》者，乃公主，非帝子……①

20 世纪 60 年代初，政治气候发生剧变，文艺理论界展开了对别林斯基、杜勃罗留波夫、季莫菲耶夫的洋理论的批判，要求在马列主义指导下从我国古代文论中吸取精华，提炼并形成有中国民族文化特色的文艺理论体系。人民日报社所办《新闻业务》的编者丛林中知道周振甫曾校注过《文心雕龙》，就找到他选译些篇章。周振甫按照要求，将译文与原文对照，译文排在正文下面，同时简化注释，细分段落，附加题解说明，在 1961 年第 5 期发表了第一篇《文心雕龙选译·宗经》，此后又陆续发表了《史传》、《诸子》、《征圣》、《神思》、《体性》、《通变》、《指瑕》、《总术》等篇，到 1963 年第 8 期止总共 25 篇。由于译文用古文献解释了文学与现实、内容与形式、想象与夸张等新文论问题，适应了读者学习需要，因此很多读者要求合集出书，以方便随时阅读。人民文学出版社和中华书局分别约周振甫撰写《文心雕龙注释》和《文心雕龙选译》，他都应承了下来，并在"文革"前完成交稿，但由于种种原因，书稿一直被搁置没能出版。

以后来者的眼光看，这种搁置未尝不是好事，时光的延宕让周振甫能够静心披阅文辞，体会原著的精妙细微之处。他利用这段时间，选择最具代表性的嘉靖本、王家言本、清代黄叔琳辑注本、范文澜校

---

① 周振甫：《我与〈文心雕龙〉》，《书品》1993 年第 4 期。

勘本为原文底本，并与《太平御览》中所引原文对照，保证了《文心雕龙》原文无误字、衍文、脱字、倒文。同时在注释时做到网罗各家之说，吸收范文澜、杨明照、王利器等学者的最新研究成果，在弥纶群言基础之上做到研精一理。特别是杨明照先生的补注让周振甫获益匪浅，两人的相遇相交也是一段值得一说的机缘。

　　杨明照（1909—2003），重庆大足人，1930 年进入重庆大学文科预科，1932 年秋升入本科国文系后，开始攻读《文心雕龙》。1935 年秋成为四川大学学生后继续钻研《文心雕龙》。1936 年秋，以优异成绩考入燕京大学研究院国文部，师从著名文学批评史专家郭绍虞，继续深入进行《文心雕龙》的研究。1939 年夏，《文心雕龙校注》杀青，这本书成为他学术上的奠基之作，1958 年由上海古典文学社出版以后，港台几家书局相继翻印或影印。日本立正大学教授、著名汉学家户田浩晓撰写了《读杨明照氏的〈文心雕龙校注〉》一文，给予很高评价，认为《校注》"有不少发前人所未发的见解"，堪称"自民国以来一直到战后《文心雕龙》研究的名著"。台湾学者王更生说，此书在《文心雕龙》的研究上，为后人树立了一个新的断代。1982 年，上海古籍出版社出版了杨明照在十年浩劫中完成的近六十万字的《文心雕龙校注拾遗》。该书一出，立即引起强烈的社会反响。香港《大公报》专文介绍该书，认为这是杨明照继《文心雕龙校注》之后，积四十余年功夫而成的硕果，解决了某些千古疑难，具有很高的学术价值。国内学者将此书誉为"研究《文心雕龙》的小百科全书"。

　　作为一代"龙学"专家，杨明照与周振甫年纪相仿，学术兴趣相近，也因为《文心雕龙》而结下了深厚的学术友谊。那是在 1979 年

3至4月在昆明召开的古典文学理论学术会议上，周振甫因选译过《文心雕龙》也应邀参会。在办好入住手续后，周振甫拿着钥匙进入房间，里面已经有人先住进来了，正伏案写字。听到声音，回头一看，明显带着惊喜地叫道："周振甫，是你?!"周振甫视力不好，定睛细看，方才认出是杨明照先生，马上放下行李，笑盈盈地握住杨明照的手，说："杨先生，是你啊，好久不见了。我要谢谢你啊!"杨明照摆了摆手，说道："客气，客气，互相学习，互相学习。"

周振甫为什么一见面就要谢谢杨明照呢？原来杨明照曾在文章中指出过周振甫在选译《文心雕龙》中的错误，早就是学术上的"诤友"。周振甫的选译主要参考的是范文澜的注释，如《总术》篇："动用挥扇，何必穷初终之韵。"范注："动用挥扇二句，未详其义。"意思就是不注释。选译时却不能不解释，只好勉强译，结果出错了。杨明照就写文章指出错误，并提出自己的新解，就是主张与上文结合解释，并引用《说苑·善说篇》中"雍门子周引琴鼓之，孟尝君涕浪汗增"之记载说明可将"用"改为"角"，"扇"改为"羽"来分析，这样就能做到文从字顺，存疑迎刃而解。杨明照这种解释，既指正了周振甫选译时的错误，又补实范注之缺，是极聪明和巧妙的做法。

杨明照拉着周振甫坐下，拿起案头的一本书，说："振甫，你看，我把《文心雕龙校注》带在身上，有空闲我就琢磨。"边说边把书递到他的手上。周振甫接过书一看，在书的空白处写满了蝇头小楷，都是摘抄的不同古籍的解释。杨明照继续说："振甫你在中华书局，有没有看到过我投《文史》杂志的一篇文章？那就是补订范文澜先生《文心雕龙》注的内容。"周振甫说没有看到，并坦诚相告自己也在修补之前选译和注释的《文心雕龙》，回北京后想找这篇文章来读，用来补订其中的注释，请杨先生同意。杨明照大度地表示尽管拿去用。后来，杨明照的这篇文章并没有发表，但周振甫还是找来仔细阅读，把其中可采纳的内容引入自己的注中，注明杨注，并表示感谢。

在修订《文心雕龙注释》的过程中，作为老编辑的周振甫发觉，这种只对所选之文作注释的"非全本"的注本，即使再详尽也会存在割裂感，读者只见个别树木，看不到整片森林，缺乏对所读篇章的整体把握。于是，他就将选译前的"说明"改为注后的说明，并加以充实。同时增加《例言》和《前言》，主要是介绍篇章中涉及的一些古典文学常识，让读者更好地阅读和理解。像在《诠赋》章里，周振甫介绍说明了"赋的渊源"，指出赋的内容特色是假托问答、夸张声势、编排故事和列举事例。关于赋的类别，他又告诉读者从语言和形式上赋可分为骚赋、汉赋、六朝骈赋、律赋、散文赋等。这些对读者了解和学习《文心雕龙》中"赋"的理论很有帮助和启发。

1986 年，周振甫补译了《正纬》、《章表》等 15 篇，出版了《文心雕龙今译》这部全译本。他吸收了前两本书的经验，精心安排了译文的处理。根据文意把每篇文章分出若干段，在每段下面配有与原文对照的译文，以求做到完全忠实于原文的文本意义和精神内涵，并最大限度地保留《文心雕龙》从文体论到创作论完整的理论体系。最有价值和特色的莫过于书后附上的一百多条"词语简释"，这部分内容系统地解释了《文心雕龙》中出现的术语。为什么要增加这个附录呢？这就是周振甫不同于普通学者和普通编辑的地方，他已经具备了"编著融合"的特点和优势。

作为学者，周振甫有着与作者相近的心理体验和创作心态，特别是对于古籍编注类作品更是体会深刻，这让他对书稿的学术价值有着超出一般编辑的见识力和判断力。他知道《文心雕龙》研究中词语解释各抒己见、分歧林立，研究者对一些名词的使用存在较多混乱、含义不统一的情况，所以觉得有必要对刘勰所使用的术语有个准确而规范的解释，他也完全具备这个能力。在具体的操作中，周振甫针对《文心雕龙》词语的不同解释，熟练地使用结合原文、结合旁证、融会贯通的探讨方法，办求作出较为合理、自然、全面、客观的概括和界定。

作为编辑，周振甫自觉地去注意、发现如何才能更好地增加书稿的新意和价值。在做《文心雕龙今译》的时候，他想到自己在开明书店编辑《二十五史人名索引》的经历，这部索引不但大大提高了《二十五史》的使用价值，而且对后学极有裨益，于是增加一个附录？即"词语简释"。事实证明，这个附录确实是书中最有特色和最具吸引力的部分，当时几乎所有关于《文心雕龙今译》的书评都提及这一点，并予以高度评价。

学者的精深严谨和编辑的专业视角让周振甫的《文心雕龙今译》打开了一片新天地，成为普通人学习《文心雕龙》的"必备书"。1996 年，中华书局还出版了周振甫主编的《文心雕龙辞典》。此外，周振甫的 10 卷本文集中又收录了《文心雕龙术语及近术语释》。

## 八、局促不安的老编辑

编完《管锥编》不久，人民文学出版社向中华书局来函，借调周振甫参加编辑《鲁迅全集》的工作。对此项工作变动，周振甫有些纳闷，原因是 1959 年他写了《鲁迅诗歌注》，打算在人民文学出版社出版，但被退稿了。这似乎暗示着该社编辑和自己关于鲁迅的一些看法和解读很不一致，怎么又会调自己去参加《鲁迅全集》的注释和定稿工作呢？尽管心怀疑问，他还是欣然应允，认真负责地完成了分配给自己的工作。16 卷本《鲁迅全集》出版后，负责人做总结时，周振甫才明白推荐他来参加这项工作的人原来是胡乔木。

1960 年前后，周振甫和胡乔木打过一次交道。那时，北京市语文学会组织了一个旧体诗词讲习会，周振甫应邀作指导。他把当时报上刊登的胡乔木写的诗词做例子，印出来发给学员作讲义。讲习会负责人不同意，因为上级规定中央领导同志的作品都不得随便讲解。但已经印出来了，这如何是好。讲习会便将讲义寄给胡乔木，说明情况，请予指示。不久回信来了，同意所作的讲解。这件事情让胡乔木对周振甫有了印象。在胡乔木敦促钱锺书出版《管锥编》时，得知责任编辑是周振甫，就问钱锺书，周振甫现在何处，钱锺书说还在中华书局做编辑。为纪念鲁迅先生诞辰 100 周年，中央决定由胡乔木主持新版《鲁迅全集》的编辑注释工作。这一庞大的出版工程光靠人民文学出版社鲁迅著作编辑室的人员是远远不够的，必须增加人手，胡乔木立刻想到了周振甫，于是周振甫成了 16 卷本《鲁迅全集》的编辑成员。

刚从人民文学出版社返回，还没来得及休整一下，中华书局又布置了新的任务，周振甫马不停蹄地接替去世的胡念贻先生主持《中国大百科全书·中国文学》卷"宋辽金文学"部分的审稿加工工作。

1982 年 6 月，周振甫第一次出国，到美国参加"从汉到唐的诗论"学术研讨会，还顺道得了个"圣人"的雅号。这是怎么回事呢？原来是因为周振甫不懂英文，会议的主办者美国密歇根大学东方语文系林顺夫教授就请孙康宜教授到纽约接他，然后由孙教授陪同到会议举办地波士顿。孙教授和她的丈夫把周振甫接到家里住了几天。这几天，孙教授在家里陪周振甫看书、写作、谈论文。在这位年轻博学的女教授面前，周振甫严肃恭敬，谨言慎行，表现得小心翼翼。曾和周振甫在中华书局一起点校《明史》的王毓铨教授那时也在美国，知道了这个情形，回国后就说："周振甫在美国表现得小心谨慎，简直就是个圣人！"周振甫知道后，深感不安，在给很多友朋的信中忙不迭地作解释，看来，他对"圣人"这个称号是非常局促不安的。

这一时期，还有一件让这位谦虚谨慎的老编辑更加局促不安的事情。那是 1981 年底，周振甫在中华书局的助手常振国瞒着自己的老师，私底下筹划着一件大事。他觉得周振甫先生作为一位学识卓著的学者却坚持在"为他人作嫁衣裳"的编辑岗位上，而且一做就是近五十年，十分令人钦佩和感动。于是，常振国向中华书局总编室副主任黄克建议在周振甫编辑工作满 50 年的时候召开一个座谈会，既表示对周振甫工作的肯定和庆祝，也让周先生传经送宝，给社里的年轻人讲讲编辑工作的经验。黄克一听，马上就同意了，并向书局领导、出版局的领导作了请示。上级领导都很认可和支持，并决定庆祝会在出版局礼堂举行。

消息传开，急坏了周振甫。他给常振国连写了三封信，找各种理由推托，并郑重其事地提出不希望中华书局为他召开从事编辑工作50 年座谈会。其中一封信写道："解放初，复旦郭绍虞托周予同写信

给我，要我去复旦做讲师。我向开明提出要去复旦，因为当时开明与
中国青年出版社合并，青年出版社领导李庚不同意，没去成。后王伯
祥先生去文研所，我也曾托王先生介绍，想去文研所，因何其芳所长
不要，没成。"① 非常坦诚地说明自己并非始终安心编辑工作，不应庆
祝。其实常振国明白，素来低调谦逊的周振甫怕的是大家在座谈会上
一味地吹捧他、称赞他，这种赞扬会让他不适应、不习惯和不舒服。
面对自己敬重的老师的要求，常振国也颇觉为难，只好将周振甫的意
见如实向上级汇报。中华书局副总经理王春知道情况后，让常振国向
周振甫耐心解释，说召开座谈会不仅仅是周先生个人的事，也是整个
编辑业界的大事，通过这件事可以唤起全社会对编辑工作的重视，提
高编辑人员的地位。时任中国出版工作者协会副主席的王子野也持同
样的看法，坚持要召开这个座谈会。常振国将领导的意见反馈给周振
甫，他终于松口了，但希望控制一下规模，不要太多人来。领导同意
了，规模定在五六十人，比开始筹备时的人要少了近一半。但外单位
的人及离退休老同志还是请了些，包括启功、刘叶秋、杨伯峻、叶至
善、余冠英、舒芜等，实际当天参会的有一百多人。

周振甫同意是同意了，但他又怕惊动了出版界和知识界那些年事
已高、身体不好的前辈长者们。他先后给叶圣陶、钱锺书去信，恳请
他们不要出席会议。收到信后，叶圣陶还专门作了回复：

振甫兄惠鉴：

大札敬听悉。言皆由衷，坦率相告，乃以知心人相视，不胜

---

① 马立诚：《沉默的周振甫先生》，载张世林主编：《想念周振甫》，新世界出版社 2011
年版，第 170 页。

感幸。倘接到通知，自当从尊嘱，不去参加。特此奉答，即请著安。

叶圣陶十二月十七日①

而钱锺书则并没有接受周振甫的"拒信"，还是推托其他事务，欣然与会。

1983年2月4日，正值立春节气。文化部出版局会议室人头攒动，掌声阵阵，洋溢着浓浓的春意。语言文字编辑室的同事刘宗汉手写的"祝贺周振甫同志从事编辑工作五十年"的横幅挂在主席台正上方。来自中国出版工作者协会的陈原、王仿子，中华书局总经理陈之向、副总编辑李侃，出版协会科技出版工作委员会主任常紫钟等领导和嘉宾簇拥着周振甫坐在横幅下面。座谈会由中国出版工作者协会副主席王子野主持，中华书局副总经理王春介绍了周振甫的编辑工作，对他五十年如一日，兢兢业业，不计名利的工作作风和精神表示敬佩，赞扬他是编辑、出版工作者的楷模。中宣部出版局局长许力以发言表示热烈祝贺，高度肯定周振甫为发展我国文化事业做出的贡献。文化部出版局局长边春光也动情地回忆起自己和周振甫下放到干校，共同劳动，同甘共苦的日子，并总结评价了周振甫的为人品德，"一是实事求是的治学态度；二是孜孜不倦的学习精神；三是坚持真理的优秀品格；四是朴实无华的工作作风"。"50年来为他人作嫁衣，有生之年还要继续干下去，他对此甘之若饴，毫无怨言。在开创出版事业新局面的今天，我们提倡这种精神有特别

---

① 周佩兰、徐名翚：《我们心目中的父亲》，载张世林主编：《想念周振甫》，新世界出版社2011年版，第27页。

的意义。"①

叶圣陶先生虽然应允了他不参加，但特地委托叶至善来出席并发言。叶至善说，父亲曾著文写过"堂堂开明人，俯仰两无愧"，周先生就是这样的"堂堂开明人"，是开明人中的杰出代表，身上有着特殊的开明气味。启功先生和周振甫在点校"二十四史"时曾短暂相处过一段时间，他幽默地回忆起那段时光，"狗窦大开"地说了与周振甫的交往，对他的任劳任怨、严谨认真的编辑精神称赞不已。吕叔湘先生是周振甫在开明书店的老同事，两人合作出版的《习作评改》在学生当中非常受欢迎。考虑到他年高体弱，本来没有邀请他参加，但不知道他从哪里得到消息，会议中间不请自到，一进会场就大声说："这个会没请我，没请我我也要来！"吕先生不但来了，还准备了一份讲稿，作了言简意赅的发言。中华书局的同事黄克、中国青年出版社的徒弟李裕康在发言中，讲述了与周振甫日常交往的故事，表达了自己对这位老编辑的感谢之情。

听到领导和同事们对自己赞扬与祝贺的话，坐在中间，戴着大红花的周振甫显得局促不安，双手垂放在大腿上来回地摩挲，神态非常不自然，一副难为情的样子。这一切，钱锺书先生看在眼里，终生未泯的童心和童趣又发作了，他发言时说："我觉得人受到表扬往往有两种反应，一种是洋洋得意、尾巴翘起；一种是惭愧难言、局促不安。振甫属于后一种。我完全了解他，我知道他听了那么多的赞誉之言后一定是局促不安的很。"说着，还故意把头扭过去看着周振甫，引得大家目光齐射过去，只见周振甫低着头、红着脸，一副不自在的

① 赵伯陶、自横：《祝贺周振甫同志从事编辑工作五十年》，《出版工作》1983年第3期。

样子，引得全场都大笑起来。

在热烈的掌声中，周振甫也发言谈了自己的感想，他一张口又把大家逗乐了："其实，说我从事编辑工作五十年，这是个虚数。我刚进开明时是校对，不是编辑。十年动乱中，我在干校放牛，这大概不能算在编辑工作的。"接着周振甫谈到了自己解放前后从事编辑工作的一些体会，谦虚惯了的他真诚地说："要说我有什么成绩，还得感谢那些作者，譬如说，钱锺书先生就是我最好的老师。"最后他对领导和同事们为自己召开这样隆重的会议和前来参加会议的专家学者们表示深深的感谢。

会议结束，大家意犹未尽，全体合影之后，启功先生赠送了一幅用朱笔画的《松竹图》给周振甫，幽篁象征虚心高洁，虬松意味轩昂坚贞。王子野、杨伯峻、刘叶秋、程毅中等人还兴致勃勃地当场挥毫，题词赋诗，抒发情怀：

五十年如一日，甘当无名英雄。（王子野）

生平博览岂辞老，五十年来千丈豪。稿件编排随意笔，辞章剖析解牛刀。谦恭足比陈文象，敦厚真如龙伯高。今日见闻尤可乐，座中不乏九方皋。（杨伯峻）

一代雕龙手，丹铅五十春。品缘谦益重，情以朴能真。发蕴文心古，探幽诗话新。翛然安斗室，不见画梁尘。（刘叶秋）

为人作嫁为书忙，愿作燃藜永放光。五十年来千尺稿，丹铅绚烂焕文章。（程毅中）

座谈会后，新华社、《人民日报》、《光明日报》、《文汇报》、《出版工作》等报刊都发表了专题报道和相关文章。

# 九、于细微处见精神

周振甫的"编"声日隆，他也更加忙碌，满腹学识得到了充分施展，编辑加工了一大批学术价值极高的书，包括《楚辞补注》、《元稹集》、《唐人绝句选》、《历代诗话续编》、《后村诗话》、《文史通义校注》、《中国文学史》等。

谈及周振甫的编辑工作，人们耳熟能详的是他如何编《谈艺录》，如何编《管锥编》，如何与钱锺书交往，似乎除此之外周振甫编辑方面就没有多少可圈可点的地方了。其实不是，凡是经他手亲自责编或审稿的书籍，几乎每一本都有精彩的故事、有给人启发的东西。他如何整理编辑钱基博的《中国文学史》前面已有过介绍，这里且简要说说《文史通义校注》的编校出版。

清代章学诚的《文史通义》是一部名著，而武汉大学叶瑛副教授《文史通义校注》则是他本人的一部遗作。据张京华《名家之注是如何出现的？》介绍，叶瑛是安徽桐城人，与著名学者朱光潜是桐城中学的"同窗好友"。朱光潜于1939年至1946年任国立武汉大学外文系教授，其间，1941年至1944年兼任教务长（当时武大迁至四川乐山）。据程千帆先生追述，叶瑛由中学教师直接受聘武汉大学是朱光潜推荐的。程千帆2000年4月26日《致徐雁平》云："先师黄季刚先生离北京大学后，曾在武昌高等学校任教，叶瑛先生从黄君问学当在其时。抗战将胜利时，朱光潜先生任武汉大学教务长，叶先生以朱之介到武大中文系任教。胜利后随校迁回武昌，不数年不幸逝世。其人性格温和，学术亦有基础，所著《文史通义注》当在武大撰成，但生前未能出版耳。"（程千帆《闲堂书简》）程千帆《闲堂自述》又称叶瑛为"亡友叶瑛教授"，但追忆其事迹皆不详尽。另据叶圣陶日记，朱光潜曾推荐叶瑛的著作《诗经选注》给开明书店。朱光潜与叶圣陶同为开明书店的创办人。据《武大老教师著述及相关数据篇名索引》作者下注："叶瑛：别号石甫，安徽桐城人。曾任国立武汉大学中国文学系副教授，1942 年到校。"鉴于叶瑛缺乏著述，生前应当仍为副教授。据以上推测，《文史通义校注》书稿也应当是由朱光潜推荐给叶圣陶，再由叶圣陶交给中华书局由周振甫编审的。①

对于这样的一部遗著，编辑过程中既不能随便改动，但又需要很好地处理发现的问题。我们来看看中华书局 1985 年 5 月版《文史通义校注》的《出版说明》，便可见编辑之功力与匠心。这个《出版说明》（署名"中华书局编辑部"）应该是出自周振甫的手笔，对《文史通义》研究之缘起、主要写作经过、书的基本内容和特色、价值等娓娓道来，简洁明了。《文哲散记——周振甫自选集》"自序"云："要做好编辑工作，就要认识自己的知识不足，要找有关的参考书来看。这里还有著者没有考虑到的问题，做编辑工作的要替读者着想，要做些补充工作。比方有一部《文史通义校注》，其中有一篇《浙东学术》……对这三个疑问，《校注》里都没有讲。围绕著书稿来做编辑工作，不能不对这三个疑问考虑一下。"② 所言与《文史通义校

---

① 张京华：《名家之注是如何出现的?》，《中华读书报》2012 年 8 月 22 日。
② 周振甫：《文哲散记——周振甫自选集》，山东教育出版社 1998 年版，"自序"。

注·出版说明》吻合。张京华由此也推测这个《出版说明》当为周振甫所撰。关于编辑工作又是怎么样的呢？兹转录《出版说明》最后几节文字：

　　对这样一部重要著作，到一九三五年，才有福建闽侯县叶长清先生的《文史通义注》，为无锡国学专修学校丛书之十一。叶注有注无校。叶瑛先生作《文史通义校注》，始于一九二九年，完成于一九四八年。叶瑛字石甫，一八九六年生于安徽桐城西乡陶冲驿。毕业于武昌高等师范学校。先后任教于吴淞中国公学、天津南开学校及任武汉大学教授，一九五〇年去世，年五十四。他的校注告成时，看到了叶注，把叶注的胜义采入校注，并加注明。校注比叶注更为详密。校注用浙江书局本、粤雅堂丛书本等九个本子，其中刘咸炘校志古堂刻本、庐江何氏抄本更重要。何氏按语，可考订《文史通义》各篇的作年和有关文献。如四六五页注（一）等是。刘本可以补原书的脱文，如一二〇页正文："盖必有所需而后从而给（之，有所郁而后从而宣之，有所弊而后从而）救之。"括号中的话是校注从刘本遗书补的。……在一〇〇六页注（五）据刘本补录章氏论郑樵评《汉志》的一节，可作为这篇《郑樵误校汉志》的参考。

　　此外，《出版说明》还就"注文征引原文出处，能纠正原文章氏的疏漏"等问题，一一举例叙说。作为责任编辑，仅仅概括总结原著的优点、特色还不算太难，难在如何发现问题，修改加工，进一步提高书稿质量。一般情况下，编辑发现问题就提出来反馈给作者，一起来解决。而这部书稿的作者叶瑛副教授当时已经去世三十多年了，原稿的不足只好靠编辑来完成了。周振甫对自己是如何"修补"原著问题的有如下记载：

> 这次刊印校注遗稿，必要时稍加修补。有题意不明的。如《浙东学术》，原文称"浙东学术，虽出婺源（朱熹），然自三袁之流，多总宗江西陆氏。"按朱熹与陆九渊皆言性理，浙东学术言经世致用，此点主要区别，本篇何以不言？又浙东学术一般推吕祖谦、陈傅良、叶适、陈亮，与朱、陆不同，此篇于诸人何以不谈？何以言浙东学术出于朱、陆？原注对此皆无说明，因加补注，以说明题意。又如六五二页正文"史家所谓部次条别之法"，下引"孟荀三邹、老庄申韩"等传作例，原注未言此等合传部次条别之义例，因加申说。又注文有漏注篇名补篇名，如三九一页注（六）引张祜诗，补《赠志凝上人》题；四五六页注（六）引《颜氏家训》，补《风操》篇名等。注中引文过深的，稍加简注，如一七页注（二五）、二二页注（二〇）所引《尚书》文稍加简注。校注在纠正原文疏漏处还可补充的，作了补注。如五九六页正文："唐人修五代地志（即《隋志》)。"按《隋书·地理志》以炀帝时的一百九十郡、一千二百五十五县作志，于郡下不言五代沿革，不得称五代地志。又六六七页正文注："吕氏十二纪，似本纪所宗。"按《史记·大宛传赞》两言《禹本纪》，为《史记》所本，章说未是，但章用"似"字，尚未肯定。校注引《文心雕龙·史传》，"取式《吕览》，通号曰纪"，更肯定了，因加改注。注文有

疏漏的，亦稍加补正。如一六五页正文，"以良知为讳，无亦惩于末流之失。"校注未注"末流之失"，因引泰州学派狂纵作补。如三一〇页正文："譬若《月令》中星不可同于《尧典》，太初历法不可同于《月令》。"三一三页注九注一〇未注"不可同于《尧典》与《月令》"，因加补注。校注和稍加补正处，一定有疏漏或错误，尚望专家和读者指正，以便于再版时改正。①

仔细阅读这些说明文字，周振甫在其中展现出来的不仅仅是编辑的职业精神、职业态度，更是一个优秀学者的深厚素养和扎实功力。他这里所做的既有编辑应做的工作，也有超出职责范围的无私奉献。其间不只是"校正误"（对原稿），还花大气力"校是非"，从学术上把关和提升书稿。所谓编研结合，编研互动，在此得到充分体现。周振甫就读无锡国学专修学校，师从钱基博学习《文史通义》。此后几十年来也一直钻研《文史通义》，留下不少成果。

周振甫这种乐于奉献、无私帮助他人的精神，不仅体现在本职工作中，同时也反映在他接人待物的方方面面，尤其是与青年学者、文史爱好者的交往之中。江南一中学语文教师吴海发跟周振甫算忘年交吧，他说自己为了给学生提供写作素材，编写了一本介绍名贤人生花瓣的书籍，取名为《文苑落英》。这本书是20世纪80年代末，也就是周振甫退休前后出版的。他寄了一册给周振甫，希望得到老人家的批评指教。收到书后，周振甫很认真地给他回了一封长信，其中有一段是这样的：

---

① 中华书局编辑部：《出版说明》，（清）章学诚著，叶瑛校注：《文史通义校注》，中华书局1985年版。

承您送给我大著《文苑落英》，很感谢。这本印了 5000 册，很不简单。一翻阅，觉得您搜集了这么多逸事珍闻，真不容易，读来很有兴趣。不过您把"落英"说成"餐秋菊之落英"，不妥。因为菊花不落花瓣的，说餐"落英"，为指"落花"之"落"，即始开的花瓣；所以还以陶渊明的"落英缤纷"为好，您的书正是"落英缤纷"。您的书有的引而不发，有的引而发。引而发很好。如说丁聪到女校上课时怎样，这是引。下面说丁聪至今怎样，这个"至今"是发，一发更好。又如写到刘海粟向余任天要画，余拒绝，这是引。但余是什么人，他的画是国画还是油画？刘为什么求他的画，读者都不知道，您都不讲，引而不发使人看了不够满意，最好引而发，一发还可以写许多，对读者更有帮助。再如您说钱先生把《管锥编》稿子交给我看，这是引。引而不发，还有很多话都没了。其实钱先生叮嘱我要提意见。我提了一些意见。钱先生对我提的意见，认为可采的，即写在稿子内。这样的作者是很难见到的，这些都没有，可见不发很有损失。①

这是何等认真，何等细致，又是何等到位且具有操作性的意见和建议！年轻的吴海发觉得周振甫"评论十分中肯，使我深受教益，也给了我很大信心"。这样的事例在周振甫一生中数不胜数。我们注意到即便是出版社、杂志社约请他批改小学生、初中生作业（后来出书），他也绝不马虎，总是仔细批阅、精准评点，提出切实的修改意

---

① 吴海发：《他在国学园地耕耘了一辈子——忆周振甫先生》，《文汇报》2016 年 5 月 9 日。

见。20 世纪 80 年代初期，北京市有单位创办语言文学自修大学，一时非常火爆，参加的人非常多，社会影响也很大。这个学校采用"刊授"的形式，定期出版《语言文学自修大学讲座》(由地质出版社刊行)，周振甫被聘为"讲座"的三位主编之一。尽管是分外之事，他也极其认真对待，还亲自撰写了《小说笔法》等文章刊登在刊物上。

1985 年，经同事常振国等介绍，75 岁高龄的周振甫光荣地加入了中国共产党。1987 年 4 月，他又获得了中国编辑出版界的最高奖项——韬奋出版奖。入选首届韬奋出版奖，对周振甫来说，正所谓实至名归，名副其实。

1973 年 4 月，中华书局负责人与二十四史点校组同志合影，摄于文联大楼屋顶。第二排左一为周振甫

1982 年，周振甫赴美出席"从汉到唐的诗歌讨论会"，与巴黎东方语言学院程抱一教授（右一）、台湾大学林文月副教授（左一）合影

1983 年，中国青年出版社召开纪念《中学生》创刊会，后排右二为周振甫

1986 年，中国文心雕龙学会第二次年会，前排左五为周振甫

钱锺书在《谈艺录》再版时，给周振甫的题赠

20 世纪 80 年代，钱锺书（右二）、杨绛（左一）与周振甫夫妇在周宅

祝贺周振甫从事编辑工作 50 年座谈会

周振甫著述的三大例话系列

周振甫 撰注

文心雕龍
譯注
③

王冠圖書出版公司

文心雕龙选译

教育部全国高等学校中文学科教学指导委员会审定

大学生必读
DA XUE SHENG BI DU

文心雕龙注释

人民文学出版社

文心雕龙辞典

周振甫主编
中华书局

周振甫的《文心雕龙》译注系列

西征萬里氣如虹未掃
胡塵肯復東到處迎逢
爭欲諛幾方羅致競先
岩岩文章已擅千秋業桃
李今開一帳風天遺杜陵
詩筆健饒經離亂入川中

頓覺胸懷無俗事

周振甫手书

10 卷本《周振甫文集》

# 第五章

## 退而不休的晚年

1989 年，将近八十岁的周振甫从中华书局编审位置上正式退休。按理说，他应该封砚停笔，享受含饴弄孙的悠闲生活。但他退而不休，仍然承担编辑任务，每天按部就班地辛勤工作。而且还担任了许多刊物的编委或顾问，关怀后辈学者和年轻编辑的成长；关心中小学语文教育教学，和全国各地的语文教师和教育工作者鸿雁往来，为他们答疑解惑；关注古典文学和文艺批评的学术动态，注重传播和普及中国传统优秀文化。年景虽云暮，霞光犹粲然。晚年的周振甫老当益壮，依旧握素怀铅，编述齐进，在编辑工作和学术研究上都有着新的贡献和成果。

# 一、与钱锺书的"断交"风波

1991 年，上海教育出版社打算出版有关钱锺书先生的《谈艺录》和《管锥编》的书籍，考虑到这两部学术专著的程度较深，即使是大学生也不容易看懂，何况普通读者了，于是想到了出普及版，向大众阅读市场推出《〈谈艺录〉读本》、《〈管锥编〉读本》。上海教育出版社编辑邵桂珍找到厦门大学郑朝宗教授，约他编《〈管锥编〉读本》，又通过郑朝宗约周振甫写《〈谈艺录〉读本》。周振甫因为先前托郑朝宗写过《管锥编》的评论文章，心中一直十分感激。这次他盛情约稿，于是就同意了。但信中约定的出书期限太短，一个人难以如期完成，而且考虑到自己不懂外文，周振甫就约同事冀勤合作。与出版社签订了书稿合同之后，周振甫把这件事告诉了钱锺书，本想着钱先生也会高兴，毕竟又为他的著作扩大了阅读群体，增加了影响。不料，钱锺书泼来了一盆凉水。周振甫致冀勤信写道：

> 钱先生回信，大意说搞《读本》，怕将来没有人要，浪费精力。我想倘我们自己想搞《读本》，怕将来没有人要；现在是人家来约，没有这个问题了，所以我就不再回信了。但钱先生不愿意我们搞，主要还是怕我们搞不好，把他的书搞糟了。不过他不好意思说。因此我们在这个工作上还得谨慎些。您改正原本错字，很好，说明您做的工作是比较谨慎的。①

---

① 周佩兰、冀勤编：《文心书简——周振甫信札集》，北京出版社 2017 年版，第 30 页。

钱锺书委婉的反对，并没有让周振甫察觉此事的严重性。如前所述，在《管锥编》出版后，周振甫积极地参与书籍推广以及后来兴起的"钱学热"中的一些活动，写《读本》是他认为普及"钱学"的良好方式之一。在这个问题上，两位挚友的意见出现了分歧。

没有注意到钱锺书不满的周振甫，继续与冀勤开展编写工作，选原文、加简注，并加题解说明，全书约 42 万多字，在约定期限内顺利交稿。书稿在印刷厂排印前，责任编辑来信，希望能在书中加入钱锺书的手迹、照片。周振甫手头不乏钱锺书的题词和照片，他去照相馆翻拍了，但在寄去上海之前知会了钱锺书。钱锺书得知此事恼了，在他看来，之前答应《〈谈艺录〉读本》的写作已经是网开一面，怎可以再把我的赠诗、赠言和照片提供给出版社？这简直是得寸进尺了。复信中，钱锺书毫不掩饰自己的怒气，甚至提到绝交。

如果钱锺书前一封信是一盆凉水的话，那这一封信就是一桶冰水，立刻惊醒了周振甫，他没有将题词和照片寄给出版社，并马上回信钱锺书相告，争取到他的谅解。周振甫在给冀勤的信中，记录了钱锺书复信的内容。从钱锺书的回信看，他对周振甫未解老友心思还是颇多不满的。与周振甫积极支持"钱学"研究的态度不同，钱锺书本人对"钱学"成为当代显学不以为然。两人在书信中各自引经据典，试图说服对方。

　　钱先生说，学生拜老师，会把老师拜倒。好比明人捧唐诗，使得有人厌弃唐诗，推崇宋诗。东施效颦，也显出西施的不足来（大意如此）。这话就是反对人家讲他的书，怕把他的书讲坏了。我在补充时说，明人捧唐诗，但"李杜文章在，光芒万丈长"，并不因明人的捧而减损他们的光焰。东施效颦，是增其丑，是东施之丑。人家再看西施之颦，转较东施之丑，益增其美，并不因东施之丑而减损西施之美。①

他（指钱锺书——引者注）来信说："疏凿混沌，则将致性命之忧。"他用《庄子·应帝篇》："七窍凿而混沌死。"振又去驳他，大意说，《应帝王篇》里讲了壶子，疏称"至人得满智圆，虚心凝照，本性无别，动静不殊，其道深玄"。壶子这个至人有这样道妙，那么要了解这样的至人，光有眼耳鼻舌，只会分别色声香味的人，是无法了解他的。混沌七窍未开，没有眼耳鼻舌，更不会了解他，即使把混沌的七窍凿了，有了眼耳鼻舌，也不会了解他，要了解他，只有再凿两窍，即心窍、灵魂窍，才能了解壶子，则庄子何取于混沌之为应帝王乎？②

钱锺书反对出读本，可能还有另一个原因。20 世纪 90 年代初，伴随"《围城》热"而起，社会上出现大量对钱锺书著述的盗版，以及行盗版之实的改编版、点评版、汇校本等等，令人深恶痛绝。在《谈艺录》读本问题上，钱锺书对出版社未与他协商即立项编写《谈艺录》读本不满，认为这是视原作者为"物故陈死"之举，故而以拒收稿酬作抗议。

1992 年，《钱锺书〈谈艺录〉读本》出版了。在这本书的前言里，

---

① 周佩兰、冀勤编：《文心书简——周振甫信札集》，北京出版社 2017 年版，第 71—72 页。

② 周佩兰、冀勤编：《文心书简——周振甫信札集》，北京出版社 2017 年版，第 113—114 页。

周振甫道出他们写作的初衷。

> 渊博与睿智的钱先生著作的《谈艺录》补订本，是成为当代显学的"钱学"的名著之一，为读者所爱读。但对一般读者说来，阅读这本书，还需要作些辅导……①

前言之后，还有一个附记，这是周振甫就《读本》问题多次与钱锺书书信往来后的有感而发。

> 这本《读本》，也是"不经"的一类，只好求钱先生的原谅了。希望读这个《读本》的读者，进一步去读《谈艺录》原著，以获得更全面更正确的理解，来指出这个《读本》的不足。②

《钱锺书〈谈艺录〉读本》与周振甫自己的《诗词例话》形式相似、内容相通，但在理论上明显体悟更深、阐发更精。可见他对于师长兼好友钱锺书的论著解读特别用心，力臻完美体现原文的思想层次和精神内核。这本书初印 7800 本，作为纯学术论著，这个印数在当时是相当可观了。读本出版后，社会反响良好，至 1996 年已第三次印刷。但钱锺书一直拒收稿酬，直到 1996 年钱锺书住院期间，才由周振甫的外孙将两次稿酬一并交到杨绛女士手中，了却周振甫的一块心病。

---

① 周振甫、冀勤编著：《钱锺书〈谈艺录〉读本》，上海教育出版社 1992 年版，"前言"第 1 页。
② 周振甫、冀勤编著：《钱锺书〈谈艺录〉读本》，上海教育出版社 1992 年版，"附记"第 4 页。

而另一部《管锥编》读本的写作并不顺利，郑朝宗教授心脏病复发，无力完成既定的《管锥编》读本的写作，上海教育出版社一度想改约周振甫来编写。有了《谈艺录》读本编写的教训，周振甫心有余悸，绝不肯答应了。

其实，对于别人特别是钱锺书的批评，周振甫一直是认真倾听，特别在意的，这有过先例。有一次，周振甫的女儿女婿去钱家，钱锺书拿出一本杂志翻到其中一页，指着某学术会议的照片中坐在一位领导旁边的周振甫，用家乡话说："风头出足"。第二天，周振甫收到钱锺书的来信，信中对当时蜂起的学术会议颇不满意，告诫周振甫不要参加那些"招邀不三不四之闲人，谈讲不痛不痒之废话，花费不明不白之冤钱"的所谓学术会议。周振甫对此并不生气，微笑着说，"钱先生让我少参加会"，虚心地接受了钱锺书的告诫和提醒。

尽管不理解，但《读本》事件并没有成为两人友谊的芥蒂，也没有过多地影响两人之间的关系。君子之交淡如水，书信仍然是他们日常往来的重要手段。1991年，周振甫出版了《中国修辞学史》，钱锺书给他写信祝贺，表示"尊著乃真积力久所成"。1992年，周振甫参加华东师大王元化先生研究生的答辩会，事后周振甫给钱锺书写信交流他对论文提的建议，钱锺书回信说，"所指各则，莫不持之有故，言之有理，虽非明珠投暗，亦殊有使贼学了乖去之叹耳！"[①]

当然，这场风波更没有减损周振甫对钱锺书的眷眷之心。90年代，钱锺书切除一肾，消化系统也受损严重，身体不好，经常住院，周振甫时常去医院探望。1992年春节，周振甫去钱家看望钱锺书，

---

① 周佩兰、冀勤编：《文心书简——周振甫信札集》，北京出版社2017年版，第115页。

结果大门紧闭，铁门上挂有一纸，写着来客请留名。周振甫猜钱先生应在住院，就签名后离去。果真如此，不几日他接到钱锺书从医院的来信，说自己卧病在床，劝周振甫不要到医院来看他。周振甫收到信后，想要去医院探视，但苦于不知道在哪家医院哪个病房，无法前往。后来打听到了具体地址，却又得知钱锺书住在无菌病房，外人没法进入。过了半月，周振甫又收到钱锺书寄自家中的信件，说已经做完手术回到家中，医嘱不能见客，让周振甫不要前来。周振甫心急，但也无法，只能暗自祷念钱先生早日康复。在写给友人的多封信件中，这份真挚的挂怀一览无余。

> 钱先生自家中来信，医嘱不能见客，故迟迟未去探望。后又闻钱先生患气喘，最近亦不知如何。只能祝他早日康复。（1993年12月31日致××信）
>
> 钱先生的病还没有转好的消息。钱瑗乃患骨里有疏松症，听说很难治，不知怎样？杨（绛）先生很辛苦。钱先生仍在医院，不能吃东西，做成流质，从鼻子中灌入。钱瑗在英国留学，深通英文。他的病不知何时能治好。（1996年7月16日致××信）[1]

人间重晚晴。周振甫似乎已经完全忘记了，自己也是八十多岁的老人了，在1993年、1996年，他先后突发脑供血不足、脑血栓等严重疾病，但他仍一心牵挂着自己敬重的师友。

两位老人最后一次重要的学术交往是钱锺书父亲、也是周振甫的

---

[1] 吴海发:《他在国学园地耕耘了一辈子——忆周振甫先生》,《文汇报》2016年5月9日。

老师钱基博所著《中国文学史》的出版事宜。这本书的编辑历时数年，是周振甫退休之后花费时间、精力很多的一部作品。最初的版本是钱基博的学生彭祖年搜集整理而来，只编到元代，与书名不符。周振甫就把钱基博在商务印书馆"万有文库"出版的《明代文学》及其前面所作的《自序》接续上去；另外，再把钱基博在《现代中国文学史·编首》总叙述近代文学中的清代文学部分，用作清代文学纲要，权当作是清代文学的论述。为了让清代文学部分不至于太过单薄，使整本书的结构更加均衡和完整，周振甫还请山东大学王绍曾复制了钱基博在《光华大学半月刊》上发表的《读清人集别录》作为清代文学史资料附在书稿的最后。书稿交到中华书局审读，中华书局旋即转还给周振甫，让他编辑整理。周振甫看到书稿中对历朝历代重要作家都作了介绍，对一些不是很重要的作家只提到名字，没有文字介绍，他就对这些提到名字而没有介绍的作家一一作了补充，对不符合史实的有些地方也作了删改，还撰写了一篇跋。校样出来后，周振甫问中华书局原稿有没有送钱锺书审定过，答案是没有——《中国文学史》的出版险些又造成两位好友间的一次误解。

1992 年 8 月，周振甫接到钱锺书来信，"闻中华（书局）将重印先君文学史、《清人别集》题记等书，由兄主持其事。何以弟了无闻知？"[①]周振甫意识到，中华书局未按一年多前颁布的《著作权法》要求，就《中国文学史》的出版与钱锺书订立合同，恐有不妥。

年事已高、平日只在家审稿的周振甫，向中华书局提了三条补救建议：一是请中华书局把《中国文学史》原稿送钱锺书，请钱锺书就

---

① 周佩兰、冀勤编：《文心书简——周振甫信札集》，北京出版社 2017 年版，第 110 页。

周振甫改补的地方校正改订一遍；二是自己亲持《中国文学史》原稿送钱锺书核改；三是自己去印刷厂取校样，按钱锺书改处改一遍，尽量减少牵动版面。

周振甫按此建议亲力亲为，将《中国文学史》原稿送给钱锺书审定。钱锺书看过书稿，读到周振甫撰写的跋时，记起周振甫曾将跋拿给他提意见，只是相隔时间过长已经忘记了。钱锺书只提了一处修改意见：对书中钱基博先生提到的人而没有介绍的加了介绍，这点很赞同，但女词人李清照在书中没有提到就不要作介绍了，应当删去。

当出版合同签字时，钱锺书却不肯签，表示"《中国文学史》之编辑整理工作，全出振甫先生之力，特授权周振甫先生为此书订约甲方。所有稿酬，归其全权支配"①。此前，钱锺书拒收《〈谈艺录〉读本》稿酬，对周振甫而言已是一道难解之题，如今怎肯再添新愁？好在钱基博的另一位学生吴忠匡先生为他解围了，他告诉周振甫，"钱（基博）师嫁女时，写有《金玉缘谱》。说世人嫁女，皆有妆奁。我以《中国文学史》及《孙子兵法注》两书作为嫁妆，两书所得版税，皆归其女。"②当时，钱锺书的妹妹钱钟霞已经去世，周振甫将吴忠匡所言抄给钱锺书和钱钟霞的丈夫、华中师范大学教授石声淮，并请石声淮转告其子女。钱锺书从此不再言版税赠周振甫事。最终，周振甫在合同上代为签字，并将稿费全部转交石声淮一家。周振甫与石声淮一直有交往。1990 年，石声淮、唐玲玲编《东坡乐府编年笺注》出版，周振甫收到赠书后于 12 月 13 日致信石声淮说："尊笺于系年及注，皆胜龙《笺》，后来居上。考订既精，笺注复详援据，非博稽详

---

① 徐俊：《春雨润物细无声——周振甫先生琐忆》，《中华读书报》2011 年 8 月 10 日。
② 周佩兰、冀勤编：《文心书简——周振甫信札集》，北京出版社 2017 年版，第 137 页。

考者不能为。据尊笺，据以读苏词，可以窥苏公之经历与心曲，尤为可喜。"①

这里，我们还要特别提及钱锺书致周振甫信件的最后处理。几十年来，钱、周二人密切交流，书来信往，周振甫处珍藏了钱锺书的一百多封来信。两位老人先后去世后，这些书信如何处理就显得十分敏感。杨绛在钱锺书去世后，久为钱锺书写给他人的私人信件被公开、被评说所困扰。周振甫的女儿周佩兰和家人商量，选择把钱先生的来信全部退还杨绛先生全权处置，完璧归赵，且不留复印件。高山流水，友情长存，周振甫这种良好的家风，也着实让人感慨和感动。

## 二、热心扶携后学

在退休之前，周振甫就关心、扶植出版社里年轻的同事。李裕康、常振国等年轻编辑就受到过他的帮助和指点。他还应《出版工作》杂志的约稿，撰写发表了一些总结自己五十多年编辑工作经验的札记，将书刊编辑的经历、得失、体会事无巨细、毫无保留地传授给广大同行们。退休之后，鉴于周振甫在编辑出版界的名望，全国各地出版社的不少年轻编辑在遇到业务问题时会向他寻求帮助，他都会放在心上，竭尽所能。

20 世纪 90 年代初，上海书店出版社在编纂"中国近代文学大

---

① 何新文：《难忘昙华林——怀念我的导师石声淮先生》，载张三夕主编：《华中学术》（第七辑），华中师范大学出版社 2013 年版。

系"大型丛书的时候，对如何编辑增加的《少数民族文学集》产生了分歧，责任编辑就写信给周振甫，询问他的意见。周振甫很快就回复了意见，表示："增加《少数民族文学集》，私意是否可即并入相关各集内，如少数民族诗词，可并入《诗词集》内，少数民族小说，可并入《小说集》内，则似不必另立一《少数民族文学集》。"并结合编辑少数民族著作条目的经验，认定"看来把少数民族近代文学资料归入各集当可做好"①。对于后辈编辑的约稿，他只要答应了的，都能按时交稿，因为他就是编辑，对编辑工作的难处深有体会，所以不用人催稿，周振甫的稿件从不让责任编辑担心时限问题。1994年，陕西人民出版社编辑弓保安策划、主编《唐宋八大家散文精品丛书》的时候，确定选文范围、编写体例、字数要求之后就开始联系作者。其中的一本《苏洵散文精品选》约的就是周振甫。当时周振甫已是84岁高龄，能不能接受约稿，弓保安心里没底。没想到，约稿信发出后不到一星期，就收到了回信，"承约振编选苏洵文选，甚感。承示字数为13万，作家生平简介500字，赏析不超过1000字。这样，全书开头是不是不用写《前言》了？请示。倘不用《前言》，比较省事。拙稿争取早一点交稿，争取在二月底以前交稿"②。对于年轻编辑的进步，周振甫也总是乐于鼓励。1999年，张世林主编出版了六卷本的《学林春秋》，里面收录了周振甫的文章。收到样书后，周振甫给张世林写了一封热情洋溢的信，对这套书的编辑工作予以高度评价，并在信的结尾写

---

① 周振甫：《可把少数民族文学资料编入各集内》，载范泉主编：《〈中国近代文学大系〉争鸣录》，上海书店出版社2012年版，第80页。

② 弓保安：《难忘师友忘年交》，载张世林主编：《想念周振甫》，新世界出版社2011年版，第174页。

道："我虽做了编辑工作，但在编辑思想、约稿对象、催稿工作、校对方面皆不如先生，读了卷首言，真自感惭愧。"① 虽是谦辞，但也是真切的关爱和鼓励。

　　除了这些年轻编辑业务上的讨教，晚年周振甫遇到更多的是古典文学研究者或爱好者的来信请教，甚至是不打招呼的登门拜访，他们或邀约讲课审稿，或请他写序题字，周振甫几乎是有求必应。周振甫的孙子周海涛在写给别人的一封信中说："我祖父自幼家境贫寒，青年时未读完无锡国学专修学校就进开明书店从事编辑工作。或许正是这段经历，在祖父成名后，他一直十分重视帮助后学，即使是一些无名的古典文学爱好者也不例外。在与我祖父通讯的友人中，诚然有不少学界泰斗与晚辈学者，但更多的是一些无名的文学爱好者，对于他们提出的有关古典文学或是古典诗词的问题，他都不厌其烦地一一予以回答。"② 做了一辈子的编辑工作，"为人作嫁"的意识和精神好像已经融入到周振甫的血液里，他把提携新学、鼓励后生当成是他应尽的义务，总是尽心尽力地提供方便和帮助。

　　广西师范大学张明非将出版的第一部著作《古典诗词百首鉴赏》寄给周振甫，怀着忐忑的心情请这位诗文鉴赏专家作序。周振甫收到书后，认认真真地读了一遍，在手写的二千五百多字的序言里作了细致的讲评，归纳出这部书所具备的几个特点和长处，最后给予了高度评价："'鸳鸯绣出从君看，不把金针度与人'，古代的诗词名作是绣

---

① 张世林：《想念周振甫》，载张世林主编：《想念周振甫》，新世界出版社 2011 年版，第 199 页。

② 丁惠才：《勤奋好学　敬业乐群：〈想念周振甫〉一书初读札记》，《嘉兴日报·平湖版》2012 年 6 月 20 日。

出的鸳鸯，《鉴赏》是对绣出的鸳鸯探索它的金针绣法，来作度与人的工作。我们从《鉴赏》的探索中，可以学习怎样探索金针绣法，学习它的探索，帮助我们自己去探索别的作品，那就可以不停留在学习《鉴赏》的百首诗词的赏析了。"① 1995 年，周振甫得知张明非正在写《唐诗与舞蹈》一书，他立即将友人刚送的一本《全唐诗中的乐舞资料》挂号寄到桂林，说是内中有讲到舞蹈的内容，可能对她有参考作用。

无独有偶，徐州师范大学邵迎武将自己的著作《苏曼殊新论》寄赠周振甫，请他批评指正。周振甫没有任何拖延，很快就回信表示感谢，并根据自己编辑钱基博先生《现代中国文学史》所掌握的关于苏曼殊身世的情况阐发了许多观点，提出了一些修改意见。时隔八个月后，邵迎武意外地又收到一封信，原来是周振甫在参看了其他研究苏曼殊的著作后，提供了若干苏曼殊研究最新观点的参考文献，并介绍他与文化大家钱锺书先生直接通信，便于随时求教。

香港诗人施学慨曾经在周振甫指导下学习格律诗的写作。每次他将诗作寄到北京很快就能收到周振甫的回复。周振甫对诗稿都认真看过，并用蝇头小字做圈改批注，对他认为内容不佳、格律不对的诗歌，就批复"重写"两字。1992 年，施学慨突然收到周振甫的来信，让他不必再寄诗了。他百思不得其解，心头充满怅然若失之感。稍后去北京拜访周振甫时问起此事，周振甫语重心长地对他说："现在是你独立自主的时候了。诗词创作要有独创性，也要有自我判断力。人生有限，能力有限，治学之道，在于勤，在于精，要多读，多看，多

---

① 张明非：《追忆国学大师周振甫》，《广西文史》2015 年第 2 期。

体会，多实践。"① 为了鼓励他学好诗词，周振甫还特地亲自抄录《寄叶丈圣陶先生乐山》诗一首赠给他。

晚辈同乡田妮曾登门拜访求教，将自己闲时创作的小说、诗歌、歌词合集送给周振甫过目，希望能得到他的指教。但在两人的交谈中，得知当时周振甫健康状况非常不好，刚经历了小脑溢血，而且左眼失明，右眼视力只有 0.2，看书写字都很困难。田妮为自己贸然来访增加周先生的负担自责不已。周振甫却依然平和微笑着应允下来。一个月后，田妮收到了周振甫的来信："大作读毕，感到你对农村人物的描写十分逼真，很感人。有首歌词中有一句话说法不科学：'太阳与月亮拥抱在一起'，那会引起爆炸，给人类带来灾难！"② 在这封短短的信笺上，从起首的第一个字到最后一个落款，从左上角一直歪斜着到右下角。这种怪异的书写，在向来严谨周到的周振甫这里是不该出现的，一定是他强撑着病体，戴着老花眼镜，利用放大镜，用颤抖的手一笔一画写下来的。

范方晙也收到过周振甫同样"怪异书写"的信件，刚开始字还写在稿纸格子里，后面字体越来越小，字迹出格并向上斜去，范方晙因此猜测周振甫是在病床上写的信。的确如此，周振甫由于两次中风，加之白内障手术不很成功，当时写字已经十分困难，但还是坚持给向他请教诗词创作、文史知识的年轻人回信，对讨教的后学们一贯热忱，从不拒绝。1996 年，周振甫因为中风卧床了几个月，家里积压

---

① 施学慨：《平居教艺仰师恩——深切悼念周振甫先生》，《人民日报》（海外版）2000年 8 月 2 日。

② 田妮：《周振甫先生印象》，载《风雅平湖》编委会编：《风雅平湖》，中国文联出版社 2006 年版，第 160 页。

了大量的信函未复。他就找来孙子周海涛一封封念给他听，然后口述内容，让周海涛笔录下来回复对方。这其中有许多希望得到斧正的古典诗词作品，间杂有不少生僻典故和文词。周振甫都坚持听完，并认真对诗句加以评点。女儿周佩兰还记得这样一件小事：

> 有一次，父亲不明原因地发烧，这种情况很少出现，所以母亲要陪他去医院看病，父亲不去。他吃了药，主动躺下了。父亲白天躺着，还是鲜见的现象。但没躺多久，父亲又起来，坐在书桌前写字了。问他写什么，也不说。按父亲的脾气，如果有重要的文章要写，劝他休息也是没有用的。快到九点的时候，有人敲门，访客是一位大学老师。他与父亲并不熟，拜访父亲是为了取一篇评析少年习作的文章的。这篇习作，正是他女儿的作文。母亲听明来意后，心生埋怨，说："周先生都发烧了，刚躺下，又起来写，刚把文章写完。"这位老师感到非常歉疚，也有点尴尬，父亲赶紧出来，微笑着连连说："呒啥！呒啥！（没什么，没什么）"①

"呒啥"、"弗麻烦"、"弗辛苦"这是周振甫的口头禅，平实的话语下是他一颗扶携后学的热心肠。

周振甫关心帮助他人，特别是后学及同道，不仅体现在具体的业务工作、文史知识学习方面，他的言行举止、细枝末节更处处可见其为人处世的风范，留给交往者深刻的印象。比如勤俭节约、公私分明

---

① 周佩兰、徐名翚：《我们心目中的父亲》，载张世林主编：《想念周振甫》，新世界出版社 2011 年版，第 31—32 页。

这一点，中华书局的同事曾屡屡提及，与他交往的年轻朋友也专门谈及。担任《嘉兴教育学院学报》主编多年的方伯荣在《从周振甫的信封说起》一文中深情地回忆起他心目中的周振甫：

> 学问高深、勤俭节约，我以为可以用这八个字来概括周振甫的一生功绩。"学问高深"，从上文所提他的著作即可知道，他为钱锺书的《管锥编》审阅加工，得到钱先生高度评价。他为此书出版写了一首诗送给钱锺书先生，此诗他曾经亲写条幅送我，其中有四句道："高文何绮数谁能，谈艺今居最高层。已探骊珠游八极，更添神智耀千灯。"
>
> "勤俭节约"，我从他给我的信便知道。你想，他一直在出版社工作，中国青年出版社、中华书局，到处是信封信纸呀，可是他给我的几十封信，都是自己买的信封，我量了一下，他的信封长十五厘米，宽九厘米，是最小的信封了，所以他写的字也特别小。寄书给我当然是大信封，也是他自己买的，从来没有用过公家一个信封。其他不用公家信封给我写信的名人还有叶圣陶（教育家）、李何林（鲁迅研究专家）、单演义（西北大学教授）等。
>
> 上世纪九十年代中旬，我出差去北京，特地去看望周振甫先生，他住在幸福新村中国青年出版社的旧房子里，地方不大，到处堆满了书，睡觉的床上也都是书。他人小，个子不高，所以床上都是书，几乎睡在书堆里。好像没有什么家具，也没有什么电器，电视机很小。
>
> 周振甫先生满脸笑眯眯的，和善、可亲，待人热情。知道我在平湖工作了二十多年，他很高兴。他曾经应我的要求，写过

论文发表在我主编的《嘉兴教育学院学报》，同样应我要求写了《怎样写游记》发表在我主编的《写作报》上，他还题写我主编的《历代名赋赏析》书名，由重庆出版社出版。他还为我题写书名《中学语文备课笔记》，后来因为唐弢先生也题写了书名《中学语文教学笔记》，出版社用了唐先生的题写书名，我告诉了周先生，感到非常对不起。他却来信说没有关系。大凡名人，都十分谦虚。①

博学、严谨，正直、谦和，自律、勤俭，这些周振甫拥有的美德一直与他相伴。有些方面偶尔为之并不难，但持之以恒就很不容易。比如公私绝对分明，从不占一点公家便宜这样的"小事"，能做到的又有几人呢？数十年如一日，坚持把简单的事情做好，就是不简单；坚持把平凡的事情做好，就是不平凡。周振甫就是这样一个不简单、不平凡的人。

## 三、编书指导古文教学

我国编辑出版事业的一个优良传统是培育人才，与教育结合，把出版工作当做教育事业的一部分，彼此依存，相互促进。周振甫职业生涯中的开明书店、中国青年出版社和中华书局又都是以出版古籍、工具书和青少年读物闻名的出版单位，虽然没有像叶圣陶、夏丏尊等

---

① 方伯荣：《从周振甫的信封说起》，2018 年 11 月 15 日，见 www.jiaxing.cc（嘉兴故事）。

人一样真正从事过教学工作，但作为编辑的他对各类学校的教育教学也是相当熟悉的，特别是对文言文的阅读与教学有自己的独到见解。

周振甫作为古文教育教学领域的"闯入者"是源自高考这个社会高度关注的焦点。有一年的全国高考语文试卷，将周振甫《文章例话》中关于"因声求气"的节选部分选作阅读理解题，考查学生根据上下文之间的联系解析文中重点词语的意思及相关观点的正误判断。题目难度适中，可以较好地区分不同层次学生的语义分析、语段理解能力。这也从侧面反映了周振甫"例话"系列著述的特征，即能将深奥的学问通俗化，用浅易晓畅的语言传达给大众。由于高考的"指挥棒"效应，从这一年开始后的几年间，各省市中学的高考模拟考试大量地从周振甫的《诗词例话》、《文章例话》、《小说例话》等著作中节选内容来出题，中学生中掀起了阅读"例话"系列的热潮。在这股热潮中，教师和学生都发现周振甫的著述不但是阅读理解的重要题库，还可以是文言文阅读和古诗文赏析的范本。在高考语文试题中，文言文阅读和古诗文赏析是重头，不少于二十分。而这恰恰是高中生的软肋，成为语文学习中的"三怕"（一怕文言文、二怕周树人、三怕写作文）之首，很大程度上也成为了语文教学中的痛点和难点。在这种环境下，人们惊喜地觉察到这位已经退休的老编辑竟然掌握着文言文教学的"金钥匙"，周振甫意外闯入了古文教育教学领域。

其实早在新中国成立前的开明书店时期，周振甫在叶圣陶等师长的熏陶和启发下，就结合自己青少年时期的学习经历，对当时的国文教学已经有了比较深刻的体会和认知。1946 年，《国文月刊》为纪念当年 4 月逝世的夏丏尊先生，第 48 期特辟为"中学国文教学研究专号"，共刊出了蒋伯潜、李广田、曹伯韩、傅庚生、杨同芳等人的 10

篇讨论中学国文教学方面的论文。周振甫也发表了《技能的训练和理论的研讨》，文中列举了旧式国文教学偏重背诵的好处，具体包括：帮助对于文章的了解，领会作者写作时的情绪；懂得音节和情绪的关系，到写作时自会采用适宜的音响节奏来表达胸中的情意；读熟了字句妥帖的文章，习熟于种种变化的句式和虚字的安排，到写作时，自然不会写出生硬不妥的句子，运用虚字，也在知其然不知其所以然中渐渐合乎规律了；熟读了以后，即使自己的鉴赏力不够，还看不到文章的好处，只要背诵不忘，到后来读的文章愈多，阅读的能力愈提高，对于以前看不懂的也自会懂得了。这些观点可以明显地看出周振甫青少年时期所受教育的影响，他对唐剑花、陈伯叙、唐文治、钱基博等老师的"先诵读后理解"的教学方式是非常推崇和认可的。在注重阅读背诵的同时，周振甫还强调教师应该教授古文周边的相关知识，比如虚词的词性、功能、翻译，作者所处的时代环境，作文立意等。他指出："技能的训练和理论的研讨，如车之双轮鸟之双翼相辅前进。"①

　　这种对古文教学的见解随着周振甫编校文史著作、注释经典文献的工作经验的不断增多，而愈发深刻，逐渐丰富，以至形成一套完整的古文教学观。他在《语文学习》、《文史知识》杂志上经常发表辅导性的文章。特别是在中华书局《文史知识》杂志上连载六期的《怎样学习古文》写得新颖独特，深入浅出，极具启发性，是指导学习古文难得的好教材，集中反映了周振甫"以熟为主，以知为辅"，追求"立体的懂"的古文教学思想。"立体的懂"的古文教学观，在周振甫看来，

---

① 周振甫：《技能的训练和理论的研讨》，《国文月刊》1946 年第 48 期。

应该是这样的：

> 它的关键就在熟读背出，把所读的书全部装在脑子里。假如不是熟读背出，把所读的书全部装在脑子里，读了一课书，记住了多少生字，记住了多少句子，这只是"点线的懂"。记住的生字是点，记住的句子是线。点线的懂是不够的。因为一个字的解释在不同的句子中往往因上下文的关系而解释会有变化，一个字在不同的结构里会具有不同的用法，记住了一个解释和一种用法，碰到了字的解释和用法有变化时就不好懂了。读一课书，记住了这课书中的生字，记住了这课书中的句子，这叫平面的懂。平面的懂还不够解决一个字的解释和用法的变化。把一部书全部读熟就不同了，开始读时不懂，读多了渐渐懂了。比方读《论语》，开始碰到"仁"字不懂，"仁"字在《论语》中出现了 104 次，当读到十几次的"仁"字时，对"仁"字的意义渐渐懂了，读到了几十次、上百次的"仁"字时，对"仁"的意义懂得更多了。因为熟读全书，对全书中有"仁"字的句子全部记住，对有"仁"字的句子的上下文也全部记住，对于"仁"因上下文的关系而解释有变化也罢，对"仁"字因结构不同而用法有变化也罢，全都懂了，这才叫"立体的懂"。[①]

在周振甫看来，古文教学的效率低下，主要是中了死扣所谓考试知识点的毒，古文学习不应该像数学、物理等理科课程那样，学某一

---

① 周振甫：《怎样学习古文》（一），《文史知识》1986 年第 12 期。

内容时就应该学"懂"，否则就进行不下去。古文的学习应该是"开始读时不懂"，到"读多了渐渐懂了"，最后"读了若干年，一旦豁然贯通，不懂的全懂了"。

在回复中国人民解放军防化研究院副教授陈勤请教如何学好古文的信中，周振甫也提出了类似的建议：

（一）阅读。先让她在中学、大学中已读过的古文，把它们读熟背出。倘课本已没有了，可买些古文选本来读。要求每周读熟一篇，长文或两周读熟一篇，主要利用星期日。一个星期日读熟一篇短的古文大概可以办到。一年读熟 30 篇古文，要背出，背出后还要复习。从熟读中体会它的好处，从用意、结构、修辞等手法去体会，学习它们的写法。可以读各类文，如议论、叙事、说明、描写等。

（二）写作。最好每周写一文，可先写短文。如拿一篇报告，假定有 3000 字的作文，压缩至十分之一，看看是不是把要点都包括进去。也可以把一篇短的古文，如王安石《读孟尝君传》，全文百余字，可以用白话写。把原文论点写一提纲，如何开头、承接、转折、结尾，有几种转折。再把它放大十倍，写成千余字的文章，这里要发挥原文的论点。再可写记事或游记，可以选择几个重点作特写，好比拍照时要选择好的镜头一样，这样就可以写得长些。总之要写亲身体会的事，要经过仔细考察或加深体会来写。要写各种体裁，不论记事、议论、说明等都写。经过一年，读熟了 30 篇各种体裁的古文，理解它们的写作法，再写 40 篇作文，能写各种体裁的文章，对读和写一定很有进境。①

　　周振甫不是工作在教学一线的老师，很多时候只能以编辑的身份和便利，通过策划、出版相关的图书或词典来引导基层教学。特别是退休之后，他拥有了较为充足的时间来做这件事。辽宁少年儿童出版社推出普及古典文学精华的"名家推荐丛书"，意在让积一生治学经验的专家学者指导青少年读书，指点求学、治学的门径。编辑通过看电视上播出的《一盏文化的灯火》专题片，得知周振甫非常关心中小学生的教育工作，特别是古文教学，于是他进入了"名家推荐丛书"的作者队伍。1992年，《周振甫推荐古代散文》出版，里面选择了从先秦到清代的共70篇经典散文，每篇都有题解、注释和译文，可做教材使用，亦可做辅导读物。文字平易，名篇佳作贯穿始终，让中小学生读懂古文，进入文言世界，体悟古汉语之美，也启发他们明辨深思，远隔时空地体味古代先贤的傲骨与清魂。1995年，光明日报出版社计划出版一本《新编中学古诗文鉴赏辞典》，将人民教育出版社初中课本中的全部古诗文都收录进去。编辑部考虑到周振甫对古文教学有所研究，专业知识渊博，在学界和出版界都有相当高的威望，人脉广，号召力强，就约请他来担任主编。周振甫很爽快地接受了这个任务，邀请了北京大学的褚斌杰、中华书局的冀勤、中央民族大学的邓小飞等专家出任副主编。他们这些主编、副主编们又将北京大学、北京师范大学、北京语言大学等著名高校中文系的一些骨干教师、出版社的一些资深编辑、中学任教多年的语文教师拉进队伍，组建了实

---

　　① 丁惠才：《乡贤周振甫纪事》，平湖档案史志网，2012年5月10日，见 http://phszw.pinghu.gov.cn/ucms/html/phszw/col986/2012-05/10/20120510085637735503126_1.html。

力强大的编者阵容。

作为主编，周振甫深知编辑、出版教辅类读物的责任重大。辞典作为一种特殊的教科书，是知识的源泉，无声的老师，是学生倚仗的工具。他将辞典内容分为"解释、意义、鉴赏、评价"四个连续部分，意图是让读者真正实现全方位"立体的懂"。为做到这点，周振甫这个耄耋之年的老人对辞典中涵盖的 168 篇诗文，每稿必审，一丝不苟。每篇文稿空白的页眉页脚，甚至字里行间都充满了他添改的蝇头小字。有时修改、增加的内容太多，周振甫就另外加纸陈述意见。

此外，他还亲自撰写了辞典的前言，在 4000 多字的篇幅里不但介绍了辞典的基本情况，还详尽地列举例证，深入浅出地阐述了辞典的使用方法，希望这本书能够开阔教师和学生们的眼界，拨正只为应付考试的功利教学观。

作为著名学者和获得过韬奋奖的名编辑，竟然如此看重一本给初中生的辅导读物，让人体察到他对古文教育教学是极其关心的。从另一方面说，这种大家写小书、名家编小书的气度和风范也是值得所有的编辑出版人学习和效仿的。

## 四、10 卷《文集》的出版

1999 年 1 月，已退休 10 年的周振甫迎来了一件大喜事，10 卷本《周振甫文集》出版了。这位勤勤恳恳为他人做嫁衣一辈子的老编辑，其个人文集的付梓问世并不容易，还经历了一番曲折。

1996 年的春天，周振甫中国青年出版社文学编辑室的老同事黄伊约了多位老朋友、老熟人在家里聚会。来的人当中包括人民文学出版社前副社长王业康、中国青年出版社负责发行工作的王久安、《海鸥》的译者斯庸、《凡尔纳选集》的校阅人施竹筠、《王若飞在狱中》的责任编辑张羽等，都是编辑出版圈子里的人。黄伊本来想请周振甫也来坐坐，因为他就住在附近。但考虑到自己住在五楼，没有电梯，上来一趟年轻人都累得够呛，周振甫年事已高，更经不起这种折腾，于是就没敢惊动他。世上没有不透风的墙，不知道是谁将这次聚会的消息透露出去了，周振甫拎着两斤点心，爬上五楼，亲自赴会来了。

许久未见的老朋友们甫一相见，就海阔天空地侃侃而谈，有的坐在凳子上，有的半卧在床上，有的躺在沙发里，随意而热闹。周振甫坐在一张椅子上，微笑地听大家说着编辑出版界的逸闻趣事。当谈到稿费低的时候，在外人印象中总是埋首古籍、不食人间烟火的他忍不住也发言了："啥个啥个，我有一本书重印 4000 册，只拿了两百块钱稿费。"他说的是《诗词例话》重版时的情形，他在给张福勋的信中就曾谈到过："拙编是在青年出版社工作时编的，故初版无稿费。后印了几十万，当时也无稿费。最近又印了四千册，青年（出版社）说，再版按稿费计，印一万册付稿费的 8%，印一千册付 8‰，印四千册付 3.2%，计 210 元，亦少得很，书印得多，亦有幸有不幸耳。"[①] 新版的《诗词例话》有 20 多万字，稿费 210 元，稿费大概是千字一元的标准，与著作者付出的辛苦劳动相比确实是极低了。

周振甫话音刚落，黄伊就连呼太少了，"什么？什么？印了 4000 册才 200 块？我替《北京日报》写的文章，两千多字就给我 300 元"。

---

① 张福勋：《无尽的思念——回忆周振甫先生》，《散文》2001 年第 3 期。

周围的人听到这番对话就笑了，有人对黄伊说："黄伊，你当振甫的代理人好了。他年纪大了，又没有你搞公关的本事。振甫写了那么多好书，应当出版一部文集。"周振甫听了，连忙摆手，摇着头说："我的书已经印得够多了，出文集不会有销路，出版社要亏本的。出版文集的事就算了吧。"出书难是当时的社会现实，特别是纯学术书籍更是如此。即使是周振甫这样已经成名，且出版过很多畅销图书的学者和编辑，也概莫能外。1994年周振甫在中国文联出版公司出版了《中国文章学史》，因为是学术书籍，印数少，销售情况也不乐观，出版方就亏了二万元。这件事一直让他心怀不安，觉得对不起人家出版社。

这看似戏谑的话语，却触动了黄伊的心灵。客人走后，他一边收拾桌椅，清理垃圾，一边琢磨，眼前不断闪现跟周振甫在一起工作时的情景。遇到不懂的地方和查不到出处的古诗文，周振甫总是耐心指教，从不嫌麻烦。在干校时，两人还一起到田垄间、小山坡放牛。现在周先生年纪大了，自己理应帮助他。想到这儿，黄伊决定施以援手，推动周振甫的作品全集出版。

下定决心后，黄伊去找周振甫，请他开列全部作品的清单，并授权给自己联系出版事宜。周振甫听后，有些吃惊，连忙说："啥个啥个，我的著述水平不高，出版社是不会接受的。你如果能找到地方出版，不要用全集的名义，像钱先生一样，用文集的名义好了。"言语中的"钱先生"就是指钱锺书，当时不少出版社开出许多优惠条件，都要出《钱锺书全集》。钱锺书不顾编辑们的软磨硬泡，就是不答应，坚持认为"不值得出"。后来，估计是钱夫人杨绛先生松口，才出了本《钱锺书作品集》。周振甫一直都佩服钱锺书的学识和风骨，钱先生没有出全集，他也不出全集，只愿意出版文集。黄伊仔细地看了周振甫列出的作品，一共有 27 本书，600 多万字，至少需要 10 卷的容量，的确是个不小的出版工程。他马上行动，四处出击，联系出版社。同时告知王久安、洪鹏、李裕康等人，请他们在必要时提供帮助。

最初联系并不顺利，一家出版社同意接收，但提出让周振甫向过去出版过自己图书的单位声明以后不再重印他的作品。周振甫知道后，不住地摇头，表示不同意，说宁愿不出文集，也不能这样做。正陷入困境的时候，时任新闻出版署署长的于友先在收到黄伊先前寄送的求助信后委托图书司予以回复。信中高度评价了周振甫在学术上的成就和为中国编辑出版事业做出的杰出贡献，指示要将文集作为"九五"重点规划，新闻出版署图书司会大力支持、推动它早日问世。得到上级领导的关心和支持，黄伊立即去见周振甫，把情况原原本本地告诉了他。周振甫向来都是为别人着想的，看到黄伊为自己的事如此奔波、操劳，心里甚觉不安。黄伊却十分乐意，且充满信心，安慰周振甫，让他放心。

不久，好消息传来，在王久安的牵线搭桥下，中国青年出版社同意出版全套《周振甫文集》。中国青年出版社的社长胡守文、总编辑陈浩增、副总编辑郑一奇召集黄伊、王久安等人一起开了个碰头会，陈总编当场表示：鉴于周振甫先生的成就，他又是本社原来的编辑，为本社的发展做出了贡献，所以中国青年出版社决定投资 100 万元，出版他的文集。胡守文社长点头同意，并指派总编室主任刘艳丽担任责任编辑，牵头组建一个编辑小组，专门负责文集的编辑出版事宜。

　　周振甫对于中国青年出版社出版自己的文集非常感谢，他主动承担了大量的修订补充工作。1997 年夏天，北京遭遇了罕见的酷暑，妻子张韫玉中暑之后高烧不退，不幸逝世。数十年相濡以沫、朝夕照顾自己的老伴忽然离去，沉重打击了周振甫，他的身体每况愈下。在这种情况下，他仍然没耽搁文集的编校，案头依然堆放着书本、纸笔和各类工具书，书稿上依然密密麻麻地写满了工整小楷。

　　文集出版在中国青年出版社雷厉风行的办事风格推进下，进展十分顺利。经历了不算长的时间，10 卷本的《周振甫文集》出版了。文集包括了他一生中最重要的著作，具体是：第一卷：《毛泽东诗词欣赏》、《鲁迅诗全编》、《文学风格例话》；第二卷：《诗品译注》、《诗词例话》、《一百首爱国诗词》、《人间词话校注》、《古代战纪选》；第三卷：《文章例话》、《小说例话》；第四卷：《钱锺书〈谈艺录〉读本》、《周易译注》、《文论漫笔》；第五卷：《中国修辞学史》、《怎样学习古文》；第六卷：《中国文章学史》、《文论散记》；第七卷：《文心雕龙译注》、《文心雕龙术语及近代语释》；第八卷：《陶渊明和他的诗赋》、《李商隐选集》、《苏洵散文选》；第九卷：《古文选注译释》、《诗文浅释》；第十卷：《严复思想述评》、《严复诗文选》、《谭嗣同文选》。这套文集也是当年中国青年出版社参加北京图书订货会的重点推介产品，一亮相，就在图书市场上获得了社会各界的良好反响。这套 10 卷本文集的出版，也让周振甫"编辑型学者"的形象更加突出。

　　但略有遗憾的是，由于篇幅所限等，这部文集并非全集，没有囊括周振甫的所有著述。许多体现周氏风格的遗珠佳作在后面出版的《文哲散记》、《当代学者自选文库——周振甫卷》、《周振甫学术文化随笔》中逐渐得以整理面世。

# 五、永远的编审

周振甫是 1983 年评上编审的。那年 7 月，经文化部编辑干部业务职称评定委员会评定，授予中华书局七人编审职称，除了周振甫，另六人为张先畴、李侃、赵守俨、程毅中、傅璇琮、杨伯峻。这是中华书局首次业务技术职称评定，也应该是恢复专业技术职称评审后全国编辑出版系列职称评审的第一次。周振甫一直工作到快八十岁，可以看出中华书局非常珍惜这位资深的老编辑、老专家。

退而不休、老当益壮的周振甫在余下来的时间里，一方面继续给中华书局审一点重要的文史稿子，不厌其烦地帮助年轻编辑和青年作者；另一方面，他以只争朝夕的精神，把更多时间和精力集中在著书立说方面。几十年的勤学苦练，几十年的不断积累，年至耄耋，却学术青春不老，学术成果不断。我们有个粗略统计，他退休直至去世的 10 年间，每年发表的大小文章在 20 到 30 篇，一些重要的著作也都是在此期间正式出版（部分为修订补充）的，包括《周易译注》、《文心雕龙今译》、《诗品译注》、《李商隐选集》、《苏洵散文精品选》、《诗文浅释》、《文论散记》、《小说例话》、《文学风格例话》、《中国修辞学史》、《文心雕龙辞典》等等。退休 10 年，正是周振甫更加勤奋、更加高产、成果迭出的 10 年。俄国出版家绥青的回忆录题为《为书籍的一生》，后来国内有人编了《为学术的一生》一书。作为学者型编辑，周振甫是"为书籍的一生"，一生编书、校书，孜孜不倦；作为编辑型学者，他又是"为学术的一生"，一生读书、著书，乐在其中。

工作上，研究上，周振甫确实是退而不休，不仅仅只是发挥余热，而且是以时不我待的精神努力拼搏，那一篇篇文章、一本本专著便是最好的证明。而在日常生活中，在私人事务方面，他一如既往地怕麻烦同事、怕麻烦领导，更怕给单位增添额外的负担。比如他的眼疾治疗就是如此。据吴海发的文章介绍说：

> 周先生从事文字编辑工作，长期大量看稿，视力难免大受影响。1991年4月，在苏州吴中宾馆参加叶圣陶研究会组织的研讨会上见到周先生，他告诉我有白内障。领导关心他，动员他手术治疗，他一拖再拖。他的字愈写愈细，笔画抱成一团，比蝇头还小。他说中华很穷，没有钱。拖不下去了，还是到北京同仁医院手术，摘掉了白内障，视力好很多。他于1998年8月17日给我一信，谈到做的白内障手术："……我的白内障，都到同仁医院去治，已治好了，花了不少钱，都由中华书局出的，真不好意思。"手术后，他不顾视力的脆弱，又扛起了一个大工程——《诗经译注》。为了报答中华，周先生后来把《诗经译注》奉赠中华书局，不收分文稿酬。医药公费实报实销，是正常不过的事情，周先生这样做，也许在一般人看来，会觉得太傻吧？①

以周振甫一贯的做人原则和处世方式，他这样做是完全可信的。20世纪60年代初，他的《诗词例话》就曾说主要是上班时间写的，不能要公家再开稿费，那可是发行量极大的畅销书和常销书。但晚年的周振甫辛苦著述，我想中华书局绝不会忍心答应老编辑再如此奉

---

① 吴海发：《他在国学园地耕耘了一辈子——忆周振甫先生》，《文汇报》2016年5月9日。

献的。

作为功成名就的编辑家、文史专家，退休后的周振甫免不了参与一些业界和学界的重要活动，也获得了一些编辑出版方面实至名归的荣誉。

1990年8月，中国比较文学学会举办首届比较文学图书评奖活动，周振甫为主编辑、中华书局出版的钱锺书的《管锥编》、《谈艺录》名列荣誉奖榜首。

1991年，辽宁教育出版社与辽宁电视台合作，拍摄系列片《一盏文化的灯火》，专门采访了周振甫。

1992年5月，第三次全国古籍整理出版规划会议在北京香山饭店召开，新一届小组成员、顾问及有关人员一百余人出席。中华书局邓经元、傅璇琮、赵守俨、周振甫等出席。周振甫成为第三届古籍整理出版规划小组的44名顾问之一。

1993年1月，经国务院批准，中华书局周振甫、程毅中、陈金生、谢方、邓经元、何双生、陈铮、杨华如、许逸民、梁运华、张忱石等享受政府特殊津贴。这一年，周振甫、马蓉责编的《管锥编》荣获首届国家图书奖。他参与编写的《中国大百科全书》也同时荣获首届国家图书奖荣誉奖。此外，他参与了部分工作的人民文学出版社的《鲁迅全集》（新注释本）也获得首届国家图书奖。

1995年，应韩国同行之邀，周振甫与中华书局同事柴剑虹、郑甲仁，以及中国艺术研究院冯其庸教授一道访问韩国，参加学术研讨会，周振甫提交了论文《孔子论"和"》。同年10月，他被国家新闻出版署聘请为第二届国家图书奖评选委员会顾问。

1996年1月，"第二届国家图书奖"颁奖大会在北京举行。全国人大常委会副委员长吴阶平出席会议。周振甫作为评委会顾问，与中国版协主席宋木文、解放军总政治部宣传部部长徐全绳等一起与会并向获奖者颁奖。年底，中国出版工作者协会学术工作委员会、叶圣陶思想研究会在北京的"出版之家"举办叶圣陶编辑思想研讨会，周振甫撰写的《编辑出版家叶圣陶先生》一文，收入这次会议后刊行的《叶圣陶编辑思想研究》一书。

1997 年岁末，中国版协与光明日报联合举行"毛泽东与二十四史"学术研讨会，时任中共中央政治局常委、全国政协主席李瑞环亲自出席致贺，周振甫与任继愈、张岱年、季羡林、刘大年等专家与会并发言。这一年，香港回归前夕，香港各界和海内外诗词名家倡办具有深远意义的"诗词创作迎回归"比赛，主办方邀请周振甫担任"荣誉主席"，他欣然接受邀请，并提笔创作了《颂回归》一诗："全民共颂珠联好，众族同欣璧合辉。三二政区尊统治，几篇辞赋诉回归。百年遗憾今方雪，两制兴邦始欲飞。世统之光申至祝，诗词共贺世间稀。"

周振甫是永远的学者，更是永远的编审，一代楷模，风范长存。现任中华书局总经理的徐俊曾在回忆周振甫的文章中这样写道：

回忆与周先生交往的点滴琐事，有一个镜头始终萦绕眼前，1997 年 8 月周先生作为"东方之子"，回答中央电视台主持人的提问。主持人问："因为工作的原因，您最终没有成为一个职业的学者，您觉得遗憾吗？"周先生用浓重的乡音，淡淡地回答："中华书局给我编审，就可以了。"对这个回答，人们甚至会以为答非所问，但当我们去了解周先生从开明书店到中国青年出版社、中华书局，这五六十年的编辑人生，再看那些经过他编辑出版的著作经久不衰的学术影响，再看他留下来的一份份精细的审读报告和编辑记录，也许就不难体会这句话的含义和分量了。令我深有所感的是，很多老一辈编辑，像周先生一样，一生作嫁，却安之若素，甘之如饴。他们的言传身教，如春风化雨，润物无声，这正是一种内在的职业品格的传递，而这种职业品格，对中华书局这样的百年文化企业来说，无论她走多远，都是不可或缺的。①

无论道德文章，还是职业品格，周振甫都堪为后世楷模，但人们至今对他了解不够、认识不深、研究欠缺。我们注意到，早些年就有《张元济论出版》、《陆费逵文选》、《鲁迅出版文选》、《王云五谈编辑出版》等著作面世。作为著名编辑家的周振甫，今人也完全有条件为其编一本类似的编辑出版文选，收录其忆书人书事的文字，谈编辑实务的随笔，写出版工作的专论，而更多尚未公之于世的审读报告、书稿加工记录，另有一些相关书信、札记，无疑都是十分重要的、极有价值的材料。

---

① 徐俊：《春雨润物细无声——周振甫先生琐忆》，载张世林主编：《想念周振甫》，新世界出版社 2011 年版，第 158 页。

# 周氏风范启后人

2000 年 5 月 15 日，周振甫走到了人生的终点。23 日上午，中华书局干部职工和出版界、学术文化界相关人士及周振甫亲属在八宝山殡仪馆举行向周振甫遗体告别仪式。周老走了，但书比人长寿，八十多部著作和编辑的数以百计的图书留存世间，他没有离开，他永远和热爱的编辑出版事业在一起。

2011 年 11 月 1 日，"纪念周振甫百岁诞辰暨《想念周振甫》新书发布会"在京举行。中国外文局副局长、新世界出版社总编辑黄友义，中国出版集团原总裁聂震宁，中华书局总编辑徐俊，《想念周振甫》的编者张世林等，以及周振甫女儿周佩兰、女婿徐名翚与会，共同缅怀与追思一代名编周振甫先生。正所谓风范永在，书香长存。会后《新京报》等媒体做了报道。

一个人生命的厚度是不能用在世的寿命长度来衡量的。周振甫用近 90 年的人生铸造了长久留存的丰赡的精神财富。普通编辑不普通，平凡生涯不平凡，一生以编辑为职业、为志业的周振甫，成就了编辑工作和学术研究的双重事业，既是著作等身的学问大家，也是编辑出版界少见的"大国工匠"。他的事业、他的为人、他的风范、他的精神都值得后人缅怀和学习。

# 一、实事求是、和而不同的学术理念

同事黄伊曾问周振甫："你最大的特点是什么？"周振甫笑眯眯地说："我没有什么特点，我只是实事求是。"这并非空话，周振甫用自己的编辑工作和学术研究经历充分地验证了这一点。

20 世纪 50 年代，周振甫对毛泽东诗词中的两处错字毫不避讳，认为《菩萨蛮·黄鹤楼》"把酒酹滔滔"中的"酹"当改为"酹"，《沁园春·雪》"原驰腊象"中的"腊"是"蜡"之笔误。在当时的社会环境下，坚持实事求是，敢于指出毛泽东的笔误需要多大的胆量和勇气！

"文化大革命"中，对于当时地位甚高的大学者郭沫若出版的《李白与杜甫》一书，周振甫认为"郭老书亦有未能使人信服者"、"用一己之体会来束缚读者之眼光"，实事求是地提出了不同的评价意见。如作者解读李白《陪侍郎叔游洞庭醉后三首》第三首"划却君山好，平铺湘水流"时说李白要铲除君山以铺平湘水，是想扩大耕地面积，重视农事，体现了真正为了广大人民的高尚思想。周振甫按照"论古必恕"的方法，分析了李白写这首诗的场合，证实其诗句是醉后浪漫主义的艺术创作，并非关于农业的伟大创想，认为"这是《李白与杜甫》的作者，把他自己的想法，硬加在李白身上，把他拔高，高到真正为了人民。这就不是真正的为古人设身处地着想"。[①] 此外，针对书中说杜甫"茅草三重比瓦房还要讲究"、"怒骂贫穷孩子为盗贼"、"为读书人打算，并非是人民"的观点，周振甫也有自己的看法：

　　"广厦千万间"的可贵，在于首先不考虑自己，而考虑到"天下寒士"（当然是杜甫所属的地主阶级寒士）的需要。对于杜甫，我们不能要求他具有无产阶级的思想感情，否则，一切阶级斗争的学说都落空了。这里牵涉到一个怎样评价古人的问题。列宁说："判断历史的功绩，不是根据历史活动家没有提供现代所需要的东西，而是根据他们比他们前辈提供了新的东西。"用现代所要求的东西来要求杜甫，自然没有，这不是杜甫的过错，是我们忘记了时代。我们只能要求杜甫比他的前辈提供了什么新的东西。广厦千万间，不正是杜甫比他的前辈提供的新东西吗？[②]

　　一位是国家领袖，一位是学术文化大佬，面对他们，周振甫都能

---

　　① 周振甫：《读章学诚〈古文十弊〉》，载北京市工农教育研究室编：《〈大学语文〉文章讲析·古典文学部分》，北京出版社1984年版，第375页。

　　② 周振甫：《周振甫致茅盾》，载上海图书馆中国文化名人手稿馆编：《尘封的记忆——茅盾友朋手札》，文汇出版社2004年版，第31页。

顶住压力，实事求是、敢说真话。

周振甫在学术上严以待人，对自己要求更是严苛。1986年北京师范学院出版社（现首都师范大学出版社）出版了一本周振甫编的《诗文浅释》，此书问世后不久，周振甫发现自己对名篇《小石潭记》中的一句话"卷石底以出"的讲解有误，他仔细比照了《礼记》、《左传》中的相关陈述，澄清"卷石"的确切解释。在1994年同样由北京师范学院出版社出版的《诗文浅说》的后记里，特意对此做了解释：

> 柳宗元的《小石潭记》称"全石以为底，近岸，卷石底以出"……我把"卷石底以出"解作"潭底石头翻卷过来露出水面"完全错了。原来这个"卷石"的"卷"读（quán拳）。"卷石"本于《礼记·中庸》："今夫山，一卷石之多。"注："卷犹区也"。《左传》昭公三年："齐旧四量，豆区釜钟。"注"四升为豆，四豆为区。"原来"区"是齐国的度量单位，一区等于一斗六升容量，卷石，指相当于一斗六升容量大的石头，所以可作为坻（水中高地）为屿（小岛）为岩（岩石）。在上本《浅释》里注错了，特向读者道歉。①

为自己的讲解出现错误，八年时间始终介怀，并特意向读者公开道歉，这充分说明了周振甫实事求是的精神和诚挚坦率的真性情。

如果说"实事求是"表现了周振甫不迷信、不唯上、坚持真理的"刚硬"一面，那么"和而不同"则体现了周振甫谦恭虚己、宽容

---

① 周振甫：《诗文浅说》，北京师范学院出版社1994年版，第362页。

大度的"仁厚"一面。1988 年,《人物》杂志请几位当代学人谈"我
所喜欢和遵循的格言"和"我喜爱的人物传记",周振甫引用了《论
语·子路》中"君子和而不同"和《左传·昭公二十年》中"君所谓
可,而有否焉,臣献其否,以成其可;君所谓否,而有可焉,臣献其
可,以去其否;是以政平而不干,民无争心"两句话,很直接地说:
"以上孔子和《左传》里的话就是我所喜欢的格言。"① 他是这样说的,
也是这样做的。作为古典文献的研究者,面对疑难解读和学术争议时
总是强调"每一位的意见都是可尊重的",怀着相互切磋学问、求真
求善的心态,不苟且、不马虎,虚心接受别人可取的建议或是启发性
的观点,以期集思广益、疑义相析,共同解决作品中存在的问题。作
为编辑,周振甫非常尊重著作者,不轻易改动原稿。即使是和自己所
持观点不尽相同,也保持原样。包头师专教师张福勋曾经写了一篇文
章对毛泽东诗词的赏析表达了一些不同意见,对《毛泽东诗词鉴赏辞
典》(臧克家主编)进行了点名批评。周振甫在帮作者审稿时将点名
批评的内容全部划掉,并特意写信给他,说明这样做的缘由。信里
说:"我认为按照党的'百家争鸣'的指示,对一些句子,可以有不
同的理解。在私人通信中,可以批评别人。在公开发表中,最好各说
各的,不要去批评别人。因为一批评,被批判者不高兴,认为既然
是百家争鸣,你可以那样讲,我也可以这样讲的。"② 周振甫的"仁厚"
并非是无原则的,而是以实事求是为前提的。同样是对待《毛泽东诗
词鉴赏辞典》一书,周振甫在提倡"百家争鸣",减少批评火力的同时,

---

① 屠岸、周振甫、黄树则:《当代学人谈"我所喜欢和遵循的格言"及"我喜爱的人
物传记"》,《人物》1988 年第 1 期。

② 张福勋:《回忆周振甫先生》,《文史知识》2002 年第 4 期。

也在给张福勋回信中提出了自己的批评意见，认为有的写得好，有的就写得很差，有的内容鉴赏文字中应该包含却没有，有的话语不当由鉴赏者来说的，反而说了。实事求是、和而不同的理念在周振甫的身上浑然自成，内化为他编辑工作和学术研究的心理定式和行为基准。当然，在发表意见时，是公开出版物上，还是私下交流，还是注意区分的。

## 二、严谨认真、一丝不苟的工作态度

编辑在旧时被称作"编书匠"，编辑工作在一定程度上就是一个匠人的工作，各个环节、整个流程无不需要严谨认真，注重细节，一丝不苟。周振甫用自己的工作实绩很好地诠释了这种精神的内核与价值。他早年在开明书店从事校对和编辑工作，不仅学到了很多文史知识，而且从老一辈如夏丏尊、叶圣陶、王伯祥等编辑家身上学到了严谨务实的作风。后来，无论是在中国青年出版社，还是中华书局，周振甫始终保持着这种良好的作风和习惯，对每一部作品都倾注全部心力，犹如辛勤称职的园丁，能够发现百花园中最绚丽的花蕾，也善于将不起眼的小花，浇灌成书苑中的锦簇繁花。

周振甫对待编辑工作的严谨认真在 20 世纪 40 年代编辑《谈艺录》时就初露端倪。他看样时，发现《谈艺录》"没目录"，不便读者检索，就替它们排了一个目录。钱锺书在序言中说他"重劳心力"即指此事。70 年代末，钱锺书又点名让周振甫责编他的《管锥编》四册，又是周振甫"编了一个目录"。周振甫口中轻描淡写的"编了一个目录"，其实是很不容易之事。行内人曾说过"像我们这些搞古典著作编辑的，工作看上去只添几个小小目题，圈几个小小句点，实际上要反复谙熟行文思路，查阅大量资料，工作的细琐与辛苦唯著书者知。"[①]周振甫审读《管锥编》初稿的意见竟有 38 页之多。编校叶瑛遗著《文史通义校注》时，因作者已经去世，所以书稿中的一些墨涂、遗漏、讹误只能由编辑自己进行修改。周振甫在对原稿进行"校正误"的同时，还花大气力"校是非"，在整理的基础上增注，利用一个优秀学者的深厚素养和扎实功力从学术上把关和提升书稿，展现出了一个老编辑的专业精神和职业态度。

同事柴剑虹应一家出版社之约撰写了一本《乐府诗名篇赏析》，选择了 79 篇乐府诗，并作注释和赏析，总共不到 10 万字，初稿完成后呈请周振甫审阅并作序。周振甫应允后，利用工作之余，逐篇细阅，提出的修改与补充意见用蝇头小字在稿纸上密密麻麻地写了几十页之多，认真仔细，一丝不苟，内行而专业。

赵伯陶在点校清代王士禛笔记《古夫于亭杂录》时，将卷四《王庭》中"昏愦中闻人语之曰：'吃小水。'果饮溺一盎而瘳。乃日饮之，渐愈"中的"吃小水果"断在一处。周振甫审读时，发现不对劲，就叮嘱他"再查一下"，有确凿的文献证据才可以下定论。赵伯陶于是回去查阅《辞源》与《辞海》，但没有查到"小水"的词条，他又找来刚刚出版的《汉语大辞典》来参考，里面收录有"小水"一词，其义项有可解释为："中医学用以称小便。"一切豁然，"小水"即"人尿"之义。原先断句"吃小水果"是不够妥当的，与原文意义相悖。

---

① 王钰鑫：《见周振甫先生》，《新闻出版报》1995 年 1 月 16 日。

对待学术研究，周振甫也是如此。他习惯于大量地占有材料，实实在在地进行探索，不发推测妄语。鲁迅曾在《魏晋风度及文章与药及酒之关系》中论及嵇康之死时，认为嵇康是在《与山巨源绝交书》中讲了"非汤武而薄周孔"触犯了司马昭而被杀。这个观点与唐代史官和晋代史官的讲法不同，引起了周振甫的怀疑。在《嵇康为什么被杀》一文中，周振甫先是梳理了各类史书、多位学者对嵇康被杀原因的分析，然后结合《嵇康集》、《嵇康集校注》、《晋书·赵至传》、《世说新语》、《晋纪》、《魏氏春秋》等书中的记载进行综合分析，最后得出"嵇康被杀是吕安给他的信，要推翻司马氏政权，跟钟会诬陷他要帮助毌丘俭反对司马氏一致而造成的"的可靠结论，刘勰、萧统、干宝、范文澜等古今学者都被嵇绍蒙蔽了。无独有偶，在论证屈原作《离骚》的时间时，周振甫考察当时的历史情况，再结合屈原作品的实际，认定《离骚》当作于屈原初次流放汉北之时。这一新论断与文学史上的说法（认为是流放江南时作的）大相径庭。这种严谨认真、一丝不苟、不拘泥于成见的态度与精神，不正是一个编辑、一个学者所应该具备并大力提倡的么？

## 三、勤奋刻苦、敬业忠诚的职业精神

周振甫是"学者型编辑"的典范，也是"编辑型学者"的代表。编辑工作与学术研究、编审书稿与个人著述紧密结合，相互促进。光《周振甫文集》收录的作品就有 600 多万字，他去世之后，仍有《洛阳伽蓝记校释今译》（2001）、《诗经译注》（2002）、《陶渊明和他的诗赋》

（2006）、《〈史记〉集评》（2010）、《诗词例话全编》（2010）等遗著陆续被整理出版。马克思说过，在科学上面是没有平坦的大路可走的，只有在崎岖小路的攀登上不畏劳苦的人，有希望到达光辉的顶点。诚如伟人之言，勤奋好学、刻苦钻研，这是周振甫能在编辑、学术两方面都取得重大成就的前提条件。

亲人和同事在忆起周振甫时，最大的感慨就是他睡觉少。女婿徐名羣回忆道："在我们的印象中，父亲是一个不睡觉的人。住在一起的时候，我们很少知道父亲是什么时候睡下、什么时候起床的。总看见的一个景象是，他一动不动地坐在书桌前的硬木凳上，伏案写作。"按照周夫人的说法，周振甫每天晚上 9 点睡觉，夜里 2 点起床，打开台灯开始看书写作，到早上 5 点多稍微眯一会儿。然后吃过早餐就去出版社上班。中国青年出版社年轻同事林君雄发现这位老资格的编辑中午不睡午觉，也不在院子里看人下棋，而是喜欢到图书馆或报刊资料室看东西。中华书局同事柴剑虹和周振甫在访问韩国时住一个房间，凌晨醒来发现他不在床上，起身一找，见周振甫居然坐在卫生间里看书。20 世纪 30 年代就跟周振甫在一起工作的金韵锵先生在被问到周振甫有什么特点时，毫不犹豫地说："他（周振甫——引者注）一生除了看书就是写文章。"一生勤奋刻苦的研读让周振甫具备了异常扎实的文史功力，为他专业性的文史图书编辑工作奠定了基础，他对此也有自觉的认知，古时的"编辑工作相当于现在的编辑、学术研究工作，离开了学术研究工作，无法做好编辑工作"。"我国古代最大的编辑工作，都是极为被人看重的，是用当时的第一流学者和专家来做的。当时的编辑是同学术研究、学术著作结合的，有关的学术著作成为编辑工作的一部分。编辑工作同研究和学术著作不是截然分开的。"① 自己是一流的学者，周振甫为相关图书组稿时，总能慧眼识珠，找到最优秀、最合适的作者。在他周围汇聚了大批古典文献的研究者，包括《唐宋词选》的夏承焘、《历代文选》的冯其庸、《唐诗选读》的阎简弼、《史记选讲》的郑权中、《古代白话短篇小说选》的胡士莹、《明清传奇选》的赵景深、《文学的基本知识》的蒋孔阳等，既有著作等身、德高望重的专家学者，又有初出茅庐的学术后起之秀。这些图书出版后的巨大销量、多次再版、良好口碑都说明了这些作者确是一时之选。深厚的学术功底不但在选对作者方面让周振甫获益匪浅，更让他在审校稿件时游刃有余，总能及时地发现问题，适时地解决问题。当学术编辑，如果自己不懂学术，不研究学问，审稿编稿就发现不了深层次问题，即便偶尔发现问题，也会无从措手。有了一流的学问，编辑工作质量自然也是一流的。周振甫编辑的每一部书稿都会帮助作者核对引文资料，将发现的问题和自己的认识无保留地提供给作者，对原稿论述欠周之处胪列异同，且多补苴罅漏，尽自己最大的努力提高书稿质量。许多书稿如《汉文学史纲要》、《李太白全集》、《先秦诸子寓言》、《中国文学史》经过他的匡谬、补缺、润色之后面貌一新，增色不少。有时当作者要求在作者栏署上他的名字时，他说什么也不肯，认为这是编辑人员应该做的，表现了一个优秀编辑良好的职业素养和高尚的职业道德。中国青年出版社、中华书局的编辑们都称周振甫是古代汉语、古代文史的"活字典"。对于同事，哪怕是社会上的人，只要有问题向他请教，总是有问必答，有求必应，尤其是把提携新学、奖励后生作为自己应

---

① 周振甫：《编辑·学者·专家》，《出版工作》1984 年第 10 期。

尽的义务，无论写序、题字、审稿、评稿、改稿还是讲课，决不推诿，总是始终如一地热心为大家服务。"春蚕到死丝方尽，蜡炬成灰泪始干。"这是周振甫喜爱引用的李商隐诗句，恰好可以用作他自己一生为学术文化和编辑事业无私奉献的象征。

## 四、淡泊名利、抱诚守真的文人本色

令人惊奇的是，作为功成名就的编辑家、文史专家，周振甫一辈子与"官"无缘，哪怕是编辑室主任这样的"小"领导也从未沾边，在专业职称上是普通的编审。六十多年来，周振甫始终在文史领域和编辑岗位上默默耕耘，远名利而重事业，受到同行的敬重。

周振甫为人谦逊、儒雅，虽满腹经纶、学识渊博却从不骄矜夸耀，绝无半点自炫。周振甫"最怕人夸，也从不自夸，因为他发自内心地觉得没有什么可夸的"[①]。与人谈话总是满含笑意，认真听完才轻声细语地表达自己的看法。在 20 世纪 50 年代和 60 年代初期的那段时间里，周振甫在中国青年出版社第二编辑室的同事眼里是"跑龙套"的老夫子，虽有年轻人的玩笑成分，却也真实地反映了他有些被边缘化的境况。然而周振甫并不在意，从不考虑，也不计较职位的高低、奖金的多少、荣誉的有无，把自己看作编辑队伍里的普通一员，只要是社里需要、作者需要，他都认认真真、不打折扣地去完成领导交办的工作任务。50 年代周振甫曾编写过一部《中国古典文学名著题解》，

---

① 周佩兰、徐名翚：《我们心目中的父亲》，载张世林主编：《想念周振甫》，新世界出版社 2011 年版，第 28 页。

内容丰富，还有不少生僻语句和罕见典故，他花了很多时间和精力抄撮资料，用来阐释语辞的蕴蓄之义，或细叙渊源，或详征本事，或广采轶闻，旁征博引，精义纷出，为原书增色不少。当作者要求署上他的名字时，周振甫说什么也不肯，总是回答这是自己的分内之事，是责任编辑应该做的，坚决不署名，也不拿稿费，只是在编者栏中填上"本社"二字。

在当下社会，有人挖空心思获取名声，以便得到更多的利益。周振甫不但不主动去争取名利，对应该享受的送上门来的待遇也常常予以拒绝。他在中华书局工作时已年过古稀，为了照顾他的身体，单位可以安排专车接送他上下班。但周振甫认为自己不应享有这样的特殊待遇，坚辞不用，坚持自己坐公交车或走路上下班。即使身体不适、生病的时候，他也从未主动要过车接送。当钱锺书感激周振甫为其父钱基博《中国文学史》整理出版所付出的辛劳而要将稿费相赠时，他也坚辞不受，并将其全部转交钱锺书的妹妹一家。

在日常与人交往中，无论是学界泰斗、青年学者还是普通读者，他都恪守抱诚守真、礼尚往来的原则，来信必回，"倘若有人逢年过节从外地寄来了土特产，他更是一定要让我们（指家里人——引者注）买了同等价值的北京蜜饯、滋补品或是古籍善本等物品回赠"①。《文艺研究》编辑部编审赵伯陶去看望周振甫时带了一盒曲奇饼干，他收下了。大约半个月后，赵伯陶竟然收到了周振甫邮寄给他的一大袋香菇，从白布包裹上的细密钢笔字迹可以看出是周振甫亲自到邮局寄送的。这种交往之道，既是一种彼此的尊重，更是真诚、淡泊的襟怀与

---

① 周海涛：《祖父晚年生活二三事》，载张世林主编：《想念周振甫》，新世界出版社2011年版，第36页。

本色。

周振甫创作过一首题为《扶锄》的五言诗，以植树为喻，表明了自己对于编辑出版工作的观点和态度：

> 西山栽幼树，扶锄事抚育。幼桐比娇女，明艳照人目，抽芽耀朱丹，红妆被绮縠。幼松如男儿，茁壮立山麓，仰首望高峰，临风不甘伏。扁柏挺然立，少小何肃穆，已见傲霜枝，丝叶抽新绿。洋槐若顽童，有刺牵衣服。幼橡尚柔弱，翠叶如新沐。下锄恐伤株，株伤如剜肉；锄重恐伤根，根伤害心腹；兢兢保姆心，庶几称顾复。①

泰山其颓，哲人其萎，而风范长存。周振甫用自己的编辑实践和编研业绩，确证了一个职业编辑人和一个优秀学人所具有的精神境界。可以说，他是当代学者型编辑的典范，他的人格风范将永远地散发光芒，启迪并激励着后辈出版人踏实前行，创造中国出版事业的新辉煌。

---

① 周振甫：《扶锄》，载陈声聪：《荷堂诗话》，福建美术出版社 1996 年版，第 111—112 页。

# 周振甫编辑出版大事年表

**1911 年**

2 月 23 日，出生于浙江省平湖县。

**1916 年　5 岁**

入私塾识字读书。

**1922 年　11 岁**

8 月，自东吴高小毕业。小学期间短暂师从唐剑花学习《古文观止》。

**1931 年　20 岁**

夏，考入无锡国学专修学校。

九一八事变后，与同学赴南京请愿，抗议政府的不抵抗政策。

## 1932 年　21 岁

9 月，经徐调孚介绍，通过断句测试，随后，从无锡国专肄业进开明任校对，协助宋云彬编辑《辞通》。

冬，与卢芷芬合编小学教科书的辅助读本。

## 1934 年　23 岁

4 月，《辞通》出版。

9 月，与张韫玉结婚。

9 月，参加周予同主编的"中学生丛书"，编写的《班超》出版。

## 1935 年　24 岁

4 月，无锡国专旅沪同学会成立大会在上海举行，会后摄影留念。参会者 20 多人，周振甫参加会议。

6 月，与王伯祥合著的《中国学术思想演进史》由亚细亚书局出版。

9 月，参与编辑的大型出版物《二十五史》出版。

9 月，与韩楚厚合作的《开明活页文选注释》（第 10 册）出版。

11 月，编写的《东汉党锢》出版，属"中学生丛书"中的一种。

12 月底，与卢芷芬合作，在《史姓韵编》基础上增补改编的《二十五史人名索引》出版，开明书店总经理章锡琛在《二十五史人名索引》的序文中特意提到"卢芷芬、周振甫两君之力尤多"。

## 1936 年　25 岁

3 月，参与校对的《二十五史补编》出版。其中关于清代吕调阳《汉地理志详释》存疑和订误的跋文，被王伯祥认为可以代表编者意见，特意叮嘱出版时附在书后。

3 月，徐调孚推荐周振甫主持叙订的《洁本三国演义》出版。

4月，与王伯祥合作的《中国学术思想演进史》在中国文化服务社再版。

是年，协助开明书店总经理章锡琛校对范文澜《文心雕龙注》。

## 1937年　26岁

4月，担任编辑的《春秋史》在开明书店出版。

8月16日，开明书店设在虹口梧州路的经理室、编译所、货栈及美成印刷厂，被日军炮弹击中，开明书店所有图版纸型、藏书资料、几百万册存书，以及正在印刷厂待印的《二十五史》全部锌版等被毁，损失达资产的80%以上。章锡琛、夏丏尊、吴仲盐三家的房屋同时被毁。开明书店大本营被毁之后，大部分同人被迫到内地发展，只留少数编辑人员在上海福州路一个三层楼上继续编书出版，支援内地。夏丏尊、章锡琛、王伯祥、徐调孚、顾均正等留守者每人只发一点生活费勉强度日。周振甫属于留守上海人员之一。

## 1938年　27岁

8月，开明书店经济周转困难，周振甫暂回故乡平湖躲避战祸。

## 1939年　28岁

返回上海，重入开明书店担任编辑。

## 1940年　29岁

8月1日，学者何炳松等人倡议，发起编辑出版学术刊物《学林》，由开明书店出版发行。王伯祥为刊物编委会常务委员。该刊共出版了10期。周振甫《严复思想转变之剖析》刊载于《学林》1941年第3期上。

8月，专著《严复思想述评》在中华书局出版，这是周振甫的第一本学术性个人论著。

**1942 年　31 岁**

是年，弘一大师圆寂，夏丏尊编弘一大师手札集《晚晴山房书简》。该书 1944 年由开明书店出版，校对者系周振甫。

**1943 年　32 岁**

1 月 21 日（夏历壬午年腊月十六），夏丏尊与夫人结婚 40 周年纪念，章锡琛、王伯祥、顾均正、朱自清、马叙伦等设宴庆贺。周振甫参加。周振甫与同人多人撰写《夏丏翁羊毛婚唱和诗》，后刊载于《万象》1943 年第 3 卷第 3 期。

**1944 年　33 岁**

担任夏丏尊的助手，协助编写《夏氏字典》。

**1946 年　35 岁**

4 月 23 日，夏丏尊在上海病逝。6 月，《中学生》月刊第 176 期出版，内有悼念夏丏尊特辑，执笔者有徐调孚、张沛霖、适夷、丰子恺、傅彬然、贾祖璋、钟子岩等。周振甫亦撰文悼念。

10 月 10 日，开明书店举行成立 20 周年纪念大会，周振甫参加。

**1947 年　36 岁**

3 月，担任编辑的《秦汉史》在开明书店出版。

**1948 年　37 岁**

6 月，与华元龙编辑校对的钱锺书《谈艺录》在开明书店出版。

10 月，担任编辑的《两晋南北朝史》在开明书店出版。

**1949 年　38 岁**

5 月 27 日，因为种种矛盾，开明书店部分干部职工提出请章锡琛少管店事，专心学术研究。

7 月 27 日，18 位开明同人（后被称为"十八君子"）签署联名函，直接建议章锡琛从此退休。周振甫参与此事并签名。这 18 人中还包括吕叔湘、顾均正、徐调孚、叶至善、卢芷芬、欧阳文彬、金韵锵、唐锡光、王知伊等。

8 月 8 日，章锡琛辞去董事一职离沪北上，12 月就职于出版总署。

**1950 年　39 岁**

6 月，随开明书店迁往北京。

12 月，编写的《横渡长江》在开明书店出版，列入"我们的书"系列第 14 种。

年底，进入张志公主编的《语文学习》杂志任编辑，主持"文章保健院"专栏。

**1951 年　40 岁**

2 月，在《语文学习》首次以"卞慧"为笔名发表文章《不要滥用连接词语》。

4 月，编写的《万里长征》在三联·中华·商务·开明联营组织出版，列入"我们的书"系列第 29 种。

9 月，吕叔湘、周振甫合著的《习作评改》在开明书店出版。

12 月，编写的《怎样使用标点符号》由开明书店出版。

是年，郭绍虞通过周予同写信力邀周振甫去复旦大学中文系任教。周振甫决定进复旦。顾均正、张志公坚决挽留，后由团中央出面协调，安排张韫玉入出版社总务科工作。周振甫留在了编辑岗位上。

**1952 年　41 岁**

12 月，开明书店与青年出版社合署办公。

12 月，编写的《怎样阅读》在开明书店、青年出版社联合出版。

**1953 年　42 岁**

4 月 15 日，开明书店、青年出版社正式联合，成立中国青年出版社。

**1954 年　43 岁**

7 月，在《语文学习》发表《辛延年：羽林郎》，其注解引发争论。编辑部在第 10 期刊发了一组文章，包括《语文学习》编辑部《关于乐府诗〈羽林郎〉的讨论》、卞慧（周振甫）《关于〈羽林郎〉的解释》、俞平伯《再说乐府诗〈羽林郎〉》等。后续的争论有些溢出了学术范畴，俞平伯被批判，周振甫幸未被牵连。

8 月，编写的《标点符号用法例解》由中国青年出版社出版。

**1955 年　44 岁**

1 月，负责节编的《三国演义》在通俗文艺出版社出版。

10 月，负责节编的《镜花缘》在通俗文艺出版社出版。

是年，《语文学习》杂志由人民教育出版社接替出版，周振甫转岗到中国青年出版社第二编辑室。

**1956 年　45 岁**

6 月，负责节编的《岳飞》在通俗文艺出版社出版。

12 月，中国青年出版社约臧克家写《毛主席诗词讲解》，他提出要请人作注，社领导指派周振甫作注。

12 月，任责任编辑的《古代白话短篇小说选》由中国青年出版社出版。

该书是中国青年出版社出版的第一本中国古典文学选本。

## 1957年　46岁

5月，任责任编辑的《文学的基本知识》由中国青年出版社出版。

10月，臧克家讲解、周振甫注释的《毛主席诗词十八首讲解》由中国青年出版社出版。这是国内首次对毛泽东诗词进行讲解的图书。周振甫建议修改其中两处，将《菩萨蛮·黄鹤楼》中"把酒酹滔滔"中"酹"改为"酻"，将《沁园春·雪》中"原驰腊象"中"腊"改为"蜡"，获得毛泽东的首肯。

11月，任责任编辑的《明清传奇选》在中国青年出版社出版。

12月14日，给柳亚子赠寄《毛主席诗词十八首讲解》，并写信请其予以指正。

1955年至1957年，根据《初级中学汉语教学大纲（草案）》，人民教育出版社张志公与汉语编辑室吕冀平、孙功炎、洪心衡、张中行等，同时邀约部分社外专家编写了初级中学课本《汉语》（第六册）及《教学参考书》（第六册）。周振甫应邀参加编写。

## 1959年　48岁

8月，应《新闻战线》杂志之约撰写古代作家学者的文论，第一篇是《从孟子的辩论文学习写作技巧》。

11月，任责任编辑的《史记选讲》、《唐宋词选》由中国青年出版社出版。

12月，任责任编辑的《先秦寓言选释》由中国青年出版社出版。

## 1960年　49岁

4月，周振甫、徐调孚合注的《人间词话注》在人民文学出版社出版。

**1961 年　50 岁**

3 月，应《新闻业务》杂志之约开始选译《文心雕龙》。

12 月，编注的《毛主席诗词浅释》在上海文艺出版社出版，列入"文学作品分析小丛书"。

是年，开始写作《诗词例话》。

**1962 年　51 岁**

6 月，所注《鲁迅诗歌注》由浙江人民出版社出版。

9 月，任责任编辑的《历代文选》上册在中国青年出版社出版。

9 月，《诗词例话》由中国青年出版社出版，此为后来"例话"系列的第一部著作。

10 月，选译的《〈文心雕龙〉译注》作为文艺理论专业学习参考材料第 7 册由中共中央高级党校印刷使用。

是年，加入中国作家协会。

是年，中华职业教育社创办中华函授学校，并举办语文学习讲座，邀请了叶圣陶、赵朴初、冰心、王力、吕叔湘、老舍、赵树理、吴组缃、楼适夷等数十位知名学者、作家授课，成为我国语文教学史上的空前盛举。周振甫作为专家应邀参与授课。

**1963 年　52 岁**

8 月，任责任编辑的《神话故事新编》、《历代文选》下册在中国青年出版社出版。

**1964 年　53 岁**

11 月，任责任编辑的《古文选读》在中国青年出版社出版。

是年，被中国青年出版社派到陕西省下乡。下乡之前完成人民文学出版社古典文学出版室所约《文心雕龙》的注释工作。

## 1969 年　58 岁

4 月，下放到团中央"五七"干校河南潢川黄湖农场劳动。

12 月，胡耀邦来看望周振甫，鼓励他坚持古典文学研究。

## 1971 年　60 岁

6 月中旬，因《二十四史》点校工作需要，被从黄湖农场抽调回北京。在《二十四史》点校正式开始前，曾协助徐调孚校章士钊《柳文指要》。

7 月 23 日，就鲁迅诗《亥年残秋偶作》的注释致信茅盾，讨教相关问题。7 月 25 日，茅盾回信。

8 月 3 日，致信茅盾，客观批评章士钊《柳文指要》。

秋，借调至中华书局，正式开始参加"二十四史"《明史》点校工作。

## 1975 年　64 岁

8 月，正式调入中华书局第二编辑室。

是年，钱锺书《管锥编》初稿写成，交周振甫阅读、提意见。

## 1977 年　66 岁

10 月 24 日，向中华书局提交《建议接受出版钱锺书先生的〈管锥编〉》的选题报告。编辑部同意该选题，钱锺书将《管锥编》文稿正式交付中华书局，并提出让周振甫任责任编辑。

12 月 1 日，提交《〈管锥编〉（第一部分）审读报告》，附有长达 38 页 4 万多字的具体意见。

**1978 年　67 岁**

1 月，国家出版局邀请北京部分文史哲研究工作者，就批判"四人帮"炮制的"两个估计"和贯彻"古为今用"方针等问题进行座谈。周振甫参加了座谈会。与会者有白寿彝、唐长孺、任继愈、李新、邓广铭、启功、庞朴等。

10 月 21 日至 30 日，山东大学在济南举办文科理论讨论会，周振甫作为知名专家之一，与蔡尚思、李俊民、罗竹风、杨向奎、徐中玉、张舜徽、石峻、高放等应邀与会。

**1979 年　68 岁**

3 月 23 日至 4 月 4 日，中国古代文艺理论学术讨论会及教材编写会在云南昆明举行，周振甫与程千帆、钱仲联、吴组缃、杨明照、王达津、马茂元、霍松林、姚奠中、舒芜等八十多位专家与会。5 月，中国古代文学理论学会成立。

8 月，任责任编辑的《管锥编》由中华书局出版。

10 月 30 日至 11 月 16 日，中国文学艺术工作者第四次代表大会在北京召开，共有 3200 名代表出席大会，周振甫作为中直系统文学界别代表参加会议。

12 月，中国出版工作者协会在长沙成立，中华书局为团体会员，周振甫被选为第一届理事会理事。

**1980 年　69 岁**

5 月，编注的《林伯渠同志诗选》由中国青年出版社出版。

6 月，负责编辑的《中国古典文学名著题解》由中国青年出版社出版。

9 月 12 日，第一届全国苏轼学术讨论会在四川眉山举行，中国苏轼研究学会成立，周振甫与会，杨明照当选为会长，周振甫与胡国瑞、廖永祥当选为副会长。

11 月 6 日至 7 日，中国古代文学理论学会、湖北省社会科学院、湖北省文联、武汉大学联合召开中国古代文学理论学术讨论会，周振甫参会，并与马茂元、王起、钱仲联、徐中玉、霍松林等 15 人组成主席团。

### 1981 年　70 岁

3 月，选注的《谭嗣同文选注》由中华书局出版。

11 月，选注的《文心雕龙注释》由人民文学出版社出版。

是年 4 月至 11 月，北京市语言学会为提高中学教师、语文工作者和一般干部语文水平和应用能力，举办现代汉语讲座，共 22 讲。周振甫应邀参与授课。参与讲座的还有王力、吕叔湘、周有光、周祖谟、张志公、朱德熙、张寿康等知名专家。讲座的内容 1983 年汇编成书，由知识出版社出版。

12 月，在《编创之友》发表编辑工作札记《对编辑工作的老生常谈》。

是年，借调到人民文学出版社参加新版《鲁迅全集》的注释定稿工作。

### 1982 年　71 岁

6 月，应邀赴美国参加"从汉到唐的诗论"国际学术研讨会。

7 月，全国首届写作讲习班在北京师范学院举行，周振甫与朱德熙、郭豫衡、张寿康、林非、吴祖光、张志公、张中行、王力、邢福义等数十位专家一道参与授课。

8 月 10 日，撰写的《赴美开会散记》（署名振甫）刊载于《古籍整理出版情况简报》（内部资料）第 93 期。

8 月，接替去世的胡念贻负责《中国大百科全书·中国文学》"宋辽金文学"部分的编撰工作。

8 月，负责编辑的《诗林广记》、《元稹集》在中华书局出版。

10 月，全国第一次《文心雕龙》学术研讨会在山东济南召开，来自全国各地的专家学者百余人与会。周振甫与王元化、杨明照、王运熙、徐中玉、钱伯城等参加会议，并联名向中央有关部门申请成立中国《文心雕龙》学会。学会于次年 8 月成立。

11 月中旬，中国修辞学会华北分会首届年会在石家庄召开，周振甫作为中国修辞学会及华北分会顾问与会。

是年，北京市有关单位决定创办语言文学自修大学，这所没有校舍的大学以《语言文学自修大学讲座》刊物形式开办，周振甫与张志公、徐仲华共同担任《讲座》主编，一大批著名的专家、学者、教授担任编委和顾问。

## 1983 年　72 岁

2 月 4 日，中华书局和中国出版工作者协会联合举行庆祝周振甫从事出版工作 50 年茶话会。文化界、学术界、出版界代表一百二十多人参加。会后，新华社、《人民日报》、《光明日报》、《文汇报》、《北京晚报》、《出版工作》等报刊相继发表了专题报道和有关文章。

3 月，负责删节的《镜花缘》在宝文堂书店出版。

6 月，山东大学文史哲研究所主编的"中国历代著名文学家评传"丛书，由山东教育出版社推出，周振甫与王元化、王季思、朱东润、萧涤非、吴富恒、余冠英、林庚、季镇淮、钱仲联一同担任丛书顾问。

7 月，经文化部编辑干部业务职称评定委员会评定，授予中华书局七人编审职称，除了周振甫，另六人为张先畴、李侃、赵守俨、程毅中、傅璇琮、杨伯峻。这是中华书局首次业务技术职称评定。

7 月，被中国大百科全书出版社聘为《中国大百科全书·中国文学》编委会委员、"宋辽金文学"副主编。

8 月，由国内部分大专院校的中国古典文学教师组成的中国古典文学鉴赏研究会在江西庐山成立，周振甫与徐中玉、吴调公被聘为顾问。

8 月，负责编辑的《历代诗话续编》由中华书局出版。

是年，周振甫致信王绍曾，谈中华书局计划出版钱基博《中国文学史》之事，得到大力支持，王绍曾为其提供钱基博《读清人集别录》21篇。钱著《中国文学史》至1993年正式由中华书局刊行。

年底，被评为文化部出版局先进工作者。

是年，张寿康主编的《文章学概论》由山东教育出版社出版，周振甫与张志公为本书顾问。

是年，中国青年出版社在北京召开纪念《中学生》杂志创刊会，周振甫与叶圣陶、吕叔湘、欧阳文彬等参会。

## 1984年 73岁

5月，负责编辑的《唐人绝句选》由中华书局出版。

8月20日至26日，中国唐代文学学会第二届年会在兰州举行，大专院校、科研院所和出版机构近二百位代表与会，周振甫与胡国瑞、华仲彦、魏际昌、霍松林、王运熙、傅璇琮、美国密州大学李珍华等知名学者出席了此次年会。

9月，担任责任编辑的《谈艺录》（补订本）由中华书局出版。

11月19日至24日，中日学者《文心雕龙》学术研讨会在上海举行，周振甫应邀与会。

12月4日，中国社会科学院文学研究所、《光明日报》编辑部在北京联合举办《文学遗产》创刊30周年、复刊5周年座谈会，周振甫与会。

12月29日，中国作家协会第四次会员代表大会在北京京西宾馆开幕，周振甫作为会员代表参会。周扬因病未能出席，打来电话慰问代表，引起热烈反响。1985年1月3日，365名代表集体署名给周扬写了慰问信，周振甫是签名者之一。

是年，应邀担任新创刊的《中学生阅读》杂志顾问，并为其题词。

## 1985 年　74 岁

2 月 29 日，经中华书局党委会批准，加入了中国共产党。

5 月，负责编辑的《文史通义校注》、《楚辞补注》（全五册）由中华书局出版。

10 月 19 日，开明书店创建 60 周年纪念会在北京举行，周振甫参加会议。

11 月 9 日至 10 日，苏州大学举行唐文治学术思想研讨会，近百名专家学者和唐文治的学生参会。周振甫未到会，但提交了论文《读茹经堂文论》。会议论文集由苏州大学于次年 5 月内部印行。

是年，边春光主编《出版词典》，邀请出版界、学术界专家学者宋原放、朱语今、赵晓恩等近二十人组成编辑委员会，周振甫为编委之一。

## 1986 年　75 岁

1 月 20 日，中国社会科学院文学研究所举行会议，庆贺俞平伯从事学术活动 65 周年。周振甫应邀赴会。

2 月，成为中国老年历史研究会、孔子研究所会员。

4 月 15 日至 19 日，中国文心雕龙学会第二次年会在安徽屯溪市举行，全国 130 多位代表与会，张光年会长主持会议，周振甫与王元化、杨明照、徐中玉、王运熙、钱伯城等知名专家参加此次年会。

5 月 23 日至 6 月 2 日，《出版词典》第一次编委扩大会议在北京召开，周振甫作为编委参加会议。

7 月下旬，中国文章学学会（筹）主办的全国第五次文章学学术讨论会暨全国第二届文章学讲习班在陕西咸阳举办，参加讲习班的学员有 240 多人，周振甫参会，并给讲习班授课。

8 月，编选的《诗文浅释》由北京师范学院出版社出版。

是年，著名文学家、教育家、出版家夏丏尊诞辰 100 周年暨逝世 40 周年，周振甫发表《从编字典看夏丏尊先生的为人》（《辞书研究》第 4 期）、《夏先生谈中学语文教学》（《中学语文教学》第 6 期）以示纪念。

### 1987 年　76 岁

2 月 25 日，《联合书讯》"纪念中华书局成立 75 周年特刊"出版，刊出周振甫的回忆文章。

4 月 26 日，中国出版工作者协会组织韬奋出版奖评奖委员会在北京召开会议，评选出王仰晨等 10 人获首届韬奋出版奖。9 月 9 日在政协礼堂召开颁奖大会。周振甫获奖。韬奋出版奖是中国出版界的最高奖项。

5 月 31 日至 6 月 3 日，中华诗词学会在北京成立，赵朴初、楚图南、周谷城、叶圣陶、唐圭璋担任名誉会长，钱昌照为会长，作为学会发起人之一的周振甫当选为顾问。

10 月，回信上海书店编审范泉，同意担任《中国近代文学大系（1840—1919）》编委。

12 月，主编的《幼学文史知识百答》由希望出版社出版。

### 1988 年　77 岁

2 月 7 日至 10 日，中国出版发行科学研究所（后更名为中国出版科学研究所，再更名为中国新闻出版研究院）副所长邵益文写信给人民出版社总编辑张惠卿、资深编辑戴文葆等，并同时与中国青年出版社总编辑阙道隆、文物出版社总编辑王代文等联系，请阙道隆与中华书局资深编辑周振甫联系，征求对建议成立中国编辑学会（最初名称为北京编辑学会）的意见。他们很快反馈，均表示支持。4 月，周振甫在成立学会的倡议书上签名，成为学会签名倡议人之一。

2 月 16 日，著名编辑出版家、作家、教育家叶圣陶在北京去世，享年94 岁。周振甫撰文《怀念叶圣老》，刊于《中学生》第 4 期。

2月，主编的《大学语文·中国古代文学作品选》由高等教育出版社出版。

4月，《谈编校合一》在《出版工作》上发表。

9月15日，中国图书评论学会筹备会在北京举行，周振甫与萧乾、李锐、舒芜、戴文葆、吴道弘、沈昌文、徐召勋一道，被公推为书评专家。

11月9日，北京编辑学会筹备委员会在沙滩高等教育出版社召开会议，议题之一是拟聘张志公、曾彦修、陈原、周振甫、常紫钟五人为筹委会顾问。学会最后定名为中国编辑学会，1992年10月中旬正式在京成立，刘杲任会长。

## 1989年　78岁

2月，主编的《大学语文·外国文学作品选》由高等教育出版社出版。

8月24日，中国出版工作者协会和民盟中央文化委员会在北京联合召开座谈会，纪念现代著名出版家章锡琛先生诞辰100周年。当天，周振甫撰写了《纪念章雪村先生》，收入《出版史料》编辑部1990年10月编印的《章锡琛先生诞辰一百周年纪念文集》。该文集还收录了周振甫旧作《记章雪村先生的三件事》。

12月，从中华书局正式退休。

## 1990年　79岁

2月，主编的《中外小说大辞典》由现代出版社出版。

3月5日，中国民主促进会、中国社会科学院文学研究所、中国青年出版社联合举办纪念王伯祥先生（1890—1975）百年诞辰座谈会，周振甫参会并作了题为《纪念王伯祥先生》的发言。

3月，《我是怎样编〈文心雕龙〉的〈词语简释〉的》在《出版工作》发表。

7月，偕妻子回浙江平湖老家探亲。

8月21日，中国比较文学学会举办首届比较文学图书评奖活动，周振甫为主编辑、中华书局出版的钱锺书的《管锥编》、《谈艺录》名列荣誉奖榜首。

20世纪90年代初期，中国古典文学普及研究会在京成立，傅璇琮担任会长，周振甫与苏仲翔、卞孝萱、冯其庸、霍松林、程毅中、袁行霈、韩兆琦等担任顾问。

### 1991年　80岁

4月，编注的《周易译注》由中华书局出版。

4月，叶圣陶研究会第一次研讨会在苏州举行，周振甫出席了此次研讨会。

10月，编注的《鲁迅诗全编》由浙江文艺出版社出版。

是年，辽宁教育出版社与辽宁电视台合作，拍摄系列片《一盏文化的灯火》，专门采访了周振甫。

### 1992年　81岁

6月，《怎样学习古文》由中华书局出版。

5月20日，天津人民出版社与中国图书评论学会在北京举办第三届北京图书日活动，就天津人民出版社的重点图书进行品评，全国三十多家出版社书评骨干与会，周振甫与张岱年、金克木、张中行、王利器、汪曾祺、舒芜、金开诚、姜德明等文化名人一同参与此次活动。

5月25日至31日，第三次全国古籍整理出版规划会议在北京香山饭店召开，新一届小组成员、顾问及有关人员一百余人出席。中华书局邓经元、傅璇琮、赵守俨、周振甫等出席。周振甫成为第三届古籍整理出版规划小组的44名顾问之一。

8月，与冀勤合作编著的《钱锺书〈谈艺录〉读本》由上海教育出版社出版。

8 月，译注的《周振甫推荐古代散文》由辽宁少年儿童出版社出版。

12 月，担任编委的《出版辞典》由上海辞书出版社出版。

## 1993 年　82 岁

1 月，经国务院批准，中华书局周振甫、程毅中等 11 人享受政府特殊津贴。

4 月，周振甫协助搜集整理并担任责编的钱基博著《中国文学史》（全三册）由中华书局出版。

5 月 9 日至 13 日，中国文心雕龙学会第四次年会在山东枣庄举行。年会进行了理事会的换届选举。周振甫与郭晋稀、王利器、吴调公一道担任学会顾问。

11 月，主编的《白话太平广记》由中州古籍出版社出版。

是年，周振甫参与编写的《中国大百科全书》荣获首届国家图书奖荣誉奖。周振甫担任该书"中国文学卷"编辑委员会委员（主任为周扬），作为该卷"宋辽金文学"主编（原为副主编）具体负责《中国大百科全书·中国文学》"宋辽金文学"部分的编写。周振甫参与部分工作的人民文学出版社出版的《鲁迅全集》（新注释本）获得首届国家图书奖。

## 1994 年　83 岁

1 月 30 日，第一届国家图书奖颁奖大会在首都人民大会堂举行。周振甫、马蓉担任责任编辑的《管锥编》获奖。国家图书奖是全国图书评奖中的最高奖励，每两年举办一次。

9 月，周振甫与毛大风、王善兰、许白凤等发起筹备（浙江省平湖市）"鹉湖诗社"。该诗社于 1995 年 6 月 3 日在平湖市正式成立。

9 月，主编的《鲁迅诗作鉴赏》由河北人民出版社出版。

12 月 25 日至 26 日，中国毛泽东诗词研究会成立大会在北京举行。周振甫为顾问之一。

**1995 年　84 岁**

1 月中旬，应韩国三联书店之邀，周振甫与中华书局同事柴剑虹、郑甲仁，以及中国艺术研究院冯其庸教授一道访问韩国，参加学术研讨会。周振甫提交了论文《孔子论"和"》。

6 月，主编的《新编中学古诗文鉴赏辞典》由光明日报出版社出版。

6 月，加入中国杜甫研究会，成为该会会员。

7 月 28 日至 31 日，北京《文心雕龙》国际研讨会举行。代表来自中国、韩国、日本等国家和地区。周振甫应邀与会。

10 月 10 日，《文学遗产》创刊 40 周年暨复刊 15 周年庆祝活动在京举行，周振甫应邀为刊物题词。

10 月，被国家新闻出版署聘请为第二届国家图书奖评选委员会顾问。

12 月，编著的《苏洵散文精品选》由陕西人民出版社出版。

**1996 年　85 岁**

1 月 30 日，第二届国家图书奖颁奖大会在北京举行。全国人大常委会副委员长吴阶平出席会议。周振甫作为评委会顾问，与中国版协主席宋木文、解放军总政治部宣传部部长徐全绳等一起与会并向获奖者颁奖。

8 月，主编的《文心雕龙辞典》由中华书局出版。

9 月，黄伊致信国家新闻出版总署领导，建议出版《周振甫文集》。三个多月后，总署图书司复函表示支持。

10 月，编选的《骈文精粹》由山西古籍出版社出版。

12 月 9 日，中国青年出版社领导、出版社文学编辑室负责人及王久安等老同志开会，商议决定出版《周振甫文集》，由文学编辑室专门组织编辑组负责此事。

12月，中国出版工作者协会学术工作委员会、叶圣陶思想研究会在北京的"出版之家"举办叶圣陶编辑思想研讨会。周振甫撰写的《编辑出版家叶圣陶先生》一文收入这次会议后刊行的《叶圣陶编辑思想研究》（开明出版社 1999 年 5 月出版）。

## 1997 年　86 岁

4月，主编的《散文写作艺术指要》由东方出版社出版。

4月，主编的《古文名著串讲评析》（全四册）由学苑出版社出版。

8月，主编的《中国古典文学精华绘画本》由学苑出版社出版。

8月，作为编辑出版界的杰出代表接受中央电视台"东方之子"栏目的采访。

9月23日，中华书局召开三年发展战略老干部座谈会，王春、陈金生、周振甫等40位老同志到会。

12月1日，中国版协与光明日报联合举行"毛泽东与二十四史"学术研讨会，时任中共中央政治局常委、全国政协主席的李瑞环亲自出席致贺，周振甫与任继愈、张岱年、季羡林、刘大年等专家与会并发言。

是年，香港回归前夕，香港各界和海内外诗词名家倡办具有深远意义的"诗词创作迎回归"比赛，主办方邀请周振甫担任"荣誉主席"，他欣然接受邀请，并提笔创作了《颂回归》一诗："全民共颂珠联好，众族同欣璧合辉。三二政区尊统治，几篇辞赋诉回归。百年遗憾今方雪，两制兴邦始欲飞。世统之光申至祝，诗词共贺世间稀。"

## 1998 年　87 岁

2月，《文史知识》第 2 期适逢创刊 200 期纪念，周振甫与季羡林、任继愈、戴逸、吴小如、金开诚、张习孔、白化文、田居俭、瞿林东、龚书铎、李学勤、徐公持等著名学者撰文祝贺。周振甫《值得纪念的事情》刊登在刊物第 3 期。

2 月，译注的《诗品译注》由中华书局出版。

2 月，校注的《绣像本西游记》（上下册）由中国青年出版社出版。

10 月，《文哲散记——周振甫自选集》由山东教育出版社出版。

## 1999 年 88 岁

1 月，《周振甫文集》在中国青年出版社出版，共 10 卷，收 27 部著作，总计 600 多万字，收录了周振甫平生撰写的大部分古典文化著述。

1 月，主编的《唐诗宋词元曲全集》由黄山书社出版。

## 2000 年 89 岁

4 月，《周振甫学术文化随笔》由中国青年出版社出版。

5 月 15 日，周振甫因病医治无效，在北京朝阳医院去世。

5 月 23 日上午，中华书局干部职工和出版界、学术文化界相关人士及周振甫亲属在八宝山殡仪馆举行向周振甫遗体告别仪式。

# 参考文献

卞慧:《不要滥用连接词语》,《语文学习》1951 年第 2 期。

卞慧:《关于〈羽林郎〉的解释》,《语文学习》1954 年第 10 期。

振甫:《怎样学习修辞》,《语文学习》1958 年第 4 期。

振甫:《从诗话词话中学习写作技巧》,《新闻业务》1962 年第 3 期。

周振甫:《从"四人帮"的假批孔看影射史学的破产》,《历史研究》1978 年第 3 期。

振甫:《鲁迅和章锡琛》,《读书》1979 年第 1 期。

振甫:《对编辑工作的老生常谈》,《编创之友》1981 年第 1 期。

周振甫:《有意义的工作》,《读书》1984 年第 9 期。

周振甫:《编辑·学者·专家》,《出版工作》1984 年第 10 期。

周振甫:《纪念章雪村先生》,《出版工作》1984 年第 10 期。

周振甫:《审稿举例》,《天津出版工作》1985 年第 3 期。

周振甫:《从编字典看夏丏尊先生的为人》,《辞书研究》1986 年第 4 期。

周振甫:《对钱子泉师〈中国文学史〉的审读意见》,《出版工作》1987 年第 1 期。

周振甫:《古代的编辑学——章学诚〈校雠通义〉》,《出版工作》1987年第4期。

周振甫:《谈编校合一》,《中国出版》1988年第4期。

周振甫:《从〈诗词例话〉谈到我的学习》,《文史知识》1989年第2期。

周振甫:《谈谈开明书店的编辑工作》,载孙继国编《编海风云录》,书海出版社1989年版。

周振甫:《纪念王伯祥先生》,《出版史料》1990年第3期。

周振甫:《周振甫向青年推荐十种诗词选本》,《中国图书评论》1990年第3期。

周振甫:《我是怎样编〈文心雕龙〉的〈词语简释〉的》,《出版工作》1990年第3期。

周振甫:《忆剑三先生》,载山东省政协文史资料委员会、诸城市政协文史资料委员会合编《王统照先生怀思录》,中国文史出版社1991年版。

周振甫:《钱先生的教导》,《新闻出版报》1992年9月30日。

周振甫:《文论散记——诗心文心的知音》,学苑出版社1993年版。

周振甫:《我与〈文心雕龙〉》,《书品》1993年第4期。

周振甫、林在勇:《周振甫先生访谈录》,《中文自学指导》1996年第2期。

周振甫:《买书·借书·校书·编书》,载钟敬文、张岱年、邓九平主编《灯下书影》,中国广播电视出版社1997年版。

周振甫:《读对我有启发的〈谈艺录〉》,载曹积三、阎桂笙主编《当代百家话读书》,广东教育出版社1997年版。

周振甫、张立生:《周振甫先生访谈录》,《史学史研究》1997年第1期。

周振甫:《我和〈诗词例话〉》,载张世林编《学林春秋——著名学者自序集》,中华书局1998年版。

周振甫:《文哲散记——周振甫自选集》,山东教育出版社1998年版。

周振甫:《记梁漱溟先生》,载顾国华编《文坛杂忆初编》,上海书店出版社 1999 年版。

周振甫:《周振甫文集》(全 10 卷),中国青年出版社 1999 年版。

周振甫:《当代学者自选文库——周振甫卷》,安徽教育出版社 1999 年版。

周振甫:《百年往事　如在眼前——读〈文坛杂忆初编〉有感》,《中国图书评论》2000 年第 1 期。

周振甫:《我和钱锺书先生的交往》,《世纪》2000 年第 5 期。

周振甫:《〈管锥编〉审读意见》,载冯芝祥编《钱锺书研究》(第三辑),上海三联书店 2002 年版。

周振甫:《〈管锥编〉选题建议及审读报告》,载冯芝祥编《钱锺书研究》(第三辑),上海三联书店 2002 年版。

周振甫:《〈谈艺录〉(补订本)审读意见(附钱锺书先生批注)》,载蒋寅、张伯伟主编《中国诗学》第七辑,人民文学出版社 2002 年版。

周振甫:《我和〈诗词例话〉》,载张世林编《为学术的一生》,广西师范大学出版社 2005 年版。

周振甫:《周振甫讲〈管锥编〉〈谈艺录〉》,江苏教育出版社 2005 年版。

周振甫:《周振甫讲古代诗词》,江苏教育出版社 2005 年版。

周振甫:《周振甫讲怎样学习古文》,江苏教育出版社 2005 年版。

周振甫:《周振甫讲古代文论》,江苏教育出版社 2005 年版。

周振甫:《周振甫讲修辞》,江苏教育出版社 2005 年版。

周振甫:《周振甫译注别集》,江苏教育出版社 2006 年版。

周振甫:《周振甫著作别集》,江苏教育出版社 2006 年版。

周振甫:《太平洋战时上海同人生活拾零》,《出版史料》2012 年第 2 期。

爱默:《钱锺书传稿》,百花文艺出版社 1992 年版。

本社编:《无名集》,山西人民出版社 1985 年版。

本社编：《中国青年出版社的三十五年》，中国青年出版社 1985 年版。

本社编：《中国青年出版社五十年（1950—1999）》，中国青年出版社 1999 年版。

蔡美彪：《"二十四史"校点缘起存件》，《书品》1997 年第 4 期。

曹雷选编：《曹聚仁书话》，北京出版社 1998 年版。

曹治雄：《我给胡耀邦当秘书》，《人民之声》2004 年第 4 期。

常振国、降云：《学习的楷模——悼念周振甫先生》，《出版参考》2000 年第 12 期。

常振国：《仰不愧于天　俯不怍于人——周振甫先生诞辰百周年祭》，《出版史料》2011 年第 2 期。

常振国：《一生都在"跑龙套"》，《工人日报》2000 年 6 月 24 日。

常振国：《一位受人敬重的老编辑——记中华书局编辑周振甫》，《编创之友》1983 年第 2 期。

常振国：《周振甫教我做编辑》，《新闻出版报》1998 年 12 月 30 日。

陈继礼：《黄伊和他编书的故事》，《世纪》2004 年第 6 期。

沉冰主编：《不一样的记忆：与钱锺书在一起》，当代世界出版社 1999 年版。

戴文葆、张之一编：《张明养同志纪念集》，开明出版社 1993 年版。

丁惠才：《乡贤周振甫纪实》，2012 年 5 月 10 日，见"平湖档案史志网"。

范方暾：《忆周振甫老师》，《中华诗词》2006 年第 4 期。

方伯荣：《从周振甫的信封说起》，2018 年 11 月 15 日，见 www.jiaxing.cc（嘉兴故事）。

盖国梁：《评周振甫的〈李商隐选集〉》，《中国图书评论》1987 年第 1 期。

龚侃：《实归不负虚往——周振甫〈文章例话〉荐读》，《语文学习》2019 年第 6 期。

顾国华编：《文坛杂忆初编》，上海书店出版社 1999 年版。

何宝民：《编辑家周振甫》，《语文世界（教师之窗）》2010 年第 2 期。

胡清整理：《"韬奋出版奖"首届获奖者简介》，《中国出版年鉴》（1990—1991 年）。

胡一苇：《雕龙文章成绝响》，《新闻出版报》2000 年 7 月 14 日。

黄道京：《师者·长者·儒者——周振甫先生逝世三周年祭》，《古典文学知识》2003 年第 3 期。

黄道京：《文化名人周振甫》，《神州学人》1997 年第 1 期。

黄克：《编辑的楷模》，《光明日报》1983 年 3 月 19 日。

黄克：《感念振甫师——兼怀钱锺书先生》，《书品》2012 年第 1 期。

黄克：《为编辑事业献身的精神》，《出版工作》1983 年第 3 期。

黄伊：《闪闪的群星》，大众文艺出版社 1998 年版。

黄伊：《筚路蓝缕 创业维艰——中国青年出版社早期文学读物出版活动的回忆》，《编辑之友》1986 年第 4 期。

黄伊：《为钱锺书出书的人》，《追求》1998 年第 3 期。

黄伊：《我张罗出版〈周振甫文集〉》，《光明日报》1999 年 2 月 26 日。

黄伊：《印须我友——记一代名编辑周振甫》，《中国出版》1997 年第 1 期。

黄伊：《周振甫先生轶事》，《新闻出版报》1988 年 2 月 17 日。

黄伊：《周振甫在潢川》，《出版科学》2003 年第 2 期。

季进：《从校对做起——记周振甫先生》，（台湾）《中央日报》1996 年 7 月 22—23 日。

冀勤：《回忆〈李太白全集〉的出版前后》，《书品》2002 年第 2 期。

冀勤：《难忘低调实干的编辑家周振甫》，载郝振省主编《编辑的故事》，中国书籍出版社 2009 年版。

冀勤：《难忘周振甫先生》，《中国编辑》2007 年第 6 期。

冀勤：《一朵鲜艳的大红花》，《出版工作》1983 年第 3 期。

冀勤：《周振甫先生的〈文心雕龙今译〉》，《出版工作》1988 年第 9 期。

姜德明选编：《姜德明书话》，北京出版社 1998 年版。

《开明书店图书目录（1926—1952）》，内部编印，编者、印刷时间不详。

李固阳：《周振甫先生的编辑生涯》，《阴山学刊》1992 年第 4 期。

李丽、马千里：《周振甫、阎简弼与未及时出版的〈唐诗选读〉》，《中国出版史研究》2019 年第 1 期。

李淑芬：《愿作燃藜永放光——周振甫之人格与治学》，（香港）《有凤初鸣》2015 年第 11 期。

李振荣：《迥异的学术人生，相同的编辑情怀——作为编辑家的吕叔湘和周振甫》，《中国出版史研究》2019 年第 3 期。

刘桂秋：《无锡国专编年事辑》，中国大百科全书出版社 2011 年版。

刘桂秋：《无锡时期的钱基博与钱锺书》，上海社会科学院出版社 2004 年版。

刘凌选编：《施蛰存散文》，浙江文艺出版社 1999 年版。

刘凌：《怀念温厚导师周振甫先生》，《中华读书报》2012 年 4 月 18 日。

刘维维：《周振甫先生的编辑风范》，《出版史料》2011 年第 4 期。

刘云鹏：《王蘧常致冯其庸、王运天书札》，《中国书法》2016 年第 15 期。

陆阳：《无锡国专》，凤凰出版社 2011 年版。

陆振岳：《无锡国学专修学校述略》，《苏州大学学报（哲学社会科学版）》2000 年第 2 期。

路景云：《周振甫与编辑学者化》，《新闻出版交流》2001 年第 2 期。

罗树华：《应该严肃地对待编辑工作》，《语文学习》1954 年第 10 期。

马立诚：《国学家周振甫逸事》，《中华儿女（海外版）》1995 年第 3 期。

倪墨炎：《评〈鲁迅诗歌注〉》，《上海文学》1962 年第 11 期。

彭伟：《王绍曾跋忆钱基博〈明代文学〉谱学林佳话》，《中华读书报》2018 年 10 月 10 日。

邱雪松、邝明艳：《〈明社消息〉与〈开明通讯〉：开明书店的两份内刊》，

《郑州师范教育》2012 年第 5 期。

邱雪松:《"太精明的标本":从鲁迅谈开明书店说起》,《鲁迅研究月刊》2018 年第 5 期。

邱雪松:《大势与人事:1949 年后的开明书店》,《中国现代文学研究丛刊》2018 年第 4 期。

邱雪松:《开明书店、"开明人"与"开明风":中国现代知识分子与出版的一种关系》,博士学位论文,华东师范大学,2010 年。

阙道隆:《编辑研究文集》,中国青年出版社 2003 年版。

阙道隆:《为培养"四有"新人服务——中国青年出版社的四十年》,《中国出版年鉴》(1990—1991 年)。

邵部:《萧也牧之死探考》,《文艺争鸣》2017 年第 4 期。

邵焕会、范军:《试论周振甫的工匠精神》,《中国出版》2017 年第 15 期。

邵益文:《一个编辑出版者的自述:为编辑研究和编辑学学科建设尽一份力》,中国书籍出版社 2016 年版。

上海图书馆中国文化名人手稿馆编:《尘封的记忆——茅盾友朋手札》,文汇出版社 2004 年版。

施学慨:《平居教艺仰师恩——深切悼念周振甫先生》,《人民日报·海外版》2000 年 8 月 2 日。

首智慧:《周振甫编辑实践及其思想研究》,硕士学位论文,湖南师范大学,2015 年。

宋应离、袁喜生、刘小敏编:《20 世纪中国著名编辑出版家研究资料汇辑·第 8 辑》,河南大学出版社 2005 年版。

宋原放主编、陈江辑注:《中国出版史料(现代部分)》(第一卷),山东教育出版社、湖北教育出版社 2001 年版。

宋原放主编、方厚枢辑注:《中国出版史料(现代部分)》(第三卷),山东教育出版社、湖北教育出版社 2001 年版。

孙犁：《谈校对工作》，《编创之友》1982 年第 1 期。

唐景莉、钱晓鸣：《冯其庸：人民学术为人民》，《中国教育报》2010 年 1 月 8 日。

王昶：《老编辑家丰采——访周振甫先生》，《出版广角》1997 年第 3 期。

王国轩：《伴随人生过程的歌——以此怀念周振甫先生》，《书品》2000 年第 4 期。

王久安：《我与开明 我与中青》，中国青年出版社 2012 年版。

王久安：《黄伊和周振甫的故事——学生戏考老师》，《编辑之友》2009 年第 12 期。

王利民：《平屋主人——夏丏尊传》，浙江人民出版社 2005 年版。

王书华：《跟周振甫先生学写〈审读报告〉》，《编辑之友》2012 年第 5 期。

王湜华：《王伯祥传》，中华书局 2008 年版。

王业康：《往事漫忆——中国青年出版社创立前后》，《出版史料》2010 年第 1 期。

王知伊：《开明书店纪事》，书海出版社 1991 年版。

吴道弘：《一个编辑的怀念——从周振甫先生想到的》，《出版参考》2000 年第 15 期。

吴海发：《他在国学园地耕耘了一辈子——忆周振甫先生》，《文汇报》2016 年 5 月 9 日。

徐俊、钱冠宇：《1971：点校"二十四史"记事》，《东方早报》2015 年 8 月 16 日。

徐俊：《春雨润物细无声——周振甫先生琐忆》，《中华读书报》2011 年 8 月 10 日。

徐俊：《读史可明鉴，知古可鉴今——新中国版"二十四史"的出版历程》，《人民日报》2019 年 8 月 23 日。

徐俊：《周振甫先生〈管锥编审读意见〉整理赘记》，中华书局徐俊的博客，2008 年 11 月 13 日。

徐俊：《周振甫先生〈管锥编选题建议及审读报告〉整理赘记》，中华书局徐俊的博客，2008 年 11 月 13 日。

徐名翚编：《周振甫学术文化随笔》，中国青年出版社 2000 年版。

徐宗文：《周振甫品读陶渊明》，《中国图书评论》2008 年第 5 期。

叶小沫、叶永和编：《叶圣陶叶至善干校家书（一九六九——一九七二)》，人民出版社 2007 年版。

叶永和、蒋燕燕整理：《叶圣陶未刊日记（1955 年)》，《出版史料》2011 年第 2 期，2012 年第 1 期、第 2 期、第 3 期，2013 年第 1 期连载。

俞晓群：《前辈：从张元济到陈原》，上海书店出版社 2012 年版。

俞晓群：《这一代的书香：三十年书业的人和事》，浙江大学出版社 2010 年版。

俞晓群：《周振甫：一位编辑型的学者》，《中国新闻出版报》2009 年 3 月 20 日。

张福勋：《回忆周振甫先生》，《文史知识》2002 年第 4 期。

张福勋：《无尽的思念——回忆周振甫先生》，《散文》2001 年第 3 期。

张福勋：《周振甫先生谈毛泽东诗词鉴赏中的几个问题及我的看法》，《内蒙古大学学报（哲学社会科学版)》1993 年第 4 期。

张国功：《由周振甫先生之著述想到的》，《书与人》2000 年第 4 期。

张弘：《周振甫百岁诞辰出版人追忆曾为毛泽东主席改笔误》，《新京报》2011 年 11 月 2 日。

张京华：《名家之注是如何出现的?》，《中华读书报》2012 年 8 月 22 日。

张明非：《追忆国学大师周振甫先生》，《广西文史》2015 年第 2 期。

张世林主编：《想念周振甫》，新世界出版社 2011 年版。

张世林：《编辑的楷模——记第一届中国韬奋出版奖获得者周振甫》，载中国出版工作者协会编《沿着韬奋的足迹》，线装书局 2004 年版。

张世林:《谦虚谨慎 编著等身:小记编辑大家周振甫先生》,《人物》1996 年第 6 期。

赵伯陶、自横:《祝贺周振甫同志从事编辑工作五十年》,《出版工作》1983 年第 3 期。

中共中央宣传部出版局编:《编辑家列传》(一),中国展望出版社 1986 年版。

中国出版工作者协会编:《我与开明》,中国青年出版社 1985 年版。

中华书局编辑部编:《回忆中华书局》(下编),中华书局 1987 年版。

中华书局编辑部编:《守正出新:中华书局》,中华书局 2008 年版。

中华书局编辑部编:《岁月书香——百年中华的书人书事》(全四集),中华书局 2012 年版。

中华书局编辑部编:《我与中华书局》,中华书局 2002 年版。

中华书局编辑部编:《中华书局百年大事记(1912—2012)》,中华书局 2012 年版。

周佩兰、冀勤编:《文心书简——周振甫信札集》,北京出版社 2017 年版。

周旭:《从〈诗词例话〉论周振甫研究方法》,《常州工学院学报(社科版)》2011 年第 5 期。

# 附　录
## 周振甫著述编年

　　周振甫一辈子专注于两件事：书刊编辑工作和文史研究与普及工作。尤为难得的是，他将这两件事完美地融合在一起，成为了人们心目中"学者型编辑"的代表。为凸显和播扬这位优秀编辑的学术成就，特搜集其论著和文章，整理出著述系年，同一年中按照先书籍，次期刊文章，后报纸文章排列，尽可能求其完全，但难免仍有遗漏和不准确者。

### 1933 年

　　《爱国诗人陆放翁》（署名"振甫"），《读书中学》1933 年第 1 卷第 3 期。

　　《读诗偶得——情感和真实》（署名"振甫"），《中学生》1933 年（总）第 34 期。

### 1934 年

　　《班超》，周振甫著，开明书店 1934 年出版，收入"开明中学生丛书"。

　　《责难"卷头言"的平议》（署名"振甫"），《中学生》1934 年（总）第 45 期。

## 1935 年

《二十五史人名索引》，周振甫、卢芷芬等编，开明书店 1935 年出版。

《中国学术思想演进史》，王伯祥、周振甫著，亚细亚书局 1935 年 6 月出版。

《东汉党锢》，周振甫著，开明书店 1935 年 11 月出版，收入"开明中学生丛书"。

## 1936 年

《洁本三国演义》，周振甫叙订，开明书店 1936 年 3 月出版，列入"洁本小说之一"。

《中国学术思想演进史》，王伯祥、周振甫著，中国文化服务社 1936 年 4 月再版。

《梁溪琐语》（署名"振甫"），《中学生文艺季刊》1936 年第 2 卷第 1 期。

《画面的动态与静态》，《中学生》1936 年第 63 期。

《抒情文在写作上的变态》，《中学生》1936 年第 66 期。

《从声韵上讨论语句的安排》，《中学生》1936 年第 71 期。

《抒情和境界》，《中学生》1936 年第 76 期。

《文心的映发与暗示》，《中学生文艺季刊》1936 年第 2 卷第 2 期。

《出版界之知更鸟》，《申报》1936 年 8 月 1 日。

## 1937 年

《严复的中西文化观》（署名"振甫"），《东方杂志》1937 年第 1 期。又转载于《文摘》1937 年第 1 卷第 2 期。

## 1940 年

《严复思想述评》，周振甫编，中华书局 1940 年 8 月出版。

## 1941 年

《严复思想转变之剖析》,《学林》1941 年第 3 期。

《简明中国通史,吕振羽著》(署名"甫"),《笔谈》1941 年第 1 期。

## 1942 年

《写作杂谈》(署名"振甫"),《中学生》1942 年第 54 期。

《访问记》(上),《新闻报》1942 年 10 月 10 日。

## 1943 年

《夏丏翁羊毛婚唱和诗》,《万象》1943 年第 3 期。

《谈诗》(署名"振甫"),《新闻报》1943 年 6 月 11 日。

## 1945 年

《周振甫函》,载童书业《春秋史》(附录),开明书店 1945 年出版。

《谈文化建设》,《民主》周刊 1945 年第 4 期。

## 1946 年

《释伉俪》,《伉俪月刊》1946 年创刊号。

《谈美》(署名"振甫"),《伉俪月刊》1946 年第 1 卷第 2 期。

《谈父子》(署名"振甫"),《伉俪月刊》1946 年第 1 卷第 3 期。

《对中秋节的感想》(署名"振甫"),《伉俪月刊》1946 年第 1 卷第 4 期。

《对双十节的认识》(署名"振甫"),《伉俪月刊》1946 年第 1 卷第 5 期。

《谈再醮:读木每女士"寄——"》(署名"振甫"),《伉俪月刊》1946 年第 1 卷第 6 期。

《答木每女士并谈龃龉与决裂》(署名"振甫"),《伉俪月刊》1946 年第 1 卷第 7 期。

《太平洋战时上海同人生活拾零》，原载 1946 年 2 月《明社消息》（第 17 期），后刊行于《出版史料》2012 年第 2 期。（《明社消息》为开明书店内部刊物）

《林畏庐的文章论》，《国文月刊》1946 年第 42 期。

《技能的训练和理论的研讨》，《国文月刊》1946 年第 48 期。此文后重刊于《语文建设》2015 年第 25 期和 2017 年第 1 期。

《章太炎的文章论》，《国文月刊》1946 年第 49 期。后收入中国人民大学古代文论资料编选组编《中国古代文论研究论文集》，上海古籍出版社 1989 年版。

《夏先生思想的点滴》，《中学生》1946 年第 176 期。

《鉴赏的过程》，《中学生》1946 年第 179 期。

《二千年间》（署名"振甫"），《中学生》1946 年第 179 期。

《读〈新原道〉》，《新闻报》1946 年 3 月 2 日。

## 1947 年

《从"造命的女孩子"说起》（署名"振甫"），《伉俪月刊》1947 年第 1 卷第 10 期。

《儿童礼赞》（署名"振甫"），《伉俪月刊》1947 年第 1 卷第 11 期。

《怎样迎接未来》（署名"振甫"），《伉俪月刊》1947 年第 2 卷第 3 期。

《祝伉俪信箱》（署名"振甫"），《伉俪月刊》1947 年第 2 卷第 4 期。

《文字的时代性和阶级性》（署名"振甫"），《中学生》1947 年第 183 期。

《词义的层次和范围》（署名"振甫"），《中学生》1947 年第 184 期。

《词的复叠和联系》（署名"振甫"），《中学生》1947 年第 185 期。

《和平！奋斗！救中国！》（署名"振甫"），《开明少年》1947 年第 21 期。

《辛亥革命的镜子》（署名"振甫"），《开明少年》1947 年第 28 期。

《词语怎样表达意象》（署名"振甫"），《中学生》1947 年第 186 期。

《词序和语品》（署名"振甫"），《中学生》1947 年第 187 期。

《词语的描写》（署名"振甫"），《中学生》1947 年第 188 期。

《词语的情调》，《中学生》1947 年第 189 期。

《词语和风格（一）》（署名"振甫"），《中学生》1947 年第 190 期。

《词语和风格（二）》（署名"振甫"），《中学生》1947 年第 191 期。

《词语和风格（三）》（署名"振甫"），《中学生》1947 年第 192 期。

《词语的三品》（署名"振甫"），《中学生》1947 年第 193 期。

《表面和实际》，《中学生》1947 年第 193 期。

《词语的变次》，《中学生》1947 年第 194 期。

## 1948 年

《读〈生死恋〉》，周振甫，载林淑华著《生死恋》（第 3 版），新纪元出版社 1948 年 10 月出版（艺文书局印刷）。

《〈生死恋〉周序》，周振甫，载林淑华著《生死恋》（第 4 版），新纪元出版社 1948 年 11 月出版（艺文书局印刷）。

《论婚姻的结合》（署名"振甫"），《伉俪月刊》1948 年第 2 卷第 1 期。

《新的企慕》（署名"振甫"），《伉俪月刊》1948 年第 2 卷第 8 期。

《读〈生死恋〉》（署名"振甫"），《伉俪月刊》1948 年第 2 卷第 12 期。

《家庭和社会》（署名"振甫"），《伉俪月刊》1948 年第 2 卷第 12 期。

《文章的生命》（署名"振甫"），《中学生》1948 年第 195 期。

《文章的趣味》（署名"振甫"），《中学生》1948 年第 196 期。

《新形式和新内容的来源》，《中学生》1948 年第 197 期。

《文章和生活》（署名"振甫"），《中学生》1948 年第 198 期。

《情境的融会》，《中学生》1948 年第 199 期。

《怎样写集体活动》（署名"振甫"），《中学生》1948 年第 200 期。

《怎样发掘题材》，《中学生》1948 年第 201 期。

《想像的运用》（署名"振甫"），《中学生》1948 年第 204 期。

## 1950 年

《横渡长江》，周振甫著，开明书店 1950 年 12 月出版，收入"我们的书"丛刊。

《文艺与现实》，《中学生》1950 年第 228 期。

《文艺·科学·技巧》，《中学生》1950 年第 230 期。

## 1951 年

《万里长征》，周振甫著，三联·中华·商务·开明 1951 年 4 月联营出版，收入"我们的书"丛刊。

《习作评改》，吕叔湘、周振甫著，开明书店 1951 年 9 月出版，收入"开明少年丛书"。

《怎样使用标点符号》，周振甫著，开明书店 1951 年 12 月出版。

《曹禺先生怎样修改〈日出〉》，《中学生》1951 年总第 241 期。

《不要滥用连接词语》（署名"卞慧"），《语文学习》1951 年第 2 期。

《金兆藩安乐乡人文序》（为金兆藩自印文集所作），1951 年 7 月。

## 1952 年

《怎样使用标点符号》（第三版），周振甫著，中国青年出版社 1952 年 11 月出版，收入"语文学习丛书"。

《习作评改》，吕叔湘、周振甫著，中国青年出版社 1952 年 11 月再版。

《怎样阅读》，周振甫著，青年出版社 1952 年 12 月出版。

《顿号和逗号的分工》，《语文学习》1952 年第 7 期。

《描写事物的几种方法》，《语文学习》1952 年第 8 期。

《周立波：〈郭全海参军〉》（署名"卞慧"），《语文学习》1952 年第 10 期。

## 1953 年

《丁玲：〈十万火炬〉》，《语文学习》1953 年第 1 期。

《伊林谈通俗科学读物的写作》（署名"卞慧"），《语文学习》1953 年第 2 期。

《马烽：〈结婚〉》，《语文学习》1953 年第 3 期。

《为什么要阅读》，《语文学习》1953 年第 4 期。

《阅读的立场和态度》，《语文学习》1953 年第 5 期。

《从纪念屈原谈到学习古典文学》（署名"卞慧"），《语文学习》1953 年第 6 期。

《阅读的观点》，《语文学习》1953 年第 6 期。

《缺席者的故事》（署名"卞慧"），《语文学习》1953 年第 8 期。

《广泛阅读同一作者的作品》（署名"振甫"），《语文学习》1953 年第 9 期。

《辛弃疾，菩萨蛮——书江西造口壁》（署名"卞慧"），《语文学习》1953 年第 10 期。

《作品的时代背景》，《语文学习》1953 年第 12 期。

## 1954 年

《标点符号用法例解》，周振甫著，中国青年出版社 1954 年 8 月出版，收入"语文学习丛书"。

《作品的细节》（署名"振甫"），《语文学习》1954 年第 1 期。

《左传：曹刿论战》（署名"卞慧"），《语文学习》1954 年第 3 期。

《墨子·公输》（署名"卞慧"），《语文学习》1954 年第 5 期。

《简洁与繁冗》，《语文学习》1954 年第 7 期。

《辛延年：羽林郎》（署名"卞慧"），《语文学习》1954 年第 7 期。

《摹状与铺张》，《语文学习》1954 年第 8 期。

《景物和主题》，《语文学习》1954 年第 9 期。

《关于〈羽林郎〉的解释》（署名"卞慧"），《语文学习》1954 年第 10 期。

## 1955 年

《三国演义》（节本），周振甫节编，通俗文艺出版社 1955 年 1 月出版。

《镜花缘》（节本），周振甫节编，通俗文艺出版社 1955 年 10 月出版。

《通过对红楼梦研究的批判来认识阅读古典作品》，《语文学习》1955 年第 1 期。

《读〈包裹〉》，《文艺学习》1955 年第 9 期。

《冯至：〈马铃薯甲虫和蜜橘〉》，《语文学习》1955 年第 10 期。

## 1956 年

《通俗修辞讲话》，周振甫著，通俗读物出版社 1956 年 4 月出版。

《岳飞：说岳全传节本》，周振甫节编，通俗文艺出版社 1956 年 6 月出版。

《大同书》，康有为著，周振甫、方渊校点，中华书局 1956 年出版。

《大同书》，康有为著，章锡琛、周振甫校点，古籍出版社 1956 年 8 月出版。

《读〈途中〉》，载郑克西短篇小说集《途中》，中国青年出版社 1956 年 9 月出版。

《读〈新的生活和新的歌〉》，载王大海特写集《新的生活和新的歌》，中国青年出版社 1956 年 12 月出版。

《筑路》，《语文学习》1956 年第 2 期。

《李准：〈不能走那条路〉》（署名"卞慧"），《语文学习》1956 年第 3 期。

《杨朔：〈石油镇〉》，《语文学习》1956 年第 4 期。

《秦兆阳：〈王永淮〉》（署名"卞慧"），《语文学习》1956 年第 4 期。

## 1957 年

《标点符号用法例解》(修订本)，周振甫著，中华书局 1957 年 5 月出版。

《怎样自学——和青年谈学习文化科学知识》，周振甫、叶蠖生、侯仁之等著，中国青年出版社 1957 年 7 月出版。

《毛主席诗词十八首讲解》，臧克家讲解，周振甫注释，中国青年出版社 1957 年 10 月出版。

《毛主席诗词讲解》，臧克家讲解，周振甫注释，中国青年出版社 1957 年 11 月出版。

《陶渊明和他的诗》(署名"振甫")，《语文学习》1957 年第 2 期。

《毛主席词七首解释》(署名"振甫")，《语文学习》1957 年第 5 期。

《毛主席诗词五首解释》(署名"卞慧")，《语文学习》1957 年第 6 期。

《杜甫"绝句"》，《中学生》1957 年第 8 期。

《从梁启超谈到〈谭嗣同传〉》(署名"振甫")，《语文学习》1957 年第 11 期。

《相马的故事》，《中学生》1957 年第 12 期。

## 1958 年

《毛主席〈蝶恋花〉词的再解释》(署名"振甫")，《语文学习》1958 年第 2 期。

《怎样学习修辞》(署名"振甫")，《语文学习》1958 年第 4 期。

《读农村跃进歌谣》(署名"振甫")，《语文学习》1958 年第 6 期。

《什么叫"蝶恋花"——词牌和词律》，《中国青年》1958 年第 9 期。

《"送瘟神二首"注释》，《贵州卫生》1958 年第 11 期。

《毛主席诗词的解释》，《文汇报》1958 年 1 月 6、7、10 日（连载）。

《振甫同志的答复》，《文汇报》1958 年 2 月 17 日。

《〈送瘟神〉二首解释》，《四川日报》1958 年 8 月 6 日，《光明日报》10 月 4 日予以转载。

## 1959 年

《严复诗文选》，严复著，周振甫选注，人民文学出版社 1959 年 5 月出版。

《读〈公社千秋〉》（署名"振甫"），《语文学习》1959 年第 1 期。

《鲁迅〈狂人日记〉的思想意义》（署名"振甫"），《语文学习》1959 年第 4 期。

《读毛主席〈长沙〉词》，《文学知识》1959 年第 7 期。

《读毛主席〈送瘟神二首〉》，《文学知识》1959 年第 10 期。

《谈谈〈古文观止〉》（署名"振甫"），《读书》1959 年第 14 期。

《从孟子的辩论文学习写作技巧》（上、下）（署名"振甫"），《新闻战线》1959 年第 16、17 期。

《柳宗元的散文》（上、下）（署名"振甫"），《新闻战线》1959 年第 19、20 期。

《韩愈散文的技巧》（上、下）（署名"振甫"），《新闻战线》1959 年第 22、23 期。


## 1960 年

《蕙风词话·人间词话》，况周颐、王国维著，徐调孚、周振甫注，王幼安校订，人民文学出版社 1960 年 4 月出版。

《读毛主席〈水调歌头·游泳〉》，《文学知识》1960 年第 2 期。

《就〈观巴黎油画记〉和〈核舟记〉谈一些叙述和描写的方法》（署名"振甫"），《语文学习》1960 年第 2 期。

《读"古诗为焦仲卿妻作"》，《语言文学》1960 年第 3 期。

《从〈长征〉诗的解释谈到怎样解诗》，《语言文学》1960 年第 4 期。

《欧阳修散文的特色》（署名"振甫"），《新闻战线》1960 年第 5 期。

《读毛主席〈赠柳亚子先生〉》，《文学知识》1960 年第 5 期。

《读毛主席"送瘟神二首"》（署名"振甫"），《人民军医》1960 年第 5 期。

《读〈中国革命的伟大史诗〉》（署名"卞慧"），《读书》1960 年第 7 期。

《革命现实主义和革命浪漫主义的典范——学习毛主席诗词》，《语言文学》1960 年第 7 期、第 10 期。

## 1961 年

《毛主席诗词浅释》，振甫著，上海文艺出版社 1961 年 12 月出版，收入"文学作品分析小丛书"。

《曹丕〈典论·论文〉摘译·介绍》（署名"振甫"），《新闻业务》1961 年第 2 期。

《陆机〈文赋〉试译》（署名"振甫"），《新闻业务》1961 年第 3 期。

《征圣》（署名"振甫"），《新闻业务》1961 年第 4 期。

《宗经》（署名"振甫"），《新闻业务》1961 年第 5 期。

《史传》（署名"振甫"），《新闻业务》1961 年第 6 期。

《诸子》（署名"振甫"），《新闻业务》1961 年第 7 期。

《论说》（署名"振甫"），《新闻业务》1961 年第 8 期。

《诏策·檄移》（署名"振甫"），《新闻业务》1961 年第 9 期。

《春秋笔法（上）》（署名"振甫"），《新闻业务》1961 年第 10 期。

《春秋笔法（下）》（署名"振甫"），《新闻业务》1961 年第 11 期。

《神思》（署名"振甫"），《新闻业务》1961 年第 11 期。

《体性》（署名"振甫"），《新闻业务》1961 年第 12 期。

《读毛主席"元旦"词的新体会》，《文汇报》1961 年 1 月 29 日。

《读毛主席的〈西江月·井冈山〉》，《文汇报》1961 年 2 月 19 日。

《广阔的胸襟　豪迈的气概——介绍毛主席的"游泳"词》，《中国青年报》1961 年 6 月 13 日。

《对"清平乐·会昌"的体会》，《文汇报》1961 年 8 月 1 日。

《学点古文——漫谈中国古典文学的自学问题》，《中国青年报》1961 年
8 月 20 日。

《鲁迅诗稿》，《北京晚报》1961 年 9 月 22 日。

《鲁迅旧体诗的艺术》，《文汇报》1961 年 9 月 23 日。

## 1962 年

《鲁迅诗歌注》，鲁迅著，周振甫注释，浙江人民出版社 1962 年 6 月
出版。

《诗词例话》，周振甫著，中国青年出版社 1962 年 9 月出版。

《〈文心雕龙〉译注》，周振甫选译，中共中央高级党校 1962 年 10 月作
为文艺理论专业学习参考材料第 7 册印刷使用。

《读〈送董邵南序〉》、《介绍一篇山水游记〈小石潭记〉》，载《阅读和欣
赏》（第 1 集古典文学部分），中央人民广播电台文教科学编辑部编，北京出
版社 1962 年 10 月出版。

《风骨》（署名"振甫"），《新闻业务》1962 年第 1 期。

《通变》（署名"振甫"），《新闻业务》1962 年第 2 期。

《从诗话词话中学习写作技巧》（署名"振甫"），《新闻业务》1962 年第
3 期。

《取舍·组织·加工——〈通鉴〉编写一例》（署名"振甫"），《新闻业务》
1962 年第 4 期。

《定势》（署名"振甫"），《新闻业务》1962 年第 4 期。

《情采》（署名"振甫"），《新闻业务》1962 年第 5 期。

《熔裁》（署名"振甫"），《新闻业务》1962 年第 6 期。

《声律》（署名"振甫"），《新闻业务》1962 年第 7 期。

《章句》（署名"振甫"），《新闻业务》1962 年第 8 期。

《丽辞》（署名"振甫"），《新闻业务》1962 年第 9 期。

《比兴》（署名"振甫"），《新闻业务》1962 年第 10 期。

《夸饰》（署名"振甫"），《新闻业务》1962 年第 11 期。

《夹叙夹议和夹喻夹议》（署名"振甫"），《新闻业务》1962 年第 11 期。

《事类》（署名"振甫"），《新闻业务》1962 年第 12 期。

《诗词格律是怎样形成的》（上、下）（署名"振甫"），《中国青年》1962 年第 20、21 期。

《李纲的〈病牛〉》，《北京晚报》1962 年 3 月 3 日。

《中国第一部诗话——〈诗品〉》（署名"振甫"），《人民日报》1962 年 4 月 15 日。

《〈文心雕龙〉的声律论》（署名"振甫"），《人民日报》1962 年 5 月 27 日。


## 1963 年

《古代战纪选》，周振甫编注，中华书局 1963 年 2 月出版。

《一篇短小精炼的古文〈战于郎〉》，载《阅读和欣赏》（第 4 集古典文学部分），中央人民广播电台文教科学编辑部编，北京出版社 1963 年 11 月出版。

《隐秀》（署名"振甫"），《新闻业务》1963 年第 1 期。

《指瑕》（署名"振甫"），《新闻业务》1963 年第 2 期。

《养气》（署名"振甫"），《新闻业务》1963 年第 3 期。

《附会》（署名"振甫"），《新闻业务》1963 年第 4 期。

《总术》（署名"振甫"），《新闻业务》1963 年第 5—6 合期。

《物色》、《知音》（署名"振甫"），《新闻业务》1963 年第 7 期。

《序志》（署名"振甫"），《新闻业务》1963 年第 8 期。


## 1964 年

《古文怎样写得短》（署名"振甫"），《新闻业务》1964 年第 4 期。

《学习〈青年运动的方向〉》，《语文学习讲座》1964 年第 18 期。

《评讲〈照相馆为谁服务〉的一组文章》，《语文学习讲座》1964 年第 19 期。

《学习〈全党团结起来，为实现党的任务而斗争〉》，《语文学习讲座》1964 年第 20 期。

《关于杜诗的两个问题：读〈杜甫诗论〉》（署名"卞慧"），《光明日报》1964 年 11 月 15 日。

**1965 年**

《成语的运用》，《中国语文》1965 年第 6 期。

《谈柳宗元〈小石潭记〉》，（香港）《文艺世纪》1965 年 11 月（总第 102 期）。

《一次普通的战役是怎样写成为名篇的》，《新闻业务》1965 年第 12 期。

**1977 年**

《〈湘灵歌〉的背景》，载《鲁迅诗歌研究》（上），中共安徽阜阳市委宣传部鲁迅作品学习小组、安徽师范大学阜阳分校中文系 1977 年 9 月编印。

《瞻仰》（七律），《教学与研究》1977 年第 4 期。

**1978 年**

《论谈〈自题小像〉的问题》，《社会科学战线》1978 年第 1 期。

《关于〈湘灵歌〉的问题》，《社会科学战线》1978 年第 3 期。

《从"四人帮"的假批孔看影射史学的破产》，《历史研究》1978 年第 3 期。

《读毛主席诗词三首》，《文学评论》1978 年第 5 期。

《孔子论礼》，《文史哲》1978 年第 6 期。

《试谈鲁迅〈自嘲〉的问题》，《语文学习》1978 年第 6 期。

**1979 年**

《诗词例话》（第二版），周振甫著，中国青年出版社 1979 年 5 月出版。

《从〈时序〉看刘勰的创作理论》，《古代文学理论研究》（第一辑），上海古籍出版社 1979 年 12 月出版。

《〈大江歌罢掉头东〉浅释》（署名"振甫"），《语文学习》1979 年第 1 期。

《试谈〈天安门诗抄〉的艺术性》，《语言文学》1979 年第 1 期。

《谈〈药〉的对话和线索》，《中学语文教学》1979 年第 1 期。

《鲁迅和章锡琛》（署名"振甫"），《读书》1979 年第 1 期。

《漫谈〈古文观止〉》（署名"振甫"），《新闻战线》1979 年第 2 期。

《鲁迅〈哀范君三章〉和跋》（署名"振甫"），《读书》1979 年第 2 期。

《刘勰的风格论》，《南昌大学学报（人文社会科学版）》1979 年第 2 期。《新华文摘》1979 年第 9 期转载。

《谈咏物诗的描绘和寄托》，《北方论丛》1979 年第 2 期。

《关于李商隐〈无题〉诗的通信》，周振甫、孙玄常、吴世昌，《山西师院学报（哲学社会科学版）》1979 年第 2 期。

《省略和即小见大——〈叶公好龙〉中的一句话》，《语文教学》1979 年第 3 期。

《两点感受》，《思想战线》1979 年第 3 期。

《〈东莱博议〉的议论》（署名"振甫"），《新闻战线》1979 年第 6 期。

《读鲁迅的〈雪〉》，《中学语文教学》1979 年第 6 期。

《读〈十老诗选〉》（署名"振甫"），《诗刊》1979 年第 8 期。

《豪放壮阔的苏轼的词风》，《中国青年》1979 年第 11 期。


**1980 年**

《鲁迅诗歌注》（修订本），鲁迅著、周振甫注，浙江人民出版社 1980 年 3 月出版。

《林伯渠同志诗选》，林伯渠著，周振甫、陈新注释，中国青年出版社1980年5月出版。

《谢老诗选》，谢觉哉著，周振甫、陈新注释，中国青年出版社1980年5月出版。

《文心雕龙选译》，周振甫译注，中华书局1980年10月出版。

《孔子论礼》，载《孔子及孔子思想再评价》（论文集），山东大学历史系编，吉林人民出版社1980年4月出版。

《嵇康为什么被杀》，载《学林漫录》（初集），中华书局1980年6月出版。

《谈刘勰的"变乎骚"》，载《古代文学理论研究》（丛刊·第二辑），中国古代文学理论学会编，上海古籍出版社1980年7月出版。

《关于写学习笔记》、《评讲〈关于如何打乒乓球〉学习笔记》，载《应用文写作》，中华函授学校编，商务印书馆1980年10月出版。

《毛泽东：〈人的正确思想是从那里来的?〉》，载《现代文选讲》，中华函授学校编，商务印书馆1980年12月出版。

《谈王之涣〈登鹳鹊楼〉》，《中学生》1980年第1期。

《李白乐府诗中感事篇试探》，《厦门大学学报（哲学社会科学版）》1980年第1期。

《关于苏轼〈念奴娇〉词的异文和标点》，《中国青年》1980年第2期。

《原毁》（署名"振甫"），《新闻战线》1980年第3期。

《李商隐〈锦瑟〉诗初探》，《山西师院学报（社会科学版）》1980年第3期。

《略说杜甫〈戏为六绝句〉》，《文学遗产》1980年第3期。

《立体式教学好》，《教育研究》1980年第3期。

《也谈〈自嘲〉中的"千夫"》，《山西师院学报（社会科学版）》1980年第4期。

《精练动人之一例》，《散文》1980年第4期。

《谈谈李璟的〈山花子〉》，《词刊》1980年第4期。

《释"建安风骨"》，《四川文学》1980 年第 6 期。

《苏诗艺术初探》，《四川大学学报丛刊》1980 年第 6 期《苏轼研究专辑》。

《"积学""酌理"与文艺批评——读赵朴初三首词曲有感》，《文汇报》
1980 年 11 月 16 日。《新华文摘》1981 年第 1 期转载。

## 1981 年

《谭嗣同文选注》，周振甫选注，中华书局 1981 年 3 月出版。

《文心雕龙注释》，周振甫注，人民文学出版社 1981 年 11 月出版。

《唐诗鉴赏集》，人民文学出版社编辑部编，周振甫参编，人民文学出版
社 1981 年 11 月出版。

《毛泽东：七律〈长征〉》、《毛泽东：〈沁园春·雪〉》、《赵朴初词曲四首》，
载《诗词选讲》，中华函授学校编，商务印书馆 1981 年 1 月出版。

《黄鹤楼》、《送孟浩然之广陵》，载《楚天诗话》，长江日报编辑部编，
长江文艺出版社 1981 年 9 月出版。

《〈离骚〉是什么时候作的》，载《学林漫录》（四集），中华书局编辑部编，
中华书局 1981 年 10 月出版。

《暮年诗赋动江关——说杜甫〈咏怀古迹〉三首》、《见愁汗马西戎逼——
说杜甫〈诸将〉二首》，载《唐诗鉴赏集》，人民文学出版社编辑部编，人民
文学出版社 1981 年 11 月出版。

《鲁迅谈〈狂人日记〉》、《鲁迅论孔子》、《鲁迅谈〈出关〉》，载《鲁迅研
究百题》，丁锡根等执笔，湖南人民出版社 1981 年 11 月出版。

《对编辑工作的老生常谈》（署名"振甫"），《编创之友》1981 年第 1 期。

《谈谈〈唐诗三百首〉》，《文史知识》1981 年第 1 期。

《〈文心雕龙·神思〉浅释》，《中学语文》1981 年第 2 期。

《韩愈〈师说〉讲析》，《文史知识》1981 年第 2 期。

《李商隐〈无题〉初探——谈"昨夜星辰昨夜风"》，《山西师院学报（社

会科学版)》1981 年第 2 期。后收入《古典文学名篇赏析续编》，华东师范大学中文系资料室编，上海教育出版社 1985 年 7 月出版。

《语文教材研索——谈谈〈史记〉的合传》，《河南教育（中学版）》1981年第 3 期。

《李商隐绝句初探》，《山西师院学报（社会科学版）》1981 年第 4 期。

《从历史到小说创作的一例——也谈"失""空""斩"》，《语文教学通讯》1981 年第 6 期。

《庄子〈鹏与鹦雀〉今译》，《文史知识》1981 年第 6 期。

《〈春晓〉好在哪里》，《中学语文教学》1981 年第 10 期。

《也谈〈江雪〉》（署名"振甫"），《语文教学通讯》1981 年第 11 期。

《李商隐〈无题四首〉初探》，《西北大学学报》丛刊之《唐代文学》1981 年第 1 期。

《怎样读古诗》，《中国青年报》1981 年 3 月 29 日。

《学习与联系》，《中国青年报》1981 年 7 月 14 日。

《谈谈写读书笔记》，《中国青年报》1981 年 12 月 17 日。

《谈谈写读书笔记》（续），《中国青年报》1981 年 12 月 31 日。

## 1982 年

《三国演义》，周振甫节编，宝文堂书店 1982 年 10 月出版。

《小说笔法》，载《语言文学自修大学讲座》，该书编委会编辑，地质出版社 1982 年 1 月出版。

《中国修辞学简史》，作为"附录"收入张志公主编的《现代汉语》，人民教育出版社 1982 年 1 月出版。

《鲁迅谈〈野草〉》，载《鲁迅研究年刊 1981》，西北大学鲁迅研究室编，陕西人民出版社 1982 年 2 月出版。

《谈描写里的修辞手法》，载《语文知识丛刊》（3），北京市语言学会编，地震出版社 1982 年 2 月出版。

《作者的知音——记徐调孚同志》，载《学林漫录》（五集），张忱石等编，中华书局 1982 年 4 月出版。后收入《20 世纪中国著名编辑出版家研究资料汇辑》（第 5 辑），宋应离、袁喜生、刘小敏编，河南大学出版社 2005 年 9 月出版。

《读〈生死恋〉后》，载《生死恋》，林淑华著，浙江人民出版社 1982 年 8 月出版。

《学习与联系》，载《治学百家言》，《中国青年报》思想理论部编，四川人民出版社 1982 年 10 月出版。

《李商隐诗的艺术特色浅谈》，《社会科学战线》1982 年第 1 期。

《重读〈沁园春·雪〉》（署名"振甫"），《名作欣赏》1982 年第 2 期。

《文章例话（连载）》，《文史知识》1982 年第 2 期。

《〈她给我留下了深刻的印象〉评改》，《东方少年》1982 年第 2 期。

《文章例话（连载·二）》，《文史知识》1982 年第 3 期。

《谈谈〈念奴娇〉和〈永遇乐〉》，《文史知识》1982 年第 3 期。

《情景相融引人入胜——介绍山水游记〈小石潭记〉》，《青年文摘》1982 年第 3 期。

《刘勰论物色》，《文艺理论研究》1982 年第 4 期。

《炉冶与造象——谈为人作传的方法》，《文史知识》1982 年第 4 期。

《我言秋日胜春朝——刘禹锡〈秋词二首〉》，《青年文摘》1982 年第 5 期。

《细节描写》，《文史知识》1982 年第 5 期。

《寄托》，《文史知识》1982 年第 6 期。

《谈苏轼〈记承天寺夜游〉》，《旅行家》1982 年第 6 期。

《唐代乐府的继承和发展》（署名"振甫"），《文学评论》1982 年第 6 期。

《用事分明暗——谈文章的用典》，《文史知识》1982 年第 7 期。

《文章的"擒纵"手法》，《文史知识》1982 年第 8 期。

《对语写景》，《文史知识》1982 年第 9 期。

《点缀映媚——谈文章的映衬》，《文史知识》1982 年第 10 期。

《谈文章的开头》，《文史知识》1982 年第 11 期。

《文章的结尾》，《文史知识》1982 年第 12 期。

《钱先生让我读〈管锥编〉手稿》（署名"振甫"），《新民晚报》1982 年 2 月 3 日。

《锲而不舍》（署名"振甫"），《新民晚报》1982 年 2 月 12 日。

《什么是意境》，《中国青年报》1982 年 4 月 18 日。

《赴美开会散记》（署名"振甫"），国务院古籍整理出版规划小组编印《古籍整理出版情况简报》（内部资料）第 93 期，1982 年 8 月 10 日。

## 1983 年

《幼学文史知识百答》，周振甫主编，山西人民出版社 1983 年 1 月出版。

《镜花缘》，周振甫节编，宝文堂书店 1983 年 3 月出版。

《文章例话》，周振甫著，中国青年出版社 1983 年 12 月出版。

《唐诗鉴赏辞典》，周振甫参编，上海辞书出版社 1983 年 12 月出版。

《谈谈写读书笔记》，载《写作论谭》，刘锡庆等编，中央广播电视大学出版社 1983 年 2 月出版。后收入《在茫茫的学海中——谈科学的学习方法》，沈阳师范学院学报编辑部编，辽宁人民出版社 1984 年 6 月出版。

《论诵读》、《阅读作品要注意时代背景》、《广泛阅读同一作者的作品》，载《阅读教学论集》，张定远编，新蕾出版社 1983 年 3 月出版。

《〈春江花月夜〉的再认识》，载《学林漫录》（七集），中华书局 1983 年 3 月出版。

《充满爱国主义精神的〈正气歌〉》，载《作品选讲》（1），北京广播电视大学中文教研组编，北京出版社 1983 年 4 月出版。

《锦屏空后梦相寻——晏几道〈临江仙〉赏析》、《落花微雨燕双飞——

晏几道〈临江仙〉赏析》、《天将离恨恼疏狂——读晏几道〈鹧鸪天〉》，载
《唐宋词鉴赏集》，人民文学出版社编辑部编，人民文学出版社 1983 年 5 月
出版。

《李商隐》、《李煜》，载《中国历代著名文学家评传》（第二卷），山东大
学文史哲研究所主编，山东教育出版社 1983 年 6 月出版。

《刘勰谈创作构思》，载《文心雕龙学刊》（第 1 辑），齐鲁书社编，齐鲁
书社 1983 年 7 月出版。

《谈谈修辞》，载《现代汉语讲座》，北京市语言学会编，知识出版社
1983 年 8 月出版。

《谈谈唐宋八大家的散文》、《读韩愈〈送董邵南序〉》、《介绍柳宗元〈小
石潭记〉》、《谈谈柳宗元〈袁家渴记〉》，载《唐宋八大家散文》，中央人民广
播电台文艺部编，百花文艺出版社 1983 年 8 月出版。

《〈人间词话〉初探》，载《〈人间词话〉及评论汇编》，姚柯夫编，书目
文献出版社 1983 年 12 月出版。

《李商隐的恋爱与艳情诗》，《克山师专学报（哲学社会科学版）》1983
年第 1 期。

《试论刘勰的宗经、辨骚问题》（署名"振甫"），《苏州大学学报（哲学
社会科学版）》1983 年第 2 期。

《谈谈修辞（纲要）》，《夜读》1983 年第 2 期。

《一个极为流行的古文选本——谈谈〈古文观止〉》（署名"振甫"），《文
史知识》1983 年第 3 期。

《谈韩愈作〈送孟东野序〉》，《写作》1983 年第 5 期。

《释"建安风骨"》，《文学评论》1983 年第 5 期。《新华文摘》1984 年第
1 期转载。

《学习宋代文学》，《文史知识》1983 年第 9 期。

《也谈"伐竹"》，《中学语文教学》1983 年第 11 期。

## 1984 年

《唐人绝句选》，周振甫编选，中华书局 1984 年 5 月出版。

《文论漫笔》，周振甫著，光明日报出版社 1984 年 12 月出版。

《谈谈柳宗元〈答韦中立论师道书〉》、《读章学诚〈古文十弊〉》，载《〈大学语文〉文章讲析·古典文学部分》，北京市工农教育研究室编，北京出版社 1984 年 1 月出版。

《谈〈药〉的对话和线索》、《韩愈〈师说〉讲析》，载《高中语文课文分析集》第 1 册，顾振彪等编，广东人民出版社 1984 年 6 月出版。

《谈司空图〈诗品〉的"离形得似"》，载《唐诗探胜》，霍松林、林从龙选编，中州古籍出版社 1984 年 7 月出版。

《韩愈〈师说〉讲析》，载《名家析名篇》，毋庚才、刘瑞玲编，北京出版社 1984 年 10 月出版。

《诗体的创新——谈〈涉江〉形式和表达的特点》，《中学语文教学》1984 年第 1 期。

《杜甫论诗》，《草堂》1984 年第 1 期。《新华文摘》1984 年第 7 期转载。

《发乎情 止乎礼义——读陶渊明〈闲情赋〉》（署名"振甫"），《名作欣赏》1984 年第 2 期。

《〈中国历代诗话选〉序》，《文学评论》1984 年第 3 期。

《什么样的诗算有"意境"》（署名"振甫"），《文史知识》1984 年第 3 期。

《谈谈李璟的〈山花子〉》，《词刊》1984 年第 4 期。

《〈七言绝句作法举隅〉小引》，《文史哲》1984 年第 5 期。

《惆怅临风哭》，《文教资料简报》1984 年第 5 期。

《读陶渊明〈归园田居〉》，《中学语文教学》1984 年第 7 期。

《什么是"宫体诗"》，《文史知识》1984 年第 7 期。

《居高声自远 非是借秋风》，《文艺欣赏》1984 年第 8 期。

《有意义的工作》，《读书》1984 年第 9 期。

《纪念章雪村先生》，《出版工作》1984 年第 10 期。

《编辑·学者·专家》，《出版工作》1984 年第 10 期。

《谈谈编辑工作》，《出版工作》1984 年第 10 期。

《谈陶渊明〈饮酒二十首〉》，《中学语文教学》1984 年第 11 期。

《诗歌的气象》（署名"振甫"），《文史知识》1984 年第 12 期。

《地转锦江成渭水，天回玉垒作长安》，《文艺欣赏》1984 年第 12 期。

《钱锺书的〈谈艺录〉》，《文汇报》1984 年 7 月 24 日，《新华文摘》1984 年第 9 期转载。

## 1985 年

《辞章与技巧》，冯其庸、振甫等著，人民日报出版社 1985 年 10 月出版。

《〈中国历代诗话选〉序》，载《中国历代诗话选》，王大鹏等编选，岳麓书社 1985 年 8 月版。

《作者的知音徐调孚》，载《我与开明》，中国出版工作者协会编，中国青年出版社 1985 年 8 月出版。

《辛勤著述的郭绍虞先生》，载《我与开明》，中国出版工作者协会编，中国青年出版社 1985 年 8 月出版。

《开明编刊的辞书及古籍》，载《我与开明》，中国出版工作者协会编，中国青年出版社 1985 年 8 月出版。

《李白〈宣州谢朓楼饯别校书叔云〉》，载《阅读和欣赏古典文学部分》9，赵齐平等编，北京出版社 1985 年 11 月出版。

《同文异取》，《半月谈通讯》1985 年第 2 期。

《审稿举例》，《天津出版工作》1985 年第 3 期。

《"文学的自觉时代"的文学》，《许昌师专学报（社会科学版）》1985 年第 4 期。

《大处着眼》，《半月谈通讯》1985 年第 4 期。

《理和势》,《半月谈通讯》1985 年第 5 期。

《体要》,《半月谈通讯》1985 年第 6 期。

《为情造文》,《半月谈通讯》1985 年第 7 期。

《系风捕影》,《半月谈通讯》1985 年第 8 期。

《"不留于一物"》,《半月谈通讯》1985 年第 9 期。

《静见天地复》,《半月谈通讯》1985 年第 10 期。

《见竹不见人》,《半月谈通讯》1985 年第 11 期。

《得之于象外》,《半月谈通讯》1985 年第 12 期。

《推勘入微——读〈齐鲁郑人许〉》(署名"振甫"),《新闻战线》1985
年第 12 期。


## 1986 年

《李商隐选集》,周振甫选注,上海古籍出版社 1986 年 5 月出版。

《诗文浅释》,周振甫编选,北京师范学院出版社 1986 年 8 月出版。

《古代作家写作技巧漫谈》,周振甫、冯其庸等著,人民文学出版社
1986 年 11 月出版。

《文心雕龙今译》,周振甫著,中华书局 1986 年 12 月出版。

《读〈白娘子永镇雷峰塔〉》,载《古代白话短篇小说鉴赏集》,人民文学
出版社编辑部编,人民文学出版社 1986 年 1 月出版。

《空梦长安花莫笑——读〈蝶恋花·上巳召亲族〉》、《〈桂花香透梦难
成——摊破浣溪沙〉赏析》,载《李清照词鉴赏》,齐鲁书社编,齐鲁书社
1986 年 4 月出版。

《什么样的诗算有"意境"》、《诗歌的气象》,载《诗文鉴赏方法二十讲》,
《文史知识》编辑部编,中华书局 1986 年 5 月出版。

《读茹经堂文论》,载《唐文治先生学术思想讨论会论文集》,苏州大学
内部印行,1986 年 5 月。

《刘勰的文学论》，载《古代文学理论研究》（丛刊·第十一辑），古代文学理论研究编委会编，上海古籍出版社 1986 年 8 月出版。

《〈唐诗三百首新编〉读后感》，载《中国图书评论》（第 2 辑），中共中央宣传部出版局、《中国图书评论》编辑组编，辽宁人民出版社 1986 年 8 月出版。

《终生坚持精心编辑工作的徐调孚》，载《编辑家列传》1，中共中央宣传部出版局编，中国展望出版社 1986 年 8 月出版。

《〈人间词话新注〉（修订本）序》，载《人间词话新注》（修订本），王国维著、滕咸惠校注，齐鲁书社 1986 年 8 月出版。

《李煜》、《李商隐》，载《中国古代著名文学家》，吕慧鹃、卢达、刘波主编，山东教育出版社 1986 年 9 月出版。

《〈她给我留下了深刻的印象〉评改》，载《专家为我改作文》，北京市文联图书编辑部、《东方少年》杂志社编，中国文联出版公司 1986 年 10 月出版。

《刘勰论比兴》，载《修辞丛谈》，中国修辞学会华北分会编，河北人民出版社 1986 年 10 月出版。

《"离形得似"的咏物诗——谈谈咏梅诗》，载《中华文化纵横谈》，《新建筑》编辑部主编，华中工学院出版社 1986 年 10 月出版。

《唐宋八大家散文的成就与局限》，载《语文研究新成果选粹》，《中学语文教学》编辑部选编，湖南教育出版社 1986 年 12 月出版。

《壮怀长想洗胡沙——〈水调歌头·寿赵漕介庵〉赏析》、《胸有雄兵十万望长安——〈满江红·送信守郑舜举被召〉赏析》，载《辛弃疾词鉴赏》，齐鲁书社 1986 年 12 月出版。

《〈刘子〉与〈文心雕龙〉思想的差异》，载《中华文史论丛》总第 40 辑，上海古籍出版社 1986 年 12 月出版。

《谈古代诗歌欣赏》，《古典文学知识》1986 年第 1 期。

《读李商隐的〈碧城三首〉》，《大学文科园地》1986 年第 1 期。

《〈谈艺录〉补订本的文艺论》，《文学遗产》1986 年第 2 期。收入中国人民大学复印报刊资料《文艺理论》1986 年第 6 期。

《从编字典看夏丏尊先生的为人》，《辞书研究》1986 年第 4 期。

《精练　含蓄　余味》，《新闻战线》1986 年第 4 期。

《刘勰〈文心雕龙〉的美学思想》，《文艺理论研究》1986 年第 4 期。

《谈〈文心雕龙〉中论说和抒情的写作》，《殷都学刊》1986 年第 4 期。

《怎样提高对诗歌的欣赏力》，《中学语文》1986 年第 6 期。

《夏先生谈中学语文教学》，《中学语文教学》1986 年第 6 期。

《孟子的文论》，《文史知识》1986 年第 6 期。

《评"阅世愈浅则性情愈真"》，《中学语文教学》1986 年第 7 期。

《谈谈以禅喻诗》，《文史知识》1986 年第 10 期。

《怎样学习古文》（一），《文史知识》1986 年第 12 期。

## 1987 年

《1986 年全国中考优秀作文选评》，周振甫编，工人出版社 1987 年 3 月出版。

《诗文浅释》，周振甫著，台北：木铎出版社 1987 年 7 月出版（未经授权）。

《幼学文史知识百答》，周振甫主编，希望出版社 1987 年 12 月出版。

《宋诗鉴赏辞典》，周振甫参编，上海辞书出版社 1987 年 12 月出版。

《陆机〈文赋〉》、《王国维〈人间词话〉》，载《中国古代文学理论名著题解》，吴文治主编，黄山书社 1987 年 2 月出版。

《刘禹锡〈乌衣巷〉赏析》，载《中国古代文学自学指要》，宋心昌、顾伟列编，语文出版社 1987 年 2 月出版。

《评〈这堂课真没劲〉》、《读〈种子的力量有感〉》、《评〈人生需要种子的力量〉》，载《1986 年全国中考优秀作文选评》，周振甫编，工人出版社 1987 年 3 月出版。

《对钱子泉师〈中国文学史〉的审读意见》，《出版工作》1987 年第 1 期。

《谈章学诚〈文史通义〉中的文论》，《新闻战线》1987 年第 1 期。

《读李清照〈减字木兰花〉》，《文史哲》1987 年第 1 期。

《〈管锥编〉论山水记》，《旅游学刊》1987 年第 1 期。

《徐调孚》，《嘉兴市志资料》1987 年第 1 辑。

《怎样学习古文》（二），《文史知识》1987 年第 2 期。

《孔子论管仲的辩证观点》，《许昌师专学报（社会科学版）》1987 年第 2 期。

《怎样学习古文》（三），《文史知识》1987 年第 3 期。

《蠡酌〈谈艺录〉和〈管锥编〉》，《出版史料》1987 年第 3 期。

《怎样学习古文》（四），《文史知识》1987 年第 4 期。

《古代的编辑学——章学诚〈校雠通义〉》，《出版工作》1987 年第 4 期。

《古代诗歌鉴赏论浅谈》，《河北师范学院学报（哲学社会科学版）》1987 年第 4 期（未完待续）。

《烂熟于心潜移默化》，《写作》1987 年第 5 期。

《怎样学习古文》（五），《文史知识》1987 年第 6 期。

《怎样学习古文》（六），《文史知识》1987 年第 7 期。

《"贺兰山"与"空城计"》（署名"卞慧"），《文史知识》1987 年第 7 期。

《通古今之变，成一家之言》，载《华中师范大学学报（哲学社会科学版）》（纪念钱基博先生诞辰百周年专辑），1987 年 12 月。


## 1988 年

《大学语文·中国古代文学作品选》，周振甫主编，高等教育出版社 1988 年 2 月出版。

《饮酒二十首》（其八）、《饮酒二十首》（其九）、《归去来兮辞》，载《陶渊明诗文赏析集》，李华主编，巴蜀书社 1988 年 3 月出版。

《谈岑参的边塞诗》，载《唐代边塞诗研究论文选粹》，西北师范学院学报编辑部、西北师范学院中文系编，甘肃教育出版社 1988 年 5 月出版。

《谈谈以禅喻诗》，载《佛教与中国文化》，文史知识编辑室编，中华书局 1988 年 10 月出版。后收入《儒·佛·道与传统文化》，《文史知识》编辑部编，中华书局 1990 年 3 月出版；《怎样鉴赏古诗词》，《文史知识》编辑部编，中华书局 2013 年 8 月出版。

《明月皎夜光》、《凛凛岁云暮》、《董娇饶》，载《汉诗赏析集》，石文英主编，巴蜀书社 1988 年 10 月出版。

《短歌行》，载《三曹诗文赏析集》，李景华主编，巴蜀书社 1988 年 11 月出版。

《闲情赋（并序）》，载《历代名篇赏析集成》（上），袁行霈主编，中国文联出版公司 1988 年 12 月出版。

《谈文学风格的刚与柔》，《烟台大学学报（哲学社会科学版）》1988 年第 1 期。

《讲道理，有中心》，《中学生》1988 年第 1 期。

《古代诗歌鉴赏论浅谈（续完）》，《河北师院学报（哲学社会科学版）》1988 年第 1 期。

《当代学人谈"我所喜欢和遵循的格言"及"我喜爱的人物传记"》，屠岸、周振甫、黄树则，《人物杂志》1988 年第 1 期。

《讲道理和动感情》，《中学生》1988 年第 2 期。

《记章雪村先生的三件事》，《出版史料》1988 年第 2 期。后收入出版史料编辑部 1990 年 10 月编印的《章锡琛先生诞辰一百周年纪念文集》。

《谈"历块过都"——读杜甫论诗绝句札记》，《上海师范大学学报（哲学社会科学版）》1988 年第 2 期。

《略说杜甫〈戏为六绝句〉》，《海燕》1988 年第 3 期。

《包世臣的修辞学》，《许昌师专学报（社会科学版）》1988 年第 3 期。

《〈文心雕龙〉论文德》，《阴山学刊》1988 年第 3 期。

《论王粲诗赋为建安七子之首》，《许昌师专学报（社会科学版）》1988 年第 4 期。中国人民大学复印报刊资料《中国古代、近代文学研究》1988 年第 12 期转载。

《谈编校合一》，《出版工作》1988 年第 4 期。

《谈李商隐〈无题〉诗的赏析——读"相见时难"首》，《中学语文》1988 年第 4 期。

《名家改笔很值得学习研究——倪宝元〈汉语修辞新篇章〉序》，《修辞学习》1988 年第 4 期。

《怀念叶圣老》，《中学生》1988 年第 4 期。

《要生动，抓重点》，《中学生》1988 年第 5 期。

《读韩愈的〈原道〉》，《文史知识》1988 年第 11 期。

《怎样达到"教为了不教"》，《瞭望周刊》1988 年第 16 期。

《夸张和跳跃》，《瞭望周刊》1988 年第 22 期。

《鲁迅为什么称赞〈三国演义〉对关羽的描写》，《瞭望周刊》1988 年第 41 期。

## 1989 年

《大学语文·外国文学作品选》，周振甫主编，高等教育出版社 1989 年 2 月出版。

《大学语文·中国现代文学作品选》，周振甫主编，高等教育出版社 1989 年 3 月出版。

《文学风格例话》，周振甫著，上海教育出版社 1989 年 7 月出版。

《章太炎的文章论》，载《中国古代文论研究论文集》，中国人民大学古代文论资料编选组编，上海古籍出版社 1989 年 2 月出版。

《至小丘西小石潭记》，载《柳宗元诗文赏析集》，金涛主编，巴蜀书社

1989 年 3 月出版。

《满庭芳（千里伤春）》、《木兰花慢（敞千门万户）》，载《金元明清词鉴赏辞典》，唐圭璋主编，江苏古籍出版社 1989 年 5 月出版。

《谈谈开明书店的编辑工作》，载《编海风云录》，孙继国编，书海出版社 1989 年 6 月出版。

《谈谈开明书店的编辑工作》，载《编海风云录》，孙继国编，书海出版社 1989 年 6 月出版。

《望喜驿别嘉陵江水二绝》、《西溪》，载《中国古代山水诗鉴赏辞典》，余冠英主编，江苏古籍出版社 1989 年 7 月出版。

《〈古典诗词百首鉴赏〉序言》，载《古典诗词百首鉴赏》，张明非著，广西师范大学出版社 1989 年 7 月出版。

《蝉》、《"恨君不似江楼月"》、《丑奴儿·书博山道中壁》，载《古代诗歌鉴赏辞典》，王洪主编，北京燕山出版社 1989 年 8 月出版。

《谈"历块过都"——读杜甫论诗绝句札记》，载《中华诗词年鉴》（第 2 卷），中华诗词年鉴编辑部编，中国民间文艺出版社 1989 年 11 月出版。

《〈谈艺录〉补订本的文艺论》，载《钱锺书研究》（第一辑），《钱锺书研究》编委会编，文化艺术出版社 1989 年 11 月出版。后收入《钱锺书杨绛研究资料集》，田蕙兰等选编，华中师范大学出版社 1997 年 1 月出版。

《叶燮》，载《中国历代著名文学家评传》（续编三　清及近代），吕慧鹃等编，山东教育出版社 1989 年 12 月出版。

《析孟郊〈游子吟〉》，《名作欣赏》1989 年第 1 期。

《从〈诗词例话〉谈到我的学习》，《文史知识》1989 年第 2 期。

《谈〈革〉卦的解释和贡献》，《周易研究》1989 年第 2 期。

《刘勰的美学思想》，《怀化师专社会科学学报》1989 年第 3 期。

《关于文学史中的几个问题——对〈宋代诗话选读〉的批评》，《阴山学刊》1989 年第 3 期。

《关于〈归去来兮辞〉的几个问题》，《中学语文教学》1989 年第 4 期。

《从旁衬托、具体描绘和传神——谈写美人》，《瞭望周刊》1989 年第 42 期。

《"移我情"和"移世界"——寻美》，《瞭望周刊》1989 年第 44 期。

《开启智慧的宝藏——关于〈钱锺书研究〉创刊的几句话》，《人民日报》1989 年 11 月 3 日。

## 1990 年

《中外小说大辞典》，周振甫、林辰、孙绳武主编，现代出版社 1990 年 2 月出版。

《毛泽东诗词讲解》，周振甫注释，臧克家、周振甫讲解，中国青年出版社 1990 年 5 月出版，收入"青年文库"丛书。

《诗词例话》，周振甫著，中国青年出版社 1990 年 8 月出版，收入"青年文库新编本"。

《文章例话》，周振甫著，中国青年出版社 1990 年 8 月出版，收入"青年文库新编本"。

《严复的诗和文艺论》、《严复的散文》，载《严复研究资料》，牛仰山、孙鸿霓编，海峡文艺出版社 1990 年 1 月出版。

《孔子论仁》，载《传统文化的综合与创新》，中华孔子学会编辑委员会编，教育科学出版社 1990 年 3 月出版。

《祈父》、《白驹》、《黄鸟》，载《诗经楚辞鉴赏辞典》，周啸天主编，四川辞书出版社 1990 年 3 月出版。

《欲与元八卜邻，先有是赠》，载《白居易诗歌赏析集》，褚斌杰主编，巴蜀书社 1990 年 4 月出版。

《〈文心雕龙〉的体系》、《谈刘勰论"文之枢纽"》，载《文心雕龙研究论文集》，中国文心雕龙学会选编，人民文学出版社 1990 年 8 月出版。

《纪念章雪村先生》，载《章锡琛先生诞辰一百周年纪念文集》，《出版史料》编辑部 1990 年 10 月编印。

《鉴赏诗的典范——〈谈艺录〉评析〈锦瑟〉诗》，载《钱锺书研究》（第二辑），《钱锺书研究》编委会编，文化艺术出版社 1990 年 11 月出版。

《什么是宫体诗》、《怎样学习宋代文学》，载《中国文学史百题》，文史知识编辑部编，中华书局 1990 年 12 月出版。

《〈易经〉的散文》，《阴山学刊》1990 年第 1 期。

《纪念王伯祥先生》，《出版史料》1990 年第 3 期。

《周振甫向青年推荐十种诗词选本》，《中国图书评论》1990 年第 3 期。

《我是怎样编〈文心雕龙〉的〈词语简释〉的》，《出版工作》1990 年第 3 期。

《改陆机〈文赋〉句》，《瞭望周刊》1990 年第 39 期。

《说理诗的比较》，《瞭望周刊》1990 年第 42 期。

《美学史研究的新收获——评介〈中国美学思想史〉》，《人民日报》1990 年 9 月 6 日。


## 1991 年

《中国修辞学史》，周振甫著，商务印书馆 1991 年 1 月出版，收入"商务印书馆文库"。

《小说例话》，周振甫著，中国青年出版社 1991 年 3 月出版。

《周易译注》，周振甫译注，中华书局 1991 年 4 月出版，收入"中国古典名著译注丛书"。

《鲁迅诗全编》，周振甫编注，浙江文艺出版社 1991 年 10 月出版。

《文心雕龙选译》，周振甫译注，巴蜀书社 1991 年 10 月出版。

《忆剑三先生》，载《王统照先生怀思录》，山东省政协文史资料委员会、诸城市政协文史资料委员会合编，中国文史出版社 1991 年 6 月出版。2017 年更名为《回忆王统照》再版。

《论史家部次条别之法》，载《国学今论》，张岱年等著，辽宁教育出版社 1991 年 12 月出版。

《杜十娘怒沉宝箱》、《雷峰塔和白蛇传》，载《中国历代爱情文学系列赏析辞典》，张燕瑾、门岿主编，哈尔滨出版社 1991 年 12 月出版。

《西溪》、《望喜驿别嘉陵江水二绝》，载《中国古代田园山水边塞诗赏析集成》，田军等主编，光明日报出版社 1991 年 12 月出版。

《〈论诗绝句〉九首献疑》，《山西大学师范学院学报（综合版）》1991 年第 3 期。

《文章和文章学》（上），《写作》1991 年第 8 期。后收录于中国人民大学复印报刊资料《中国古代、近代文学研究》1991 年第 10 期。

《文章和文章学》（下），《写作》1991 年第 9 期。


## 1992 年

《三国演义》，周振甫叙订，中国青年出版社 1992 年 3 月出版。

《诗词例话》，周振甫著，台北五南图书出版公司 1992 年 5 月出版。

《文章例话》，周振甫著，台北五南图书出版公司 1992 年 5 月出版。

《怎样学习古文》，周振甫著，中华书局 1992 年 6 月出版，收入"文史知识文库"。

《钱锺书〈谈艺录〉读本》，周振甫、冀勤编著，上海教育出版社 1992 年 8 月出版。

《周振甫推荐古代散文》，周振甫等译注，辽宁少年儿童出版社 1992 年 8 月出版。

《名家改笔值得学习研究》，载《汉语修辞新篇章——从名家改笔中学习修辞》，倪宝元著，商务印书馆 1992 年 1 月出版。

《刘备》、《曹操》、《阿宝》、《小翠》、《胭脂》，载《明清小说鉴赏辞典》，何满子、李时人主编，浙江古籍出版社 1992 年 9 月出版。

《鉴赏的典范——〈谈艺录〉论李贺诗》，载《钱锺书研究采辑》（1），陆文虎编，生活·读书·新知三联书店 1992 年 11 月出版。

《谈老书简两通》，载《文化老人话人生》，范泉主编，上海文艺出版社 1992 年 11 月出版。

《孔子的辩证观点》，载《中华文史论丛》（第 50 辑），钱伯城主编，上海古籍出版社 1992 年 12 月出版。

《评〈汉语修辞学史纲〉》，《复旦学报（社会科学版）》1992 年第 2 期。

《尊刘贬曹论》，《随笔》1992 年第 2 期。

《刘勰论文原道》，《阴山学刊》1992 年第 2 期。

《〈读莺莺传〉献疑》，《文学遗产》1992 年第 6 期。

《徐调孚先生的三件事》（署名"振甫"），《民主》1992 年第 11 期。

《钱先生的教导》，《新闻出版报》1992 年 9 月 30 日。后分别收入：《记钱锺书先生》，牟晓朋、范旭仑编，大连出版社 1995 年 11 月出版；《不一样的记忆：与钱锺书在一起》，沉冰主编，当代世界出版社 1999 年 8 月出版；《20 世纪中国著名编辑出版家研究资料汇辑》（第 8 辑），宋应离、袁喜生、刘小敏编，河南大学出版社 2005 年 9 月出版。

## 1993 年

《文论散记——诗心文心的知音》，周振甫著，学苑出版社 1993 年 3 月出版。

《周易译注》，周振甫译注，台北五南图书出版有限公司 1993 年 4 月出版。

《文心雕龙译注》，周振甫译注，台北五南图书出版有限公司 1993 年 6 月出版。

《毛泽东诗词欣赏》，周振甫著，上海书店出版社 1993 年 8 月出版，收入"文史探索书系"。

《白话太平广记》（上、下），周振甫主编，中州古籍出版社 1993 年 11

月出版。

《戏为六绝句》，载《杜甫诗歌赏析集》，陶道恕主编，巴蜀书社 1993 年
10 月出版。

《〈贺新郎·给杨开慧〉赏析》、《毛主席〈沁园春·长沙〉浅释》、《〈菩
萨蛮·黄鹤楼〉浅释》、《〈西江月·井冈山〉浅释》、《〈清平乐·蒋桂战争〉
浅释》、《〈采桑子·重阳〉浅释》、《〈如梦令·元旦〉浅释》、《〈减字木兰花·广
昌路上〉浅释》、《〈蝶恋花·从汀州向长沙〉浅释》、《〈渔家傲·反第一次
大“围剿”〉浅释》、《〈渔家傲·反第二次大“围剿”〉浅释》、《〈菩萨蛮·大
柏地〉浅释》、《〈清平乐·会昌〉浅释》、《〈十六字令·山（三首）〉浅释》、《〈忆
秦娥·娄山关〉浅释》、《〈七律·长征〉浅释》、《〈念奴娇·昆仑〉浅释》、《〈清
平乐·六盘山〉浅释》、《江山多娇引无数英雄竞折腰》、《读毛主席〈和柳
亚子先生〉》、《〈浣溪沙·和柳亚子先生〉浅释》、《〈浪淘沙·北戴河〉浅释》、
《〈游泳〉浅释》、《〈蝶恋花·答李淑一〉浅释》、《读毛主席〈送瘟神二首〉》、
《〈七律·答友人〉评析》、《赏析〈七律·吊罗荣桓同志〉》、《〈贺新郎·读史〉
鉴赏》、《读〈水调歌头·重上井冈山〉》、《析读〈念奴娇·鸟儿问答〉》、《〈毛
主席诗词浅释〉后记》、《革命现实主义和革命浪漫主义的典范》，载《毛泽
东诗词大辞典》，丁力主编，中国妇女出版社 1993 年 11 月出版。

《刘勰论文讲气》，《河北师范学院学报（哲学社会科学版）》1993 年第
1 期。

《谈杜甫〈戏为六绝句〉的“当时体”》，《晋阳学刊》1993 年第 1 期。

《诗可以怨》，《孔子研究》1993 年第 2 期。

《评〈汉语修辞学史纲〉》，《修辞学习》1993 年第 2 期。

《释刘勰的“风骨”与“奇正”》，《文学遗产》1993 年第 3 期。

《关于陆游的研究——〈陆游散论〉引言》，《阴山学刊（社会科学版）》
1993 年第 3 期。

《孟子的诗论》，《传统文化与现代化》1993 年第 3 期。

《孔子的话自相矛盾吗?》，《文史知识》1993 年第 4 期。

《我与〈文心雕龙〉》，《书品》1993 年第 4 期。

《毛主席诗词的空前处》，《新闻出版报》1993 年 12 月 27 日。

## 1994 年

《中国文学史通览》，周扬、钱仲联、王瑶、周振甫等编，东方出版中心 1994 年 1 月出版。

《诗文浅说》，周振甫著，北京师范学院出版社 1994 年 2 月出版。

《诗词例话》（增补本），周振甫著，台北五南图书出版有限公司 1994 年 5 月出版。

《文章例话》，周振甫著，台北五南图书出版有限公司 1994 年 5 月出版。

《小说例话》，周振甫著，台北五南图书出版有限公司 1994 年 5 月出版。

《诗词例话》，周振甫著，台北南琪出版社出版。（说明：该书根据中国青年出版社 1962 年初版翻印，未经授权，版权页未标具体时间，应该在 1994 年之前。）

《文章例话》，周振甫著，台北蒲公英出版社出版。（说明：未经授权，版权页未标具体刊行时间。）

《鲁迅诗作鉴赏》，周振甫主编，河北人民出版社 1994 年 9 月出版。

《中国文章学史》，周振甫著，中国文联出版公司 1994 年 12 月出版。

《学习宋代文学》，载《文史专家谈治学》，《文史知识》编辑部编，中华书局 1994 年 6 月出版。

《张元济与商务印书馆》，载《沪滨掠影》，上海市文史研究馆编，上海书店出版社 1994 年 10 月出版。后收入：《新笔记大观》，萧乾主编，上海书店出版社 1996 年 8 月出版；《老上海写照》，张遇、王娟主编，安徽文艺出版社 1999 年 3 月出版。

《当代的义理、考据、辞章之学——读〈杂考小集〉》，《寻根》1994 年第 1 期。

《柳宗元的文章论》，《文学遗产》1994 年第 2 期。

《美好的赞歌：读臧克家〈放歌新岁月〉》，《大地》1994 年第 4 期。

《〈左传〉的文章学》，《古籍研究》1994 年增刊。

《国风新探》，《人民日报》1994 年 5 月 9 日。

## 1995 年

《一百首爱国诗词》，周振甫编选，中国青年出版社 1995 年 4 月出版，收入"爱国主义教育丛书"。

《新编中学古诗文鉴赏辞典》，周振甫主编，光明日报出版社 1995 年 6 月出版。其中收入周振甫本人撰写的《谈〈诗经·伐檀〉的不同解释》。

《苏洵散文精品选》，周振甫编著，陕西人民出版社 1995 年 12 月出版。

《苏轼知密州的爱民爱国精神》，载《苏轼在密州》，李增坡主编，齐鲁书社 1995 年 9 月出版。

《六朝文论辨析二题》，《文学遗产》1995 年第 1 期。后收入中国人民大学复印报刊资料《中国古代、近代文学研究》1995 年第 6 期。

《孔子论"和"》，《文史知识》1995 年第 1 期。

《读〈文史通义校注〉》，《书品》1995 年第 1 期。

《再谈〈仔细体会〉》，《语文学习》1995 年第 2 期。

《〈周易〉浅说》，《书品》1995 年第 4 期。

《〈墨中三味〉小引》，《博览群书》1995 年第 10 期。

《对偶》，《羊城晚报》1995 年 3 月 3 日。《语文教学通讯》1995 年第 4 期摘登。

## 1996 年

《国文》（第一册）（五年制专科学校课程标准教材，王熙元主编），周振甫参编，台北五南图书出版有限公司 1996 年 5 月出版。

《文心雕龙辞典》，周振甫主编，中华书局 1996 年 8 月出版。

《李商隐诗歌赏析集》（第二版），周振甫主编，巴蜀书社 1996 年 8 月出版，收入"名家名著赏析丛书"。

《骈文精萃》，周振甫编选、赵慧文注析，山西古籍出版社 1996 年 10 月出版。

《刘勰论文的局限性》，载《文心雕龙研究》（第 2 辑），北京大学出版社 1996 年版。

《周振甫先生访谈录》（周振甫、林在勇），《中文自学指导》1996 年第 2 期。

《刘勰〈原道〉献疑》，《中文自学指导》1996 年第 2 期。

《章学诚论"原道"》，《传统文化与现代化》1996 年第 2 期。

《论〈世说新语〉——〈世说新语今译〉前言》，《阴山学刊》1996 年第 2 期。

《谈〈文选〉李善注本的〈洛神赋〉注》，《书品》1996 年第 2 期。

《〈文心雕龙〉与〈文选〉的同一错误》，《古籍研究》1996 年第 4 期。

《唐宋八大家论》，《文学遗产》1996 年第 6 期。后收入中国人民大学复印报刊资料《中国古代、近代文学研究》1997 年第 3 期，又刊载于《中华活页文选（教师版）》2016 年第 12 期。

《浙江近代晚期的文学论》，《文史知识》1996 年第 10 期。

## 1997 年

《唐宋八大家全集》（上、中、下），余冠英、周振甫、启功、傅璇琮主编，国际文化出版公司 1997 年 1 月出版。

《散文写作艺术指要》，周振甫、徐名翠主编，东方出版社 1997 年 4 月出版。

《古文名著串讲评析》（全四册），周振甫、张中行主编，学苑出版社

1997 年 4 月出版。

《中国古典文学精华（绘画本）》，周振甫主编，学苑出版社 1997 年 8 月出版。

《中国诗词曲赋辞典·序》，载《中国诗词曲赋辞典》，何宝民主编，大象出版社 1997 年 3 月版。

《读对我有启发的〈谈艺录〉》，载《当代百家话读书》，曹积三、阎桂笙主编，广东教育出版社 1997 年 6 月出版。

《买书·借书·校书·编书》，载《灯下书影》，钟敬文、张岱年、邓九平主编，中国广播电视出版社 1997 年 10 月出版。

《论〈项羽本纪〉》，《文学遗产》1997 年第 1 期。

《毛泽东同志〈咏贾谊〉简释》，《枣庄师专学报》1997 年第 1 期。

《周振甫先生访谈录》（周振甫、张立生），《史学史研究》1997 年第 1 期。

《钱锺书先生谈艺略记》，（香港）《大公报》1997 年 1 月 17 日。

《毛泽东的古诗情怀》，《人民日报》1997 年 11 月 7 日。

《学习毛泽东的读史精神，弘扬祖国优秀传统文化："毛泽东与二十四史研讨会"纪要》（张岱年、逄先知、周振甫），《光明日报》1997 年 12 月 26 日。


## 1998 年

《诗品译注》，周振甫译注，中华书局 1998 年 2 月出版。

《绣像本西游记》（上下册），周振甫校注，中国青年出版社 1998 年 2 月出版。

《鲁迅作品全编（诗歌卷）》，周振甫编注，浙江文艺出版社 1998 年 8 月出版。

《文哲散记——周振甫自选集》，周振甫著，山东教育出版社 1998 年 10 月出版。

《〈世说新语译注〉前言》，载《世说新语译注》，张万起、刘尚慈译注，中华书局 1998 年 8 月出版。

《我和〈诗词例话〉》，载《学林春秋——著名学者自序集》，张世林编，中华书局 1998 年 12 月出版。后收入《为学术的一生》，张世林编，广西师范大学出版社 2005 年 2 月出版。

《毛泽东的古诗情怀》，《全国新书目》1998 年第 1 期。

《八卦与刚柔》，《中华活页文选（成人版）》1998 年第 1 期。

《值得纪念的事情》，《文史知识》1998 年第 3 期。

《诗"眼"与"活字"、"响字"》，《文史知识》1998 年第 3 期。

《东临碣石解》，《群言》1998 年第 12 期。


## 1999 年

《周振甫文集》（全 10 卷），周振甫著，中国青年出版社 1999 年 1 月出版。

《唐诗宋词元曲全集》，周振甫主编，黄山书社 1999 年 1 月出版。

《李商隐选集》，周振甫选注，上海古籍出版社 1999 年 5 月出版。

《当代学者自选文库——周振甫卷》，周振甫著，安徽教育出版社 1999 年 6 月出版。

《大学国文选》（上、下），周振甫、周艾若等编著，台北建宏出版社 1999 年 9 月出版。

《李商隐诗的艺术特色浅谈》，载《名家解读唐诗》，张宝坤选编，山东人民出版社 1999 年 1 月出版。

《〈管锥编〉是一部怎样的书》，载《书友驿站品书香——书友热线》，黄华昌主编，中国民主法制出版社 1999 年 1 月出版。

《〈文选·洛神赋〉的注》，载《学林漫录》（十四集），中华书局编辑部编，中华书局 1999 年 4 月出版。

《编辑出版家叶圣陶先生》，载《叶圣陶编辑思想研究》，中国出版工作者协会学术工作委员会、叶圣陶思想研究会编，开明出版社 1999 年 5 月出版。

《〈长征诗〉具有极高的艺术》，载《毛泽东诗话》，郑广瑾、杨宇郑编著，河南人民出版社 1999 年 8 月出版。

《〈文坛杂忆〉序一》、《金筱苏先生讲龚定庵诗》、《金通尹先生请人注〈宫井篇〉》、《徐敩定先生为葛家藏书编目》、《唐剑花先生的诗》、《赵朴初先生谱散曲》、《丰子恺先生画漫画》、《张菊生编教科书》、《章元善讲"立体的懂"》、《〈毛泽东诗词选〉的注释》、《记梁漱溟先生》，载《文坛杂忆初编》，顾国华编，上海书店出版社 1999 年 9 月出版。

《我的编辑生涯》，载《家居北京五十年》，京华出版社编，京华出版社 1999 年 10 月出版。

《〈管锥编〉选题建议及审读报告》，《书品》1999 年第 1 期。后收入《钱锺书研究集刊》（第三辑），上海三联书店 2002 年出版。


## 2000 年

《周振甫学术文化随笔》，周振甫著，徐名羿编，中国青年出版社 2000 年 4 月出版。

《纪念王伯祥先生》、《王伯祥先生刊行开明版〈二十五史〉》，收入王伯祥后人编印的内部纪念文集《追思集》，2000 年 1 月。

《我的师友》，载《学林往事》，张世林编，朝华出版社 2000 年 3 月出版。

《摊破浣溪沙（菡萏香销翠叶残）》、《虞美人（春花秋月何时了）》、《浪淘沙（往事只堪哀）》、《虞美人（风回小院庭芜绿）》、《破阵子（四十年来家国）》，载《唐宋词鉴赏辞典》，唐圭璋、钟振振主编，安徽文艺出版社 2000 年 12 月出版。

《百年往事　如在眼前——读〈文坛杂忆初编〉有感》，《中国图书评论》2000 年第 1 期。

《〈管锥编〉审读意见（附钱锺书先生批注）》，《书品》2000 年第 4、5、6 期。

《我和钱锺书先生的交往》，《世纪》2000 年第 5 期。

## 2001 年

《白话精解中国古典小说集粹：清代卷》，周振甫、孙通海主编，学苑出版社 2001 年 1 月出版。

《洛阳伽蓝记校释今译》，周振甫释译，学苑出版社 2001 年 10 月出版，收入"学苑经典文库"丛书。

《〈管锥编〉审读意见（附钱锺书先生批注）》（续），《书品》2001 年第 1、2、3 期。

《〈红楼梦〉中的一首政治诗》，《红楼梦学刊》2001 年第 4 期。

## 2002 年

《文心雕龙注释》，周振甫注，人民文学出版社 2002 年 1 月出版，收入"大学生必读"丛书。

《诗经译注》（修订本），周振甫译注，中华书局 2002 年 7 月出版，收入"中国古典名著译注丛书"。

《〈谈艺录〉（补订本）审读意见（附钱锺书先生批注）》，载《中国诗学》第七辑，蒋寅、张伯伟主编，人民文学出版社 2002 年 6 月出版。

《谈刘勰的"变乎骚"》，载《文心雕龙研究》，张少康编，湖北教育出版社 2002 年 8 月出版。

## 2003 年

《诸子百家名篇鉴赏辞典》，上海辞书出版社编，周振甫、陈鼓应等参编，上海辞书出版社 2003 年 9 月出版。

《文心雕龙》（中英对照版），杨国斌译，周振甫注，外语教学与研究出版社 2003 年 12 月出版，收入"大中华文库"丛书。

《江山多娇引无数英雄竞折腰——读〈沁园春·雪〉》，载《领袖毛泽东》（第8卷诗词鉴赏），张素华、张鸣主编，中央文献出版社2003年12月出版。后收入《毛泽东诗词鉴赏》（第二版），臧克家主编，河南文艺出版社2005年出版。

## 2004 年

《严复选集》，周振甫选注，人民文学出版社2004年1月出版，收入"近代文学名家诗文选刊"丛书。

《中国修辞学史》，周振甫著，商务印书馆2004年3月出版，收入"中国文库"丛书。

《名家品诗坊·宋词》，文学鉴赏辞典编纂中心编，夏承焘、宛敏灏、周汝昌、周振甫、钟振振等撰，上海辞书出版社2004年4月出版，收入"文学鉴赏辞典精品集萃"丛书。

《周振甫推荐古代散文》，周振甫等译注，广陵书社2004年11月出版。

《柳宗元的文章论》，载《唐代文学研究论著集成》（第6卷下），傅璇琮、罗联添主编，三秦出版社2004年10月出版。

《逼真和如画》，《小作家选刊（小学生版）》2004年第9期。

## 2005 年

《诗经选译》，周振甫译注、徐名翚编选，中华书局2005年1月出版，收入"古典诗词名家"丛书。

《文章风格例话》，周振甫著，复旦大学出版社2005年5月出版，收入"经典新读文学课堂"丛书。

《周振甫讲古代文论》、《周振甫讲古代诗词》、《周振甫讲古代散文》、《周振甫讲修辞》、《周振甫讲怎样学习古文》、《周振甫讲〈文心雕龙〉》、《周振甫讲〈管锥编〉〈谈艺录〉》，江苏教育出版社2005年11月出版，收入"周振甫讲谭系列"丛书。

《我和〈诗词例话〉》，载《为学术的一生》，张世林编，广西师范大学出版社 2005 年 2 月出版。

《释孟浩然〈春晓〉》、《释崔颢〈黄鹤楼〉》、《释李白〈宣州谢朓楼饯别校书叔云〉》、《暮年诗赋动江关——说杜甫〈咏怀古迹三首〉》、《释李贺〈浩歌〉》，载西渡编《名家读唐诗》；《〈战国策·荆轲刺秦王〉赏析》、《〈论语·子路、曾皙、冉有、公西华侍坐章〉赏析》、《〈孟子·庄暴见孟子章〉赏析》、《谈贾谊的〈过秦论〉》、《〈世说新语·谁能见赏〉赏析》、《吴均〈与朱元思书〉欣赏》，载西渡编《名家读古文上》；《释苏轼〈新城道中〉》、《释苏轼〈病中游祖塔院〉》、《释苏轼〈寄吕穆仲寺丞〉》、《释苏轼〈六年正月二十日，复出东门，仍用前韵〉》、《释苏轼〈海棠〉》、《释苏轼〈书林逋诗后〉》、《释苏轼〈登州海市〉》、《释黄庭坚〈寺斋睡起二首〉》、《释吴伟业〈楚两生行〉》、《释吴伟业〈登缥缈峰〉》、《释王士祯〈再过露筋祠〉》、《释王士祯〈真州绝句（其四）〉》，载西渡编《名家读宋元明清诗》，中国计划出版社 2005 年 6 月出版。

《〈论语〉选讲》，《中华活页文选（成人版）》2005 年第 1 期。

《立体的懂》，《语文学习》2005 年第 11 期。

## 2006 年

《〈洛阳伽蓝记〉译注》、《古代战纪选》、《一百首爱国诗词》、《苏洵散文选》、《鲁迅诗歌注》，江苏教育出版社 2006 年 1 月出版，收入"周振甫译注别集"。

《李商隐选集》，江苏教育出版社 2006 年 2 月出版，收入"周振甫译注别集"。

《诗词例话》、《文学风格例话》、《陶渊明和他的诗赋》，江苏教育出版社 2006 年 3 月出版，收入"周振甫著作别集"。

《〈周易〉译注》、《〈诗品〉译注》，江苏教育出版社 2006 年 4 月出版，收入"周振甫译注别集"。

《中国修辞学史》、《中国文章学史》，江苏教育出版社 2006 年 4 月出版，收入"周振甫著作别集"。

《〈诗经〉译注》、《〈文心雕龙〉译注》，江苏教育出版社 2006 年 5 月出版，收入"周振甫译注别集"。

《文章例话》、《小说例话》，江苏教育出版社 2006 年 5 月出版，收入"周振甫著作别集"。

《诗词例话》、《小说例话》、《文章例话》，周振甫著，中国青年出版社 2006 年 9 月出版。

《周振甫说钱锺书〈谈艺录〉之鉴赏论》，《名作鉴赏》2006 年第 4、6、12、14、22、24 期和 2007 年第 2、6 期连载。

《致范方暾》，《中华诗词》2006 年第 4 期。


## 2007 年

《诗词例话》，周振甫著，中国青年出版社 2007 年 9 月出版，收入"中国文库"综合普及类。

《我和〈诗词例话〉》，载《家学与师承——著名学者谈治学门径》（全三卷），张世林编，广西师范大学出版社 2007 年 1 月出版。

《周南·关雎》、《开善寺》，载《中国文学名篇鉴赏·诗卷》，萧涤非、刘乃昌主编，山东大学出版社 2007 年 10 月出版。

《释蔡琰〈悲愤诗〉》，载《心悦君兮君不知：名家说古诗》，朱自清等著，天津教育出版社 2007 年 11 月出版。

《见愁汗马西戎逼——说杜甫〈诸将〉二首》，《中华活页文选（教师版）》2007 年第 9 期。编辑选自《唐诗鉴赏集》，人民文学出版社 1981 年版。

《〈师说〉的论说艺术》，《中华活页文选（教师版）》2007 年第 10 期。

**2008 年**

《李商隐》、《李煜》，载《中国著名文学家》，吴慧鹃等主编，山东教育出版社 2008 年 1 月出版。后收入《中国历代著名文学家评传》（第 2 卷），吴慧鹃、刘波、卢达编，山东教育出版社 2009 年 3 月出版。

《钱锺书所著〈管锥编〉简介》，载《守正出新：中华书局》，中华书局编辑部编，中华书局 2008 年 12 月出版。

**2009 年**

《武松》，载《名家品水浒》，周思源等著，中国华侨出版社 2009 年 1 月出版。

《叶燮》，载《中国历代著名文学家评传》（第 9 卷），吴慧鹃、刘波、卢达编，山东教育出版社 2009 年 3 月出版。

《〈咏怀古迹〉二首》，《中华活页文选（高一版）》2009 年第 6 期。

《求是的读书方法》，《教师博览》2009 年第 12 期。编辑摘编自《周振甫学术文化随笔》一书。

**2010 年**

《诗经译注》，周振甫译注，中华书局 2010 年 3 月出版，收入"中国古典名著译注丛书"。

《毛泽东诗词欣赏》，周振甫著，中华书局 2010 年 4 月出版。

《古代文论二十三讲》、《怎样学古文二十五讲》、《修辞学九讲》、《古代散文十五讲》、《古代诗词三十讲》、《〈文心雕龙〉二十二讲》，周振甫著，重庆大学出版社 2010 年 12 月出版，收入"大家讲谭"丛书。

《〈史记〉集评》，周振甫编，重庆大学出版社 2010 年 12 月出版。

《江月不解人相思——李之仪、吕本中词赏读》、《天将离恨恼疏狂——读晏几道〈鹧鸪天〉》、《落花微雨燕双飞——晏几道〈临江仙〉赏析》，载《梦里相思曲中寻（名家品读中国古代恋情诗词）》，过常宝主编、侯文华选编，中国华侨出版社 2010 年 1 月出版。

《〈谈艺录〉补订本的文艺论》，载《钱锺书杨绛研究资料》，田蕙兰、马光裕、陈珂玉编，知识产权出版社 2010 年 3 月出版。

《鉴赏的典范——〈谈艺录〉论李贺诗》，载《钱锺书评说七十年》，杨联芬编，文化艺术出版社 2010 年 5 月出版。

《诗歌的开头》，《词刊》2010 年第 11 期。

## 2011 年

《诗词例话全编》（上、下），周振甫著，重庆大学出版社 2011 年 1 月出版。

《文心雕龙选译》（修订版），周振甫译注，凤凰出版社 2011 年 5 月出版，收入"古代文史名著选译丛书"。

《摊破浣溪沙（菡萏香销翠叶残）》、《虞美人（春花秋月何时了）》、《浪淘沙（往事只堪哀）》、《虞美人（风回小院庭芜绿）》、《破阵子（四十年来家国）》，收入《宋词鉴赏辞典》，唐圭璋、钟振振主编，商务印书馆国际有限公司 2011 年 8 月出版。

《端的是好技法：倒插》，《作文通讯》2011 年第 1 期。

## 2012 年

《周易译注》，周振甫译注，中华书局 2012 年 9 月出版，收入"国民阅读经典"丛书。

《李商隐选集》，周振甫选注，上海古籍出版社 2012 年 12 月出版，收入"中国古典文学名家选集"丛书。

《唐诗鉴赏辞典》，周啸天主编，收有周振甫鉴赏文章，商务印书馆国际有限公司 2012 年 1 月出版。

《真诚的友情》，载《〈中国近代文学大系〉争鸣录》，范泉主编，上海书店出版社 2012 年 7 月出版。

《对〈中国近代文学大系〉的若干意见与建议》，载《〈中国近代文学大系〉争鸣录》，范泉主编，上海书店出版社 2012 年 7 月出版。

《太平洋战时上海同人生活拾零》，《出版史料》2012 年第 2 期。

《"有我之境"与"无我之境"》，《新高考（高二语文）》2012 年第 5 期。

**2013 年**

《鲁迅诗歌注》，周振甫注，中华书局 2013 年 5 月出版。

《钱锺书〈谈艺录〉读本》，周振甫、冀勤编著，中央编译出版社 2013 年 6 月出版。

《诗经译注》，周振甫译注，中华书局 2013 年 7 月出版，收入"国民阅读经典"丛书。

《文心雕龙今译（附词语简释）》，周振甫译注，中华书局 2013 年 9 月出版，收入"中国古典名著译注"丛书。

《诸子百家名篇鉴赏辞典》（新一版），周振甫、陈鼓应等著，上海辞书出版社 2013 年 12 月出版。

《立体的懂》，《中华活页文选（初一年级）》2013 年第 1 期。

**2014 年**

《怎样学习古文》，周振甫著，中华书局 2014 年 6 月出版。

《〈送董邵南序〉鉴赏》，《新高考（高二语文）》2014 年第 5 期。

《齐桓公伐楚盟屈完》，《中华活页文选（高一）》2014 年第 9 期。

**2015 年**

《严复思想述评》（繁体竖排版），周振甫著，台湾中华书局 2015 年 6 月出版。

《学人手迹（周振甫艺术作品）》，《江苏师范大学学报（哲学社会科学版）》2015 年第 3 期。

《立体的懂》，《中华活页文选（初一年级）》2015 年第 5 期。

《卷首（技能的训练和理论的研讨）》，《语文建设》2015 年第 25 期。

## 2016 年

《周易译注》，周振甫译注，中华书局 2016 年 3 月出版。

《中国学术思想演进史》，王伯祥、周振甫著，河南人民出版社 2016 年 4 月出版，收入"民国专题史"丛书。

《诗经译注》（修订本），周振甫译注，中华书局 2016 年 5 月出版。

《教给孩子的古文课》，周振甫著，中信出版社 2016 年 9 月出版。

《谈谈以禅喻诗》，载《名家讲古诗词鉴赏》，《文史知识》编辑部编，中华书局 2016 年 10 月出版。

《卷首（技能的训练和理论的探讨）》，《语文建设》2016 年第 7 期。

《学点古文》，《中华活页文选（初二）》2016 年第 7 期。

《诗的意境》，《中华活页文选（高二、高三年级版）》2016 年第 12 期。

《唐宋八大家论》，《中华活页文选（教师版）》2016 年第 12 期。

《诗的"意境"》，《红旗文摘》2016 年第 12 期。

《去那白云深处》，《视野》2016 年第 20 期。何苍摘自《周振甫讲古代诗词》，江苏教育出版社 2005 年版。

## 2017 年

《文心雕龙选译》，周振甫译注，凤凰出版社 2017 年 1 月出版，收入"古代文史名著选译丛书"。

《周振甫推荐古代散文》，周振甫著，江苏广陵书社 2017 年 7 月出版。

《诗品译注》，周振甫译注，中华书局 2017 年 11 月出版，收入"中国古典名著译注丛书"。

《卷首（技能的训练和理论的研讨)》，《语文建设》2017 年第 1 期。

《怎样学习古文之"立体的懂"》（一），《青春期健康》2017 年第 3 期。

《怎样学习古文之"立体的懂"》（二），《青春期健康》2017 年第 5 期。

《谈谈写读书笔记》，《语文世界（中学生之窗)》2017 年第 4 期。

**2018 年**

《毛泽东诗词欣赏》（插图典藏本），周振甫著，中华书局 2018 年 4 月出版。

《人间词话》（经典名著口碑版本），徐调孚、周振甫注，人民文学出版社 2018 年 6 月出版。

《周易译注》，周振甫译注，中华书局 2018 年 9 月出版，收入"国民阅读经典"。

《文章的生命》（署名"振甫"），《语文建设》2018 年第 27 期。

《卷首（怎样发掘题材)》（署名"振甫"），《语文建设》2018 年第 32 期。

《〈诗经〉二首拓展阅读——桃夭》，《初中生世界》2018 年第 43 期。

**2019 年**

《钱锺书〈谈艺录〉读本》，周振甫、冀勤编著，巴蜀书社 2019 年 3 月出版。

《诗经译注》（精装本），周振甫译注，中华书局 2019 年 4 月出版。

《文章的趣味》（署名"振甫"），《语文建设》2019 年第 19 期。

# 后　记

为周振甫先生作传，在我属意料之外，似乎也在情理之中。大概还是在五六年前，人民出版社启动"中国出版家丛书"项目时，我和吴兄永贵等一拨治出版史的同人一道参与论证，并推荐了多位作者。因为当时杂务缠身，头绪繁多，没敢承接相关任务。答应加盟丛书作者队伍，自己动手写一本出版家传记，还是在三年多前我离开出版社管理岗位以后。相对单纯的新工作，使我有较充裕的时间和更充沛的精力来搜集资料、撰写新作。在得知"榜上有名"的周振甫还无人"认领"的情况下，我选择将其作为这本出版家评传的传主。也许是冥冥之中周振甫在"等着"我。从出版家传记写作角度看，周振甫于我是一个既熟悉又陌生、既简单又复杂的人选。

20世纪80年代初在大学中文系念书时，开始接触周振甫的著作，翻阅过他的若干文章。本科毕业接着读研究生，专业是古代文论，也称中国文学批评史。这期间，购买和阅读了周振甫更多的书籍，他那朴实无华的文风、深入浅出的讲解、史论结合的路径，无不授人以渔，让青年学子在学习知识的基础上得到更多读书治学的启示。我一直以为周振甫是专业的文史专家，或大学教授，直到很晚才知道他原来是一个地地道道的职业编辑，且终生服务于几大出版机构。从民国时期的开明书店，到新中国成立后的中国青年出版社，再到中华书局，周振甫在编辑岗位默默奉献了六十多年，包括退休之后，仍在为出版事业发热发光、贡献余力。真可谓"春蚕到死丝方尽，蜡炬成灰泪始干"。

作为一代名编辑的周振甫，前些年开始"走红"。但说来说去，总不外是他和钱锺书因《谈艺录》、《管锥编》而结下的编辑与作者之深厚友情。这固然是一段可圈可点的文坛佳话，但炒来炒去早成"剩饭"，甚至已是"锅巴"了。显然，对于作为出版家的周振甫人们知之甚少，了解极不充分。严格来说，周振甫是一个编辑家，说是出版家只能是较为宽泛意义上的。在旧时代，他不曾当过书店老板；在新社会，又没有担任出版社任何领导职务。从 30 年代初期入职开明，到 80 年代后期从中华正式退休，周振甫连编辑室主任、副主任这样的绿豆芝麻官都没有当过。在"中国出版家"这套大型丛书入选名单中，他可能是唯一无官无爵的"布衣"大家，绝无仅有。不像其他担任过重要职务的出版人，出版机构的重大项目、编辑部门的总体业绩，甚至小小编辑室的工作亮点，都很难直接与周振甫挂起钩来。因此，写周振甫不能上挂下联，无法左右逢源，只能紧紧围绕他个人的业务工作和学术活动来展开。

周振甫无疑是中国现代编辑家中的一个"特殊范本"，是所有出版家中的一个"特别典型"，写好他显然也就具有"特殊"的价值和"特别"的意义。早些年，有人写过一篇文章，叫《张元济不可追》。我想，周振甫或可学，当然学到位也不那么容易。给著名人物作传，很重要的一点是进行价值判断和历史定位。周振甫的独特价值何在？历史定位又该是怎样的？通过阅读史料，翻检史书，与他人比较，我觉得这样评价周振甫或许较好：学者型编辑的一代"典范"，共和国编辑界的"大国工匠"，文史普及的"文化大家"。因为是写作"中国出版家"，我们把重心放在了前两个方面。为了更直观、具体、完整地体现周振甫的上述特点，本书专门增加了"附录　周振甫著述编年"。

这部书稿是我和学生曾建辉通力合作的结晶。建辉是我的博士生、广西师范大学副教授，年富力强，思维敏捷，功力较好，且笔头来得快。2018 年初，他博士论文写就并已进行了适当修改后，便忙里偷闲，着手周振甫传记初稿的写作。在我们充分商议的基础上，他对已搜罗的材料进行爬梳，很快搭建起书稿框架，一口气完成了上十万字的文稿。我略改后又转给他进一步打磨修订，改好后返回我这里，再次小修。经过几个来回，虽已可"交差"，但总觉还不够丰满厚实，史料发掘仍有空间，也没能充分地展现一代大编辑家的精神风貌和文化贡献。一个新的契机，让我有时间沉下心来更加仔细打磨书稿，反复修改完善。从 2020 年 1 月下旬到 4 月中旬，正是江城武汉"艰难时世"，我花费了近三个月的时间对书稿进行了"再修改"、"再创作"，调整部分章节，大量增添资料，补充案例，进一步锤炼文字，提炼观点，到最后新撰写的部分也已超过十万字。幸亏有互联网，有数据库，使得我和建辉在史料深挖、材料核实、观点沟通等方面达到了信息畅通无阻，交流及时而充分。

在这个此生难忘的庚子之年数十个日日夜夜里，我和妻子相依相守，共克时艰。远在欧洲的女儿"命令"我们，必须每天隔洋报告平安，且反复交代"不得出门"，千万千万注意安全。我做到一"宅"到底不难，但孩子她妈由于职责所系和工作需要，还不时得到抗"疫"第一线，到极危险的地方去排忧解难。这时候，对于什么叫"患难与共"、什么是"相濡以沫"，自然有了更深切的感受和体验。后来，国内疫情明显好转，欧美及国外其他地区疫情反倒日趋严重，女儿又成了我们每时每刻的牵挂。也正是在这期间，我觉得除了日常的柴米油盐、读书写作，还应该留下一点更值得记忆的东西。完成手头这部列入国家出版基金项目的周振甫传记，不正好是较为有分量的一件事么！往后家人团聚，朋友叙谈，当人们忆及庚子年曾经的艰难时刻，周振甫传记或许是我值得一说的话题。

作为国内第一部周振甫传记，可资借鉴和参考的文献确实很少。散见各处的民国书刊，尘封已久的出版档案，还有五花八门的私人书信、日记等，皆含有一些有价值的资料，需要花气力搜集整理、分析研究，这也很需要出版文化界朋友的鼎力相助。在传记酝酿准备和正式写作过程中，我们有幸得到了老开明书店年近九旬的王久安先生、中华书局八十多岁的冀勤老人热情的支持。中国青年出版社、中华书局的新老领导胡守文、程绍沛、邵益文、陈章乐、徐俊、顾青诸君，以多种形式、多种渠道给我提供了极重要的帮助。两社的编辑同人李滢、丁肇锋、王贵彬、张玉亮、吴稼南几位，或提供资料线索，或查阅并复印书稿档案，或联络相关事宜，无不尽心尽力。学界刘桂秋、邱雪松、阙星文等旧雨新知，也对该书的写作给予了专业的支持。特别要感谢的是周振甫先生的女儿周佩兰女士、嫡孙周海涛兄弟。近两年来，周兄海涛与我一直保持热线联系和良好沟通，在原始资料的翻检，珍贵照片的选取，重要史实的补订，乃至书稿遣词用字、布局谋篇、观点斟酌等方面，他均给予了十分宝贵的帮助。从初稿，到二稿，到最后定稿，海涛兄每次都认真通读，细致校阅，精心修改，不仅使书稿减少了一些疏漏和错误，而且使资料更丰富、评述更准确、内容更完善。人民出版社贺畅主任、卓然女士、周颖女士作为书稿的"助产士"，一直以来催促、关注着我们工作的每一步进展，千方百计给予帮助。可以说，没有学界、业界和周振甫先生后人的倾情相助，本书的写作难以如此顺利，图书的质量也会大打折扣。

转眼间已是 7 月中旬。今年这个庚子之年注定是一个不平凡的年份，上半年新冠疫情肆虐，下半年特大洪水泛滥。《中国出版家·周振甫》在这个不平凡的年份得以完成，带给我们不大不小的喜悦。面对重重困难和挑战，"战时"须当平时看，疫情期间不懈怠。以此为新的起点，编纂结集周振甫编辑出版论著，进一步加强其学术思想和文化成就的研究，也还大有可为。倘若有可能，我和建辉博士将在周振甫研究这个园地里深入开掘，相信也会有新的收获。我们期待这部周振甫的传记能得到读者和方家批评指正，若有再版机会定当修改完善。

范 军

2020 年 7 月 12 日于武昌

统　　筹:贺　畅

责任编辑:周　颖　贺　畅

封面设计:肖　辉　姚　菲

版式设计:汪　莹

**图书在版编目（CIP）数据**

中国出版家.周振甫/范军，曾建辉 著．—北京：人民出版社，2021.8
（中国出版家丛书/柳斌杰主编）

ISBN 978－7－01－022231－8

I.①中… Ⅱ.①范…②曾… Ⅲ.①周振甫（1911~2000）－生平事迹
　Ⅳ.① K825.42

中国版本图书馆 CIP 数据核字（2020）第 104186 号

**中国出版家·周振甫**

ZHONGGUO CHUBANJIA ZHOU ZHENFU

范 军　曾建辉　著

**人民出版社** 出版发行

（100706　北京市东城区隆福寺街 99 号）

北京盛通印刷股份有限公司印刷　新华书店经销

2021 年 8 月第 1 版　2021 年 8 月北京第 1 次印刷
开本：710 毫米 ×1000 毫米 1/16　印张：26.25
字数：302 千字

ISBN 978－7－01－022231－8　定价：106.00 元

邮购地址 100706　北京市东城区隆福寺街 99 号
人民东方图书销售中心　电话（010）65250042　65289539